Всевластие Бога

Артур Пинк

БЛАГАЯ ВЕСТЬ
Самара, 2022

Книга Артура Пинка (1886—1952) «Всевластие Бога» была впервые опубликована в 1919 году; второе издание появилось в 1921 году, а третье и последнее — в 1929 году. Мы, «Библиотека Часовни», добавили подзаголовки внутри глав, а также многочисленные сноски, сообщающие читателю биографическую информацию и объясняющие архаические или редкие слова. Изредка мы добавляли слова для того, чтобы сделать текст более понятным; такие слова взяты в квадратные скобки. Квадратные скобки в цитатах из Библии добавил сам автор.

А. Пинк также издавал ежемесячный 28-страничный сборник статей «Исследования Писания» с 1922 по 1953 год. Каждый номер содержал от шести до восьми статей по библейским темам. Одна и та же тема могла раскрываться в нескольких статьях на протяжении ряда выпусков. Когда же тема была исчерпана, в следующем выпуске он начинал новую. Всего увидело свет 380 выпусков, и они составляют удивительную сокровищницу библейских и богословских знаний. «Библиотека Часовни» переиздала все выпуски, начиная с 1932 года. Вы можете заказать их по почте, а также бесплатно скачать в любой точке мира на нашем сайте.

На сегодня различные темы были собраны в виде отдельных книг и переизданы разными организациями. «Библиотека Часовни» предлагает следующие книги (в помеченных «звездочкой» есть пособие по изучению):

Толкование 1 Иоанна, часть 1: учение об освящении*

Толкование 1 Иоанна, часть 2: Святой Дух*

Качества Бога*

Изучение Писания*

Утешение для христиан

Учение о человеческой испорченности

Учение об откровении

Семь речений Спасителя

Духовный союз и общение

издании «Всевластия Бога» добавлены вопросы для размышления после каждой главы. Библейский институт «Гора Сион» предлагает более подробное пособие по изучению. Мы разрешаем использовать и воспроизводить данный материал любыми способами, при выполнении двух условий:

1. Не брать плату свыше стоимости копирования материала.
2. На копируемых материалах должен быть размещен данный копирайт, а также весь текст на данной странице.

«Библиотека Часовни» рассылает христоцентричные материалы по всему миру бесплатно, полагаясь лишь на Божью верность. Поэтому мы не просим пожертвования, а с благодарностью принимаем помощь от тех, кто добровольно желает поддержать нас.

За пределами Северной Америки вы можете скачать материал бесплатно с нашего сайта или обратиться к нашим международным представителям, список которых дан на сайте.

В Северной Америке вы можете попросить дополнительные экземпляры данной книги и других христоцентричных материалов из прошлых веков. Для этого обратитесь по одному из следующих контактов:

CHAPEL LIBRARY
2603 W. Wright St. • Pensacola, Florida 32505 USA
chapel@mountzion.org • www.ChapelLibrary.org
Phone: (850) 438-6666 • Fax: (850) 438-0227

УДК 283/289
ББК 86. 376
П 32

Переведено по изданию:

The Sovereignty of God by Arthur W. Pink

Copyright 1999 Chapel Library

Russian edition copyright © 2022 by Covenant Baptist Church

Издано с разрешения:

Covenant Baptist Church

3535 Delree Street

West Columbia, SC

29170, USA

info@covenantbaptistsc.org

Пинк А.

П 32   Божье всевластие / Артур Пинк ; пер. с англ. — Самара : Благая Весть, 2022. — 336 с.

TMAI Edition ISBN:
978-1-967358-05-2

The Master's Academy International
www.tmai.org
publishing@tmai.org

Содержание

Предисловие

Предисловие к первому изданию

В этой книге мы попытаемся переосмыслить в свете Божьего Слова некоторые из важнейших вопросов, на которые пытается ответить человеческий разум. Мыслители минувших эпох уже занимались этими серьезнейшими проблемами, и мы воспользуемся их трудами. Не пытаясь быть оригинальным, автор все же стремился рассмотреть этот предмет с совершенно независимой точки зрения. Мы усердно изучали труды Августина (430) и Фомы Аквинского (1274), Жана Кальвина (1564) и Филиппа Меланхтона (1555), Джонатана Эдвардса (1758) и Ральфа Эрскина (1752), Эндрю Фуллера (1815) и Роберта Халдейна (1842)[1]. Грустно, что эти прославленные имена почти неизвестны нынешнему поколению. Хотя мы, конечно, соглашаемся не со всеми их выводами, их влияние на наш труд мы с готовностью признаем. Мы намеренно воздержались от объемного цитирования этих богословов, потому что желаем, чтобы вера наших читателей основывалась не на мудрости человеческой, но на силе Божьей. Поэтому мы *обильно* цитировали Писание и пытались подтвердить ссылками на него *каждое* из своих утверждений.

Было бы наивно ожидать, что эту книгу ждет всеобщее одобрение. Современное богословие — если можно назвать это богословием — все больше стремится

---

[1] Среди авторов нашей эпохи, наиболее глубоко изучавших тему Божьего всевластия, отметим Райса, Дж. Муди и Джорджа Бишопа. Из их трудов мы извлекли назидание и для себя.

к обожествлению человека, а не прославлению Бога, и закваска современного рационализма быстро пропитала всю христианскую цивилизацию. Злокачественные последствия дарвинизма — намного сильнее, чем считает большинство из нас. Стоит опасаться, что многие из наших религиозных лидеров, которые по-прежнему считаются ортодоксальными, оказались бы далеки от ортодоксии, если бы их взвесили на весах святилища. Даже те, чья интеллектуальная приверженность другим истинам очевидна, редко придерживаются правильных *доктринальных* взглядов. Сегодня мало, очень мало тех, кто действительно верит в *полную* греховность и потерянность человека. Говорящие о «свободной воле человека» и утверждающие, что человек изначально обладает силой, позволяющей принять или отвергнуть Спасителя, показывают лишь свое непонимание подлинного состояния, в котором находятся падшие дети Адама. А если и есть те немногие, кто верит в *совершенно безнадежное* состояние грешника, тех, кто верит в *абсолютное всевластие* Бога, еще меньше.

Помимо широко распространившихся последствий разных учений, противоречащих Писанию, нам приходится иметь дело и с удручающей *поверхностью* нынешнего поколения. Если объявить, что та или иная книга представляет собой доктринальный труд, этого будет вполне достаточно, чтобы настроить против нее великое множество прихожан церкви и даже большинство проповедников. Люди сегодня требуют чего-нибудь легкого и пикантного, и мало у кого есть терпение, не говоря уже о желании, тщательно изучать доктрины, требующие отклика сердца и немалых умственных усилий. Но мы помним, что и тем, кто действительно *желает* изучать глубины Божьих истин, в нашу напряженную эпоху становится все труднее находить время для такого изучения. Но «было бы желание, а возможность найдется»; этот принцип действенен и сегодня, поэтому, несмотря на удручающие обстоятельства, которые уже упоминались, мы верим, что и сейчас сохранился верный остаток, который с радостью уделит должное внимание этому скромному труду и найдет в нем «пищу их в свое время» (Пс. 144:15).

Мы не забываем слова, сказанные давным-давно: «Обвинения — последнее оружие побежденного оппонента». Те, кто отвергает эту книгу, используя презрительный эпитет «гиперкальвинизм»[2], не заслуживают ответа. Мы не любим споры и не собираемся вступать в дискуссию с теми, кому захочется подвергнуть сомнению истины, изложенные на этих страницах. Нашу собственную репутацию мы доверяем Господу, и Ему мы посвящаем этот труд, а также всякий плод, который из него может произрасти. Мы делаем это с молитвой — чтобы Он использовал эту книгу для просвещения возлюбленного народа Своего (настолько, насколько это согласуется с Его святым Словом), простил автора, если вредные последствия каких-либо лжеучений просочились в книгу, а читателя защитил от них. Если радость и утешение, которые испытывал автор, когда писал эти страницы, передадутся и тем, кто их хотя бы просмотрел, мы будем смиренно благодарны Тому, чья благодать — единственное, что позволяет нам разуметь духовные предметы.

Артур Пинк,
июнь 1918 г.

---

[2] «Гиперкальвинизм» — искажение реформатской доктрины. Приверженцы этого ошибочного взгляда считают, что, поскольку Бог непременно спасет тех, кого предназначил к спасению, от человека уже не требуется послушания Великому поручению и участия во всемирной проповеди Евангелия.

Предисловие ко второму изданию

Прошло уже два года с того дня, когда первое издание этой книги было представлено христианской аудитории. Прием был более благосклонным, чем ожидал автор. Многие упоминали о помощи и благословении, которые принесли его попытки объяснить этот несомненно трудный предмет. За каждое сказанное нам слово признательности мы от всего сердца благодарим Того, в чьем свете мы «видим свет». Некоторые осудили книгу самым недвусмысленным образом, и таких мы поручаем Богу и Его Слову благодати, помня написанное: «...Не может человек ничего принимать на себя, если не будет дано ему с неба» (Ин. 3:27). Другие предложили доброжелательную критику, и их доводы были тщательно взвешены. Поэтому мы надеемся, что для принадлежащих к домостроительству веры это исправленное издание окажется более полезным, чем первое.

Необходимо, пожалуй, добавить разъяснение. Многим уважаемым братьям во Христе показалось, что наше изложение темы Божьего всевластия — крайнее и однобокое. Отмечалось, что основополагающее требование к толкованию Божьего Слова — *сохранить равновесие истины*. С этим утверждением мы всецело соглашаемся. Два принципа не подлежат сомнению: Бог всевластен, а человек — существо ответственное. Но в этой книге речь идет о всевластии Бога, и, хотя мы с готовностью признаем ответственность человека, мы не останавливаемся на каждой странице, чтобы *настаивать* на этой ответственности. Мы стремились акцентировать ту сторону истины, которая в наши дни почти везде предается забвению. Наверное, 95% современной религиозной литературы посвящено объяснению долга и обязанностей человека.

Дело в том, что занимающиеся изложением обязанностей человека — это именно те, кто *утратил* «равновесие истины», игнорируя в подавляющем большинстве Божье всевластие. Нет ничего неправильного в том, чтобы настаивать на ответственности человека, но что можно сказать о Боге? Разве *Он* ничего не может потребовать? Разве у *Него* нет никаких прав? Нужны сотни книг на эту тему. Десятки тысяч проповедей должны прозвучать по всей стране, чтобы восстановилось «равновесие истины». Это равновесие было утрачено из-за того, что непропорционально сильный акцент делался на человеческом, и при этом преуменьшалось или полностью игнорировалось Божье.

Мы признаем, что эта книга — однобокая, поскольку претендует на изложение только одной стороны истины — той стороны, которой не уделяли должного внимания, то есть стороны Божьей. Кроме того, можно задать такой вопрос: что хуже — чрезмерное акцентирование человеческой стороны и недостаточное акцентирование стороны Божьей или чрезмерное акцентирование Божьей стороны и недостаточное акцентирование стороны человеческой? Очевидно, что, если мы и ошибемся в этой книге, то не в худшую сторону. Очевидно, что придавать слишком много значения Богу и слишком мало значения человеку — не так опасно, как придавать слишком мало значения Богу и слишком много значения человеку. Да и можем ли мы зайти слишком далеко, утверждая *Божье* право? Можно ли вообще впасть в крайность, настаивая на абсолютном и всеобъемлющем Божьем всевластии?

Мы глубоко благодарны Богу за то, что после двух лет усердного изучения Священных Писаний, которое сопровождалось искренним желанием узнать, что пожелал Всемогущий Бог открыть Своим детям на эту тему, можем засвидетельствовать, что не видим причины отказываться от чего-либо из написанного ранее. Хотя материал, содержащийся в этой книге, излагается теперь в несколько ином порядке, суть работы и ее доктринальная составляющая остаются неизменными. Да будет угодно Богу, снизошедшему до благословения первого издания этого труда, принять и нынешнее переработанное издание.

Артур Пинк,
Свенгел, Пенсильвания, США, 1921 г.

Предисловие к третьему изданию

То, что возникла необходимость в третьем издании, — причина для ревностного прославления Бога. По мере того как тьма сгущается, а человеческие претензии становятся все более наглыми, акцентирование Божьего всевластия становится все более необходимым. Вавилонское смешение религиозных языков, происходящее в XX веке, у многих вызывает растерянность, и очевидной становится обязанность Божьих служителей: указывать на единственный прочный якорь для сердца. Ничто так не успокаивает и не уравновешивает, как уверенность в том, что сам Господь царствует над вселенной и совершает «все по изволению воли Своей» (Еф. 1:11).

Святой Дух сказал нам, что в Священных Писаниях есть «нечто неудобовразумительное» (2 Пет. 3:16). Но заметьте: речь идет о том, что понять трудно, а «трудно» *не* значит «невозможно»! Терпеливо ожидая Господа и тщательно сравнивая Писание с Писанием, мы часто можем прийти к более ясному пониманию того, что раньше казалось нам невразумительным. На протяжении последних десяти лет Богу угодно было давать нам свет, позволяющий глубже понять некоторые части Его Слова, и мы пытались использовать этот свет, улучшая свое толкование разных отрывков. Но мы непритворно благодарим Его за то, что не видим необходимости в изменении или корректировке каких-либо доктрин, содержащихся в предыдущих изданиях. Время идет, и мы (под действием Божьей благодати) все глубже осознаем истинность, важность и ценность учения о том, как Божье всевластие относится к каждой из сторон нашей жизни.

Сердца наши снова возрадовались неожиданным письмам, приходящим со всех сторон света от читателей, сообщавших, что предыдущие издания этой книги помогли им и принесли благословение. На одного из читателей наше свидетельство подействовало так сильно, что он прислал чек, позволяющий оплатить рассылку этой книги миссионерам в пятидесяти разных странах, «дабы славная эта весть обошла всю землю». Многие из этих миссионеров сообщали нам, что книга подкрепила их в битве с силами тьмы. Богу Единому да будет *вся* слава. Да соблаговолит Он использовать это третье издание для похвалы Его великого имени и для насыщения Его овец — рассеянных и голодных.

Артур Пинк,
Мортонс-Гэп, Кентукки, США, 1929 г.

Введение

А. Важнейший вопрос

Кто сегодня управляет происходящим на земле — Бог или дьявол? То, что Богу принадлежит высшая власть на небесах, в целом признается; то, что Ему принадлежит такая же власть и на земле, почти всеми отрицается — если не прямо, то косвенно. Все больше появляется людей, которые в своих философских и теоретических построениях отодвигают Бога на задний план. Возьмем материальный мир. Сейчас не только отвергают, что Бог все сотворил сам непосредственным деянием; мало и тех, кто верит, что Он непосредственно участвует в *управлении* собственным творением. Считается, что всё направляют (безличные и абстрактные) «законы природы». Таким образом, Творец изгнан из собственного творения. Поэтому не стоит удивляться, что люди, все больше деградируя в своих представлениях о Нем, исключают Его из сферы человеческих дел.

Почти по всем странам христианской цивилизации распространилась теория, согласно которой человек обладает «свободой действия» и, следовательно, он — господин своей судьбы, он сам определяет свое предназначение. Тех, кто не принимает эту теорию, совсем мало. Сатану винят во многих проявлениях зла в этом мире; эти обвинения находят полную поддержку таких людей, которые, хотя много говорят об «ответственности человека», часто *отвергают собственную* ответственность, приписывая дьяволу то, что на самом деле выходит из их собственных злых сердец (Мк. 7:21–23).

Но *кто* же управляет событиями, происходящими на земле сегодня: Бог или дьявол? Попытайтесь посмотреть на мир серьезно и получить целостную картину: сколько смятения и хаоса видим мы повсюду! Безудержный грех, изобилие беззакония; злые люди и обманщики преуспевают (2 Тим. 3:13). Такое впечатление, что сегодня всё не на своем месте. Скрипят и рушатся королевские троны, низвергаются древние династии, бунтуют демократические страны, поражение цивилизации стало очевидным. Половина стран, принадлежащих к христианской цивилизации, сошлись в смертельной схватке[3], и теперь, когда этот титанический конфликт завершился, мир вовсе не стал «безопасным для демократии». Напротив, мы увидели, что демократия совсем *не безопасна* для мира. Беспокойство, недовольство и беззаконие вызревают везде, и никто не может сказать, как скоро начнется новая великая война. Государственные деятели озадачены и растеряны. Люди «[издыхают] от страха и ожидания бедствий, грядущих на вселенную» (Лк. 21:26). Можно ли, глядя на все *это*, утверждать, что Бог полностью контролирует все события?

Но сосредоточимся пока на религиозной сфере. После девятнадцати столетий проповеди Евангелия Христос по-прежнему «презрен и умален пред людьми» (Ис. 53:3). И, что еще хуже, провозглашают и прославляют Его (Христа Писаний) лишь немногие. У большинства современных церковных кафедр Его бесславят и отвергают. Несмотря на лихорадочные усилия привлечь толпу, большинство церквей пустеют, а не наполняются. А что можно сказать о тех массах людей, которые в церковь не ходят? В свете Писания мы вынуждены верить, что «многие» идут широким путем, ведущим в погибель,

---

[3] Речь идет о разрушениях Первой мировой войны.

и «немногие» — узким путем, ведущим в жизнь. Многие утверждают, что христианство потерпело поражение, и на многих лицах застывает отчаяние. И среди принадлежащих самому Господу немало тех, кто растерян и подвергается самому суровому испытанию веры. *А что же Бог?* Разве Он не видит и не слышит? Неужели Он бессилен или равнодушен? Многие из тех, кого считают ведущими христианскими мыслителями, сообщают нам, что Бог не мог предотвратить недавнюю войну и был *не в силах* положить ей конец. Они открыто говорили, что сложившиеся обстоятельства были *вне* Божьей власти. Разве можно, глядя на них, утверждать, что Бог правит миром?

Кто управляет сегодня событиями, происходящими на земле: Бог или дьявол? Какое впечатление складывается у тех людей из мира, которым иногда случается забрести на евангельское богослужение? Какие представления формируются у них под влиянием даже тех проповедников, которые слывут «ортодоксальными»? Не кажется ли таким людям, что христиане верят в *разочаровавшегося* Бога? При знакомстве с проповедью типичного сегодняшнего евангелиста не *обязан* ли серьезный слушатель заключить, что ему проповедуют о боге, который полон благих намерений, но не в силах их исполнить? О боге, который искренне желает благословить людей, но *они* ему не позволяют? И тогда не приходится ли типичному слушателю делать вывод: дьявол победил, а Бога следует не столько обвинять, сколько жалеть?

Но разве все происходящее не свидетельствует о том, что дьявол *действительно* участвует в земных делах намного больше, чем Бог? Все зависит от того, как мы ходим — верой или видением (2 Кор. 5:7). Вы, дорогой читатель, на чем основываете свои мысли о мире и действиях Бога в нем — не на том ли, что вы *видите*? Постарайтесь дать на этот вопрос серьезный и честный ответ.

И если вы христианин, то у вас, скорее всего, есть причина, склонив голову от стыда и печали, признать, что так и есть. К сожалению, мы очень мало ходим «верой». Но что означает хождение верой? Оно означает, что под воздействием Писания формируются наши мысли, направляются наши дела и упорядочивается наша жизнь, ибо «вера от слышания, а слышание *от слова Божия*» (Рим. 10:17). От Слова Истины и только от него можно узнать о том, как действует Бог в этом мире.

Кто сегодня управляет событиями, происходящими на земле: Бог или дьявол? *Что говорит Писание?* Прежде чем рассмотреть ответ на этот вопрос, следует отметить, что Писание предсказало именно то, что мы сейчас видим и слышим. Исполняется пророчество из Послания Иуды. Если бы мы стали подробно объяснять это утверждение, нам пришлось бы далеко отклониться от цели нашего исследования, но речь идет прежде всего о том, что подразумевается в ст. 8: «...так точно будет и с сими мечтателями, которые оскверняют плоть, *отвергают начальства и злословят высокие власти*».

Да, Тот, кого они злословят, обладает высшей славой, — «блаженный и единый сильный Царь царствующих и Господь господствующих» (1 Тим. 6:15). Наш век — это время особого бесчинства, поэтому дух беззакония, не признающий никаких ограничений и желающий отбросить все, что препятствует осуществлению самовольных желаний, накрывает всю землю, словно какое-то наводнение. Представители подрастающего поколения — самые наглые беззаконники, а распад и исчезновение родительской власти служат для нас безошибочным указанием на будущую отмену власти государства.

Поэтому, учитывая все усиливающееся презрение к закону человеческому и отказ от обязательства отдать «всякому должное» (Рим. 13:7), мы и не удивляемся, что почитание величия, авторитета и всевластия Всемогущего Законодателя все заметнее отходит на задний план, а народные массы все меньше склонны терпеть тех, кто на этом почитании настаивает. И улучшения условий не будет; наоборот, пророческое Слово открывает нам, что изменения будут только в худшую сторону. И мы не ожидаем, что это наводнение удастся остановить; вода поднялась уже слишком высоко. Мы можем надеяться лишь на то, что нам удастся предупредить других святых об этом духе времени и таким образом ослабить его губительное влияние на них.

Б. Что говорит Писание?

Кто сегодня управляет событиями, происходящими на земле: Бог или дьявол? Что говорит Писание? Если мы верим его ясным и недвусмысленным утверждениям, не остается никакой неопределенности. Писание постоянно утверждает, что Бог — на престоле вселенной. Скипетр — в Его руке. Он совершает «все по изволению воли Своей» (Еф. 1:11). Писание учит, что Бог не только сотворил все, но и властвует, царствует над всеми делами рук Своих. Писание утверждает, что Бог — «Всемогущ», Его волю невозможно отменить; Он обладает абсолютной властью во всех сферах Своего всеобъемлющего владения. И, конечно, так и *должно* быть. Возможны только две альтернативы: Бог или правит сам, или подчиняется чьему-то правлению; Он или осуществляет собственную власть, или подчиняется чужой; Его воля или исполняется, или отменяется существами, которых Он сотворил. Если принять, что Он «Всевышний», единый обладающий властью и Царь царей, чья мудрость совершенна, а власть неограниченна, то вывод неизбежен: Он должен не только называться, но и быть Богом.

Учитывая все вышесказанное, мы утверждаем, что сложившиеся сегодня обстоятельства требуют нового изучения и изложения доктрин Божьего всемогущества, Божьей достаточности и Божьего всевластия. С каждой церковной кафедры в стране должна греметь проповедь о том, что Бог и сейчас живой, Он и сейчас наблюдает за происходящим, Он и сейчас царствует. Вера теперь проходит через горнило испытания огнем, и нет надежного места покоя для сердца и разума, кроме Божьего *престола*. Сейчас, как никогда, нужно полное, позитивное, конструктивное раскрытие учения о том, что Бог есть Бог. Серьезные болезни нуждаются в серьезном лечении. Люди устали от банальных и обобщающих утверждений; им нужно нечто определенное и конкретное. Сладкий сироп может пригодиться капризным детям, но взрослым нужна настойка с высоким содержанием железа, и мы знаем: ничто не придает нам такой духовной бодрости, как учение Писания, в полноте раскрывающее свойства Бога. Написано: «...Люди, чтущие своего Бога, усилятся и будут действовать» (Дан. 11:32).

Нет сомнений в том, что надвигается всемирный кризис, и все охвачены тревогой. Но не Бог! Его невозможно удивить. То, что происходит сейчас, Он не воспринимает как некую беду, неожиданно свалившуюся на Него, но Он совершает «*все* по изволению воли Своей» (Еф. 1:11). Поэтому, когда мир охвачен паникой, верующему сказано: «Не бойся!» «Все» подчиняется непосредственному контролю Бога, «все» совершается в соответствии с Его вечной целью, поэтому «любящим Бога, призванным по Его изволению, *все* содействует ко благу» (Рим. 8:28). Так и должно быть, «ибо *все* из Него, Им и к Нему» (Рим. 11:36). Но как редко эта истина осознается сегодня, даже в народе Божьем! Многие полагают, что Бог почти ничем не отличается от отстраненного наблюдателя, который не принимает непосредственного участия в земных делах. Человек действительно наделен силой, но Бог — *всесилен*. Материальный мир действительно, если говорить в общих чертах, управляется законами, но за этими законами стоит Законодатель: действие законов осуществляет Он. Человек всего лишь сотворенное существо, но Бог — Творец, и на протяжении множества веков до того, как человек впервые увидел свет, «Бог крепкий» уже существовал, и еще до создания мира у Бога был замысел. Его власть бесконечна, а власть человека — ограничена, поэтому замысел Божий, Его цель не могут отменить или переиначить люди, созданные Его же руками.

Мы с готовностью признаём, что жизнь — сложная проблема и что мы окружены тайной, но мы не как звери полевые, которые не знают своего происхождения и не догадываются о том, что их ждет. Нет, «мы *имеем* вернейшее пророческое слово», о котором сказано: «и вы хорошо делаете, что обращаетесь к нему, как к светильнику, сияющему в темном месте, доколе не начнет рассветать день и не взойдет утренняя звезда в сердцах ваших» (2 Пет. 1:19). К этому вернейшему пророческому слову мы и «обращаемся»; это Слово происходит из разума не человека, но Бога: «Ибо никогда пророчество не было произносимо по воле человеческой, но изрекали его святые Божии человеки, будучи движимы Духом Святым» (2 Пет. 1:21). Повторим: мы хорошо делаем, что обращаемся именно к *этому* Слову.

1. Наш метод

Обращаясь к этому Слову и получая в нем наставление, мы открываем основополагающий принцип, который следует применять к любой проблеме: вместо того чтобы начинать с человека и его мира, а затем переходить к Богу, мы должны начинать с Бога, а потом переходить к человеку: «В начале... Бог»! Применим этот принцип к нынешней ситуации. Начните с мира в его современном состоянии и попробуйте путем рассуждений прийти к Богу. И вы увидите, что Бог как будто никак не связан с миром. Но начните с Бога и придите путем рассуждений к миру, и тогда эта проблема предстанет пред вами в новом свете, и света будет много. Бог *свят*, поэтому Его гнев возгорается против греха. Бог *праведен*, поэтому Его суды обрушиваются на тех, кто бунтует против Него. Бог *верен*, поэтому суровые предупреждения, содержащиеся в Его Слове, исполняются. Бог *всемогущ*, поэтому никто не может преуспевать, противясь Ему, и тем более никто не может отменить Его решение. Бог *всеведущ*, поэтому никакая проблема не может оказаться для Него слишком сложной и никакая трудность не будет непреодолимой для Его мудрости. Он — именно такой, и Он обладает именно такими свойствами, поэтому сейчас на земле и происходит то, что мы наблюдаем: начало излияния судов Его. Учитывая Его непоколебимую справедливость и безупречную святость, мы и не могли ожидать, что нашему взору откроется нечто иное.

2. Необходима вера

Но подчеркнем сразу же, что сердце может покоиться и радоваться в благословенной истине Божьего всевластия только тогда, когда *задействована* вера. Вера все время направлена к Богу, таково ее свойство. Этим она отличается от интеллектуального богословия. «Как бы видя Невидимого» (Евр. 11:27), вера переносит разочарования, трудности и беды этой жизни; вера признаёт, что *всё* приходит из руки Того, кто мудр и не может заблуждаться, кто любит и не может быть недобрым. Но пока наш разум сосредоточен на чем-либо ином, помимо самого Бога, в нашем сердце не будет покоя, а в душе не будет мира. А когда все, что входит в нашу жизнь, мы принимаем как из *Его* руки, то, какими бы ни были наши обстоятельства, — будь то теснота, тюрьма, подземелье или мученическая смерть, — мы сможем сказать: «Межи мои прошли по прекрасным местам, и наследие мое приятно для меня» (Пс. 15:6). Но это язык веры, а не зрения или каких-либо других чувств.

Если же, вместо того, чтобы склониться перед свидетельством Священного Писания, вместо того, чтобы ходить верой, мы следуем тому, что видят наши глаза, и с увиденного начинаем свои рассуждения, мы погрязнем в болоте практического атеизма. Если мы руководствуемся мнениями и взглядами других, мир в нашем сердце исчезнет. Конечно, в мире много греха и страданий, которые нас ужасают и опечаливают. Безусловно, в действиях Божьего провидения есть много того, что вызывает у нас удивление и недоумение. Но это еще не причина присоединяться к неверующим людям мира, которые говорят: «Если бы я был Богом, я бы не стал разрешать это и терпеть то...» Гораздо лучше, оказавшись в присутствии тайны, не поддающейся пониманию, повторить за древним псалмопевцем: «Я стал нем, не открываю уст моих; потому что Ты соделал это» (Пс. 38:10). В Писании сказано, что суды («судьбы») Божьи «непостижимы», а пути Его — неисследимы (Рим. 11:33). Так и должно быть для испытания веры, для укрепления убежденности в Его мудрости и праведности, для формирования привычки к послушанию Его святой воле.

Вот в чем заключается принципиальное отличие между человеком веры и человеком неверия. Неверующий — «от мира сего», он судит все по стандартам этого мира, воспринимает жизнь с точки зрения времени и собственного разума, и он все взвешивает на весах плоти. Но человек веры *открывается для Бога*, смотрит на все *Его* глазами, применяет к ценностям духовные критерии и воспринимает жизнь в свете вечности. При этом он все принимает, как из руки Божьей. При этом сердце его спокойно посреди бури. При этом он хвалится «надеждою славы Божией» (Рим. 5:2).

В. Краткое содержание

В этих вступительных абзацах мы указали на главные темы, которые будут раскрываться в книге. Наш первый постулат: Бог есть Бог, поэтому Он делает то, что Ему угодно, и только то, что Ему угодно, всегда так, как Ему угодно. Его великая цель — исполнение Своего желания и возвышение Его славы. Он есть Высшее Бытие, а следовательно — Властелин Вселенной. Отталкиваясь от этих постулатов:

* мы размышляли над *осуществлением* Божьего всевластия:

1) в Сотворении;

2) в управлении всеми делами рук Его;

3) в спасении избранных Его;

4) в суде над нечестивыми;

5) в действиях — внешних и внутренних — совершаемых по отношению к людям.

* Затем мы рассмотрели те аспекты Божьего всевластия, которые связаны с *волей* человека в целом и с *ответственностью* человека в частности, и попытались показать, каким может быть единственно правильное отношение творения к величию Творца.

* Отдельная глава была посвящена изучению возникающих при этом трудностей и ответу на вопросы, которые, скорее всего, появятся у читателей.

* И еще одна глава содержит тщательное, хотя и краткое, изучение того, какое отношение Божье всевластие имеет к молитве.

● В конце мы попытались показать, что Божье все-властие — истина, открытая нам в Писании для утешения наших сердец, укрепления душ и благословения в нашей жизни. Правильное понимание Божьего всевластия способствует духу поклонения, побуждает к богоугодной повседневной жизни и вдохновляет для служения. Такое понимание смиряет человеческое сердце, но чем больше человек повергается в прах, тем больше прославляется Бог.

Нам хорошо известно, что написанное здесь противоречит тому, чему часто учат в религиозной литературе и возвещают с церковных кафедр по всей стране. Мы легко соглашаемся с тем, что постулат о Божьем всевластии со всеми логически следующими из него выводами прямо противоречит мнениям и мыслям плотского человека. Но истина такова: мы совершенно неспособны думать об этих вещах; мы не настолько *компетентны*, чтобы нам можно было сформировать правильное представление о Боге и о путях Его. Поэтому Бог и дал нам откровение, в котором сообщает Свои мысли, и в этом откровении содержится недвусмысленное утверждение: «Мои мысли — не ваши мысли, ни ваши пути — пути Мои, говорит Господь. Но как небо выше земли, так пути Мои выше путей ваших, и мысли Мои выше мыслей ваших» (Ис. 55:8–9). Если учитывать этот отрывок из Писания, то стоит ожидать, что содержание Библии часто будет находиться в конфликте с помыслами плотского разума, который есть вражда против Бога. Поэтому мы апеллируем не к популярным идеям современности и не к церковным символам веры, а «к закону и откровению» Господа (Ис. 8:20). Мы просим читателя лишь о том, чтобы он беспристрастно и внимательно изучил то, что мы написали, и сделал это в свете истины. Да последует он Божьему наставлению: «Все испытывайте, хорошего держитесь» (1 Фес. 5:21).

1

Божье всевластие: определение

Твое, Господи, величие, и могущество, и слава, и победа и великолепие, и все, что на небе и на
земле, Твое: Твое, Господи, царство, и Ты превыше всего, как Владычествующий (1 Пар. 29:11).

А. Определение

Выражение «Божье всевластие» раньше было обще-
понятным. Оно широко использовалось в религиозной
литературе и часто объяснялось с проповеднических кафедр. Эта истина приносила утешение многим сердцам,
придавала твердость и постоянство характеру христианина. Но сегодня при упоминании о Божьем всевластии
многие реагируют так, словно с ними говорят на каком-то
незнакомом языке. Если бы в типичной современной
церкви с кафедры объявили, что темой сегодняшней проповеди будет Божье всевластие, могло бы показаться, что
это выражение позаимствовано из мертвого языка. Увы!
Сейчас наблюдается такое положение. Доктрина, содер-
жащая ключ к познанию истории и позволяющая интер-
претировать Божье провидение, доктрина, представляю-
щая собой концептуальный каркас Писания и основание
христианского богословия, сегодня, к сожалению, часто
оказывается в забвении, и ее так мало понимают.

«Божье всевластие» — что означает это выражение? Речь идет о том, что Бог — превыше всего; Он царствует, Он есть Бог. Именно это мы подразумеваем, провозглашая доктрину Божьего всевластия. Говоря о Его всевластии, мы провозглашаем, что Он — Бог Всевышний — по воле Своей управляет и всеми небесными воинствами, и всеми живущими на земле, и никто не может Ему сказать: «Что Ты сделал?» (Дан. 4:32). Говоря о Божьем всевластии, мы провозглашаем, что Он — Всемогущий; Он обладает всей властью и на небе, и на земле, поэтому никто не может разрушить Его совет, воспрепятствовать достижению Его цели или противиться Его воле (Пс. 113:11). Говоря о Божьем всевластии, мы провозглашаем, что «Он — Владыка над народами» (Пс. 21:29); Он устанавливает царства, сокрушает империи и по воле Своей определяет участь династий. Говоря о Божьем всемогуществе, мы провозглашаем, что Он — «единый сильный Царь царствующих и Господь господствующих» (1 Тим. 6:15). Таков Бог Библии.

Б. В современном христианстве ситуация другая

Какой разительный контраст между Богом Библии и богом современной христианской цивилизации! Та концепция божества, которая наиболее распространена сегодня, даже среди тех, кто заявляет о своей приверженности Писанию, — жалкая карикатура, богохульное искажение истины. Бог двадцатого столетия — беспомощное, женоподобное существо, которое не может пользоваться уважением мыслящего человека. Бог, живущий в представлении масс, — порождение сентиментальной впечатлительности. Сегодня со многих кафедр проповедуют бога, который вызывает скорее жалость, чем благоговение, ведущее к поклонению. Если кто-то говорит, что Бог

Отец замыслил спасение всего человечества, что Бог Сын умер именно для того, чтобы спасти все человечество, и что Бог Святой Дух стремится обратить ко Христу весь мир, то достаточно сделать простое наблюдение: подавляющее большинство наших соотечественников умирают во грехе и переходят в вечность, где им не на что надеяться. И тогда получается, что Бог Отец *расстроен*, Бог Сын *недоволен*, а Бог Святой Дух *побежден*. Мы, конечно, использовали смелую формулировку, но сам вывод оказывается неизбежным. Те, кто утверждают, что Бог «изо всех сил старается» спасти человечество, но большинство людей не позволяют ему спасти их, утверждают, что воля Творца бессильна, а воля творения — всесильна. Если обвинять во всем дьявола, как делают многие, легче от этого не становится, потому что если сатана разрушает Божий замысел, то сатана всемогущ, а Бог перестает быть Высшим Бытием.

Те, кто утверждают, что первоначальный замысел Творца был отменен грехом, *свергают* Бога с Его престола. Те, кто полагают, будто в Эдеме произошло нечто неожиданное для Бога, пытающегося теперь исправить эту непредвиденную ситуацию, *низводят* Всевышнего на уровень ограниченного, заблуждающегося смертного. Те, кто считают, что человек обладает свободой нравственного выбора и сам определяет собственную участь, а Создателю объявляют шах и мат, *отнимают* у Бога качество всемогущества. Те, кто говорят, что творение вырвалось из границ, определенных Творцом, а Бог теперь беспомощно наблюдает за грехом и страданием, возникшими из-за выбора Адама, отвергают ясное учение Священного Писания: «И гнев человеческий обратится во славу Тебе: остаток гнева Ты *укротишь*» (Пс. 75:11). Проще говоря, те, кто отвергают Божье всевластие, становятся на тропу, логическим завершением которой оказывается атеизм. Божье всевластие — абсолютное, непреодолимое и бесконечное. Кода мы говорим о всевластии Бога, мы подтверждаем Его право распоряжаться сотворенной Им вселенной — по воле Своей и ради славы Своей. Мы признаём, что Его право — это право горшечника вылепить из глины все, что он пожелает (Ис. 64:8). Из одного куска глины Он может создавать сосуды и для почетного употребления и для низкого. Мы признаём, что Он не подчиняется никаким правилам и законам вне Своей собственной воли и природы, что Бог сам себе закон и никому не обязан давать отчет в Своих действиях.

В. Всевластие во всем естестве Божьем

Всевластие — свойство, которое отличает все бытие Божье. Он всевластен во всех Своих качествах.

1. Сила

Бог всевластен в проявлении Своей силы. Его сила проявляется так, как Он желает, тогда, когда Он желает, и там, где Он желает. Этот факт подтверждается на каждой странице Писания. На протяжении долгого времени эта сила кажется спящей, а затем является таким образом, что ей невозможно противиться. Фараон посмел не пустить Израиль на поклонение Иегове в пустыню, и что произошло? Бог явил Свою силу. Народ Его был спасен, а жестокие надсмотрщики — убиты. Но вскоре после этого амаликитяне посмели напасть на этот же народ в пустыне, и что произошло? Явил ли Бог Свою силу таким же образом, как у Красного моря? Были ли враги Израиля сразу же сокрушены и уничтожены? Нет, напротив, Господь поклялся, что будет враждовать с Амаликом «из рода в род» (Исх. 17:16). Когда Израиль вошел в землю Ханаанскую, Божья власть снова была явлена очевидным образом. Путь израильтянам преграждал город

Иерихон, и что произошло? Израилю не пришлось выпустить ни одной стрелы и ни разу не потребовалось ударить мечом: Господь простер руку Свою, и стены полностью обрушились. Но это чудо никогда не повторялось! Ни один другой город не был взят таким же образом; все остальные города приходилось завоевывать мечом!

Можно было бы привести множество других примеров, показывающих всевластные проявления Божьей силы. Рассмотрим лишь один. Бог явил Свою силу, и Давид был избавлен от великана Голиафа; челюсти львов были закрыты, и Даниилу они не причинили никакого вреда; трое еврейских отроков были брошены в печь, горящую огнем, и вышли оттуда живыми и невредимыми. Но не всегда Божья сила являлась для избавления Его народа, ибо мы читаем: «...другие испытали поругания и побои, а также узы и темницу, были побиваемы камнями, перепиливаемы, подвергаемы пытке, умирали от меча, скитались в милотях и козьих кожах, терпя недостатки, скорби, озлобления» (Евр. 11:36–37). Но почему? Почему эти мужи веры не были избавлены, как другие? Или: почему другие не пострадали и не были убиты так же, как они? Почему Божья сила избавляет одних и не избавляет других? Почему Бог позволил Стефану быть побитым камнями до смерти, а затем вывел Петра из темницы?

Бог всевластен в том, как Он наделяет Своей властью других. Почему Бог дал Мафусаилу долголетие — так, что тот пережил всех своих современников? Почему Бог дал Самсону физическую силу, которой никогда не было ни у кого из людей? И написано: «...но чтобы ты помнил Господа, Бога твоего, ибо Он *дает тебе силу* приобретать богатство, дабы исполнить, как ныне, завет Свой, который Он клятвою утвердил отцам твоим» (Втор. 8:18), но силу эту Он дает не всем людям в одинаковой мере.

Почему? Почему так много этой силы было дано Моргану[4], Карнеги[5], Рокфеллеру[6]? Ответ на все эти вопросы таков: потому что Бог всевластен. Будучи всевластным, Он делает то, что угодно Ему.

2. Милость

Бог всевластен в проявлении Своего милосердия. Иначе и быть не может, ведь милосердие направляется волей милующего. Милосердие не является правом, которого человек мог бы требовать. Милосердие — это удивительное свойство Бога: Он жалеет несчастных и облегчает их участь. Но праведное правление Бога подразумевает, что никто из несчастных не страдает незаслуженно[7]. Итак, милосердие направлено на тех, кто несчастен, а всякое несчастье вызвано грехом, поэтому несчастные заслуживают не милости, а наказания. Само словосочетание «заслуженная милость» содержит противоречие!

Бог милует тех, кого желает помиловать, и не оказывает милости в тех случаях, когда таково Его желание. Яркий пример, подтверждающий этот факт, виден в том, как Бог отвечает на молитвы двух людей, произнесенные

---

[4] Дж. П. Морган (1837–1913) — американский финансист, банкир и филантроп, участвовавший в создании корпораций «Дженерал электрик» и «Юнайтед стейтс стил».

[5] Эндрю Карнеги (1835–1919) — американец шотландского происхождения, промышленник и филантроп. Он был одним из тех, кто вызвал гигантский рост американской сталелитейной промышленности в конце XIX в.

[6] Джон Дэвисон Рокфеллер (1839–1937) — американский бизнес-магнат и филантроп, один из основателей компании «Стэндард ойл».

[7] В своем комментарии автор исходит из того, что в результате грехопадения люди обладают полностью испорченной природой, поэтому все люди без Христа заслуживают ада. Но иногда Бог допускает в жизни верующих тяжелые обстоятельства — не из-за греха, но для того, чтобы в этих испытаниях возросла их вера (Иак. 1:2–4).

в похожих обстоятельствах. Моисею был вынесен смертный приговор за одно проявление непослушания, и он умолял Господа об отсрочке наказания. Но было ли его желание выполнено? Нет, он говорил Израилю: «Но Господь гневался на меня за вас и *не послушал меня*, и сказал мне Господь: полно тебе, впредь не говори Мне более об этом» (Втор. 3:26). А теперь рассмотрим второй случай: «В те дни заболел Езекия смертельно, и пришел к нему Исаия, сын Амосов, пророк, и сказал ему: „Так говорит Господь: сделай завещание для дома твоего, ибо умрешь ты и не выздоровеешь“. И отворотился Езекия лицом своим к стене и молился Господу, говоря: „О, Господи! Вспомни, что я ходил перед лицом Твоим верно и с преданным Тебе сердцем, и делал угодное в очах Твоих“. И заплакал Езекия сильно. Исаия еще не вышел из города, как было к нему слово Господне: возвратись и скажи Езекии, владыке народа Моего: „Так говорит Господь Бог Давида, отца твоего: *Я услышал молитву твою*, увидел слезы твои. Вот, Я исцелю тебя; в третий день пойдешь в дом Господень; и прибавлю ко дням твоим пятнадцать лет, и от руки царя Ассирийского спасу тебя и город сей, и защищу город сей ради себя и ради Давида, раба Моего“» (4 Цар. 20:1–6). Оба эти человека были приговорены к смерти; оба искренне молились Богу об отсрочке. Один, написав: «Господь... не послушал меня», умер. Но другому сказано: «Я услышал молитву твою», и он остался в живых. Перед нами пример, иллюстрирующий истину, которая выражена в Римлянам 9:15: «Ибо Он говорит Моисею: кого миловать, помилую; кого жалеть, пожалею».

Всевластное явление Божьей милости (жалости по отношению к несчастным) произошло, когда Иегова стал плотью и жил среди людей. Рассмотрим одну иллюстрацию. Во время одного из праздников иудейских Господь Иисус отправился в Иерусалим. Он пришел к купальне под названием «Вифезда», где «лежало великое *множество* больных, слепых, хромых, иссохших, ожидающих движения воды». Среди этого «великого множества... был человек, находившийся в болезни тридцать восемь лет». Что же произошло? «Иисус, увидев *его* лежащего и узнав, что он лежит уже долгое время, говорит ему: „Хочешь ли быть здоров?“ Больной отвечал Ему: „Так, Господи; но не имею человека, который опустил бы меня в купальню, когда возмутится вода; когда же я прихожу, другой уже сходит прежде меня“. Иисус говорит ему: „Встань, возьми постель твою и ходи“. И он тотчас выздоровел, и взял постель свою, и пошел» (Ин. 5:3–9). Почему был избран именно этот человек? Не сказано, что он кричал: «Господи, помилуй меня». В повествовании ни слова не сказано о каких-либо особых свойствах этого человека, которые давали бы ему право на эту особую милость. Итак, это был пример всевластного проявления Божьей милости, ведь для Христа исцелить все «великое множество» было бы так же легко, как исцелить этого «человека». Но Он не исцелил остальных. Он явил Свою силу и облегчил несчастное положение только одного страдальца. И по какой-то причине, известной только Ему, Он отказался сделать то же для других. Снова отметим, что перед нами иллюстрация, поясняющая Римлянам 9:15: «...кого миловать, помилую; кого жалеть, пожалею».

3. Любовь

Бог всевластен в проявлении Своей любви. Какие странные слова! Кто может это слушать? Написано: «Не может человек ничего принимать на себя, если не будет дано ему с неба» (Ин. 3:27). Когда мы говорим, что Бог всевластен в проявлении Своей любви, мы подразумеваем, что Он любит тех, кого избирает. Бог любит не всех; иначе Он любил бы и дьявола. Почему Бог не любит дьявола? Потому, что в нем нет ничего, что можно было бы любить, ничего, что могло бы привлечь сердце Бога. Ничего, что могло бы вызвать Божью любовь, нет и ни в одном из падших сыновей Адама, потому что *все* они по природе своей «чада гнева» (Еф. 2:3). Итак, если ни в одном из представителей рода человеческого нет ничего, что могло бы вызвать Божью любовь, а Он все равно любит *некоторых*, то следует неизбежный вывод: причина Его любви должна быть в Нем самом. Такой вывод равнозначен утверждению, что явление Божьей любви падшим сынам человеческим происходит по Его благоволению.

В конечном счете проявление Божьей любви должно восходить к Его всевластию, иначе получалось бы, что Он любит, подчиняясь некоему правилу; а если Он подчиняется правилу, то Он — под законом любви, а если Он под законом любви, то Он не превыше всех, но сам подчиняется закону. Возможно, кто-то возразит: «Но ведь вы не станете отрицать, что Бог любит все человечество — эту большую семью?» Мы отвечаем, что написано: «Иакова Я возлюбил, а Исава возненавидел» (Рим. 9:13). Итак, если Бог возлюбил Иакова и возненавидел Исава еще до того, как они родились и успели сделать что-нибудь доброе или злое, то *причина* Его любви — не в них, но в Нем.

То, что Бог являет любовь по Своему всевластному благоволению, ясно следует и из выражений, используемых в Ефесянам 1:3–5, где сказано: «Благословен Бог и Отец Господа нашего Иисуса Христа, благословивший нас во Христе всяким духовным благословением в небесах, так как Он избрал нас в Нем прежде создания мира, чтобы мы были святы и непорочны пред Ним *в любви, предопределив* усыновить нас себе чрез Иисуса Христа, по...» По какой причине? По причине какого-то совершенства, которое Он нашел в них? Нет. По тем качествам, которые Он в них предвидел? Нет. Обратите внимание на богодухновенный ответ: «по благоволению *воли Своей*».

Нам известно, что люди изобрели различие между Божьей любовью довольства и Божьей любовью сострадания, но это — всего лишь изобретение. То, для чего они используют второе определение, в Писании называется Божьей милостью (см. Мф. 18:33); сказано также: «Он благ и к неблагодарным и злым» (Лк. 6:35).

4. Благодать

Бог всевластен в проявлении Своей благодати, что неизбежно, ведь благодать — это Его благоволение, явленное тем, кто его не заслуживает, — тем, кто не заслуживает ничего, кроме ада. Справедливость требует, чтобы каждый получил заслуженное — не больше и не меньше. Справедливость ни к кому не благосклонна, она нелицеприятна. Справедливость как таковая не знает ни жалости, ни милости. Но когда справедливость удовлетворена, благодать течет рекой. Божья благодать дается не за счет справедливости, но «благодать воцарилась через праведность» (Рим. 5:21), а если она «воцарилась», то она всевластна.

Благодать определяется как незаслуженное благоволение Бога [8], а если оно незаслуженное, никто не может претендовать на него как на свое неотъемлемое право.

---

[8] Уважаемый коллега, любезно согласившийся прочитать рукопись этой книги и предложивший ряд ценнейших комментариев, за которые мы благодарны, отметил, что благодать — нечто большее, чем просто «незаслуженное благоволение». Если я накормлю бродягу, это можно будет назвать проявлением «незаслуженного благоволения», хотя вряд ли это будет благодатью. Но если этот бродяга меня ограбил, а я после этого его накормил, — тогда можно говорить о благодати. Итак, благодать — это благоволение по отношению к тому, кто своим поведением заслужил ее противоположность — наказание. — А. П.

Если благодать незаслуженна, то никто не может воспринимать ее как нечто, причитающееся ему. Если благодать — это дар, то никто не может ее требовать. Итак, спасение совершается по благодати, и поскольку оно представляет собой Божий дар, Бог дает его кому пожелает. Спасение совершается по благодати, а значит, и первый из грешников не может уйти слишком далеко от Божьей милости. Спасение совершается по благодати, а значит, хвастаться нечем: вся слава — Богу.

Примеры всевластного явления благодати можно найти едва ли не на каждой странице Писания. Язычники оставлены ходить своими путями, в то время как Израиль становится народом, вступившим в завет с Иеговой. Первородный Измаил изгнан, и благословение его не так велико по сравнению с тем, что получил Исаак — сын старости, ставший для родителей сыном обетования. Исав, проявлявший великодушие и готовность прощать, остался без благословения, «хотя и просил о том со слезами», в то время как «червь» Иаков получает благословение, и Бог делает его «сосудом в чести». И в Новом Завете тоже сказано, что Божья истина скрыта от мудрых и благоразумных, а открыта младенцам. Фарисеи и саддукеи оставлены ходить своими путями, в то время как мытари и блудницы привлечены к Богу узами любви.

Божья благодать удивительным образом была явлена при рождении Спасителя. Воплощение Сына Божьего было одним из величайших событий в истории вселенной, но объявлено о нем было не всему человечеству. Особым образом возвещено о нем было вифлеемским пастухам и мудрецам, пришедшим с востока. И эта пророческая особенность указывала направление всей нынешней диспенсации [9], потому что и сегодня познание

---

[9] Диспенсация — эпоха, период.

Христа дано не всем. Богу не трудно было бы послать каждому народу сонм ангелов, возвещающих о рождении Его Сына. Но Он этого не сделал. Он мог бы привлечь внимание всего человечества к «звезде», но не привлек. Почему? Потому что Бог всевластен и являет Свое благоволение так, как хочет. Обратите особое внимание на две группы людей, которым открылось рождение Спасителя, — две самые неожиданные группы: неграмотные пастухи и пришедшие из далекой страны язычники. Ангелы не стояли перед Синедрионом и не возвещали ему рождение Мессии Израиля! «Звезда» не явилась никому из книжников и законников, которые в гордыне и собственной праведности изучали Писания! Они изучили их прилежно и узнали, где Ему надлежит родиться, но им не было открыто, когда же Он придет. Какое изумительное проявление Божьего всевластия: неграмотным пастухам оказана особая честь, а ученые и знаменитости остались в стороне! И почему о рождении Спасителя было возвещено этим иностранцам, а не тем, среди кого Он родился? Увидим здесь удивительное предвосхищение того, как Бог будет поступать с человечеством на протяжении всей христианской диспенсации: всевластный в проявлении благодати, Он одаривает Своей благосклонностью тех, кого пожелает, и часто такими оказываются самые неожиданные и недостойные кандидаты [10].

---

[10] Можно отметить, что Божье всевластие очевидным образом было явлено и в выборе места, где родился Его Сын. Господь Славы пришел не в Грецию и не в Италию, но в непримечательную землю Палестины! Эммануил родился не в Иерусалиме — царском городе, а в Вифлееме, который был «мал... между тысячами иудиными» (Мих. 5:2). И вырос Он в Назарете, который многие презирали! Поистине, Божьи пути — не наши. — А. П.

Вопросы для индивидуального изучения и обсуждения в группе

Приведенные ниже вопросы предназначены для того, чтобы углубить понимание материала и помочь читателю применить его к собственной жизни. Есть также отдельное пособие с полным набором вопросов, затрагивающих все аспекты этого текста. Пособие доступно для изучения по переписке, для самостоятельного чтения и обсуждения в группах. Обратитесь в Библейский институт «Гора Сион» по тому же адресу.

Введение

1. Если человек обладает «свободой выбора», то кто, по мнению большинства людей, должен управлять их жизнью?

2. В отношении Божьего правления возможны только две альтернативы. Какие?

3. Какой «первый постулат» служит основой этой книги?

Глава 1

4. Объясните выражение «Божье всевластие».

5. Как можно увидеть Божье всевластие в проявлении Его силы, милосердия, любви и благодати?

2

Божье всевластие
в творении

Достоин Ты, Господи, приять славу и честь
и силу: ибо Ты сотворил все, и все по Твоей воле
существует и сотворено (Откр. 4:11).

Объяснив, что всевластие характеризует саму сущность Бога, рассмотрим теперь, как оно проявляется во всех Его путях и делах.

На тех великих просторах вечности за Бытием 1:1 вселенная еще не родилась и творение существовало только в разуме великого Создателя. В Своем всевластном величии Бог был совершенно один. Речь идет о том далеком времени, когда были созданы небеса и земля. Не было ангелов, поющих хвалу Богу, не было существ, за которыми можно было бы наблюдать, не было бунтовщиков, которых нужно было бы усмирять. Великий Бог был совершенно один посреди потрясающей тишины Его собственной колоссальной вселенной. Но даже в то время, если уместно использовать здесь слово «время», Бог был всевластным. Он мог творить или не творить по Своему благоволению. Он мог творить тем или иным образом; мог сотворить один мир или миллион миров, и кто мог бы противиться воле Его? Он мог бы вызвать к жизни миллион разных существ и сделать их абсолютно одинаковыми, наделив одинаковыми способностями и поместив в одну и ту же среду обитания. А мог бы сотворить и миллион существ, совершенно не похожих друг на друга и не имеющих ничего общего, кроме своей тварной природы, — и кто мог бы оспорить Его право? Если бы Ему было угодно, Он мог бы сотворить вселенную, размеры которой не поддавались бы измерению. Или, если бы пожелал, мог бы сотворить организм настолько крошечный, что человек мог бы узнать о его существовании, лишь взглянув в сверхмощный микроскоп. В Своем всевластии Бог обладал правом творить, с одной стороны, превознесенных серафимов, пылающих у трона Его, а с другой — крошечных насекомых, которые умирают, не прожив и часа. Если Всемогущий Бог пожелал, чтобы во вселенной вместо единообразия присутствовала градация — от славных серафимов до ползучих рептилий, от вращающихся миров до колеблющихся атомов, от макрокосмоса до микрокосмоса, — то кто мог бы оспорить Его всевластное благоволение?

Итак, обратим внимание на то, что Божье всевластие проявлялось задолго до того, как человек впервые увидел свет. С кем советовался Бог, создавая всех существ и определяя их назначение? Посмотрим на птиц, летящих по воздуху, на зверей, рыскающих по земле, на рыб, плывущих в море, и спросим: «Почему они такие разные?» Не потому ли, что их Создатель всевластным образом приспособил их к разным местам обитания, которые сам им назначил?

Обратимся теперь к *небесам* и увидим тайны Божьего всевластия, с которыми сталкивается внимательный наблюдатель. «Иная слава солнца, иная слава луны, иная звезд; и звезда от звезды разнится в славе» (1 Кор. 15:41). Но почему так? Почему у солнца больше славы, чем у всех планет? Почему есть звезды первой величины и десятой? Откуда такое удивительное неравенство? Почему некоторые небесные тела находятся в более благоприятном положении относительно солнца? И почему есть «падающие звезды» и «блуждающие» (Иуд. 13) — иными словами, погибшие? И единственный возможный ответ такой: «Ибо Ты сотворил все, и все по Твоей воле существует и сотворено» (Откр. 4:11).

Рассмотрим теперь *нашу собственную планету*. Почему две трети ее покрыты водой, и почему на оставшейся трети так много земли, непригодной для культивации или для жизни человека? Почему так много болот, пустынь и ледяных полей? Почему между странами существует такое топографическое неравенство? В одной стране земли плодородные, а в другой — почти бесплодные, одна страна богата минералами, а в другой — почти ничего нет. В одной климат приятный и здоровый, а в другой — неприятный и нездоровый. В одной — множество рек и озер, в другой их почти нет. Одна постоянно страдает от землетрясений, а другая их почти не знает. Почему? Потому, что так было угодно Творцу и *Вседержителю*.

Обратимся к *царству животных* и увидим удивительное разнообразие. Можно ли вообще сравнивать льва с ягненком, медведя с козленком, слона с мышью? Некоторые животные, например лошадь и собака, довольно умные, а другие, например овца и свинья, почти ничего не понимают. Почему? Некоторые предназначены для перевозки грузов, а другие наслаждаются свободой. Почему мул с ослом привязаны к тяжелому труду, в то время как лев и тигр могут рыскать по джунглям в свое удовольствие? Некоторые животные съедобны, других есть нельзя; некоторые красивы, другие выглядят отталкивающе; некоторые обладают великой силой, другие довольно беспомощны; некоторые бегают быстро, другие еле ползают (сравните зайца с черепахой); некоторые приносят человеку пользу, другие кажутся совершенно бесполезными; некоторых можно приручить, другие — дикие. Но почему между ними так много отличий? И такое же разнообразие можно наблюдать среди птиц и рыб.

Обратимся теперь к *царству растений*. Почему у роз есть шипы, а у лилий нет? Почему одни цветы издают благоухание, а другие — без запаха? Почему у одних деревьев плоды полезные, а у других — ядовитые? Почему одни овощи выдерживают мороз, а другие от холода портятся? Почему одна яблоня гнется под весом плодов, а другая — такого же возраста и в том же саду — почти бесплодна? Почему одно растение цветет десять раз в году, а другое — раз в сто лет? Поистине «Господь творит все, что хочет, на небесах и на земле, на морях и во всех безднах» (Пс. 134:6).

Обратимся к *сонму ангелов*. Казалось бы, здесь мы найдем единообразие. Но нет: здесь, как и во всех других сферах, явлено всевластное благоволение Творца. Некоторые ангелы обладают более высоким рангом, некоторые ближе к Богу, чем другие. Писание открывает, что в ангельских сонмах существует четко определенная градация. Сначала архангел, затем серафимы и херувимы, затем «начальства и власти» (Еф. 3:10), а под начальствами и властями — «правители» (Еф. 6:12), затем собственно ангелы, среди которых есть, как мы читаем, «избранные» (1 Тим. 5:21). Снова спросим: почему такое неравенство, такой порядок, предусматривающий различия в ранге? И снова мы можем только сказать: «Бог наш на небесах; творит все, что хочет» (Пс. 113:11).

И если мы видим, что Божье всевластие проявляется во всем творении, то почему нам должно казаться странным то, что мы видим проявления этого всевластия и среди *людей*? Почему нам должно казаться странным то, что одному человеку Бог пожелал дать пять талантов, а другому — только один? Почему нам должно казаться странным то, что один человек рождается сильным, а другой, хотя и у тех же родителей, — слабым и болезненным? Почему нам должно казаться странным то, что Авель умирает, не успев прожить лучшие годы, а Каину позволяется жить еще много лет? Почему нам должно казаться странным то, что одни рождаются черными, а другие — белыми; кто-то рождается идиотом, а кто-то наделен высокими интеллектуальными способностями; одни с рождения вялы, а другие — энергичны; одни рождаются с темпераментом ревностным, эгоистичным и эгоцентричным, а другие легко жертвуют собственными интересами, подчиняются и проявляют кротость? Почему нам должно казаться странным то, что некоторые по природе своей — лидеры и правители, а другие умеют только следовать за ними и служить? Наследственностью и влиянием среды нельзя объяснить все эти различия. Нет, именно Бог делает людей разными. Почему? «Ей, Отче! Ибо таково было Твое благоволение» (Лк. 10:21).

Усвойте эту основополагающую истину: Творец обладает абсолютным всевластием; Он исполняет Свою волю по собственному желанию и не стремится ни к чему, кроме собственной славы. «Все сделал Господь ради себя» (Прит. 16:4). И разве не было у Него полного права так поступить? Бог есть Бог, поэтому кто смеет оспорить Его прерогативу? Ропот против Него — это не что иное, как бунт. Оспаривать Его пути — все равно, что подвергать сомнению Его мудрость. Критиковать Его — тяжелейший грех. Не забыли ли мы, кто Он? «Все народы пред Ним как ничто, — менее ничтожества и пустоты считаются у Него. Итак, кому уподобите вы Бога? И какое подобие найдете Ему?» (Ис. 40:17–18).

Вопросы для индивидуального изучения и обсуждения в группе

Приведенные ниже вопросы предназначены для того, чтобы углубить понимание материала и помочь читателю применить его к собственной жизни.

Какова главная мысль каждого из следующих отрывков?

1. Откр. 4:11.
2. Пс. 134:6.
3. Прит. 16:4.
4. Ис. 40:17–18.

3

Божье всевластие в управлении вселенной

Господь на небесах поставил престол Свой, и царство Его всем обладает (Пс. 102:19).

А. Наша потребность

Прежде всего следует сказать несколько слов о том, что *материальный мир* нуждается в Божьем правлении. Представьте на минуту, что такого правления нет. Ради развития аргумента предположим, что Бог создал мир, установил некие законы (которые люди называют «законами природы»), а затем удалился, оставив мир на произвол судьбы и этих законов. В таком случае у нас был бы мир, в котором нет разумного правителя, участвующего в том, что происходит. Этим миром управляли бы лишь безличные законы — концепция, достойная грубого материализма и неприкрытого атеизма. Представим себе такую картину лишь на мгновение, а затем в свете этого предположения хорошо задумаемся над таким вопросом: есть ли у нас гарантия, что когда-нибудь — возможно, скоро — этот мир не будет уничтожен? Даже очень поверхностное знакомство с «законами природы» позволяет увидеть, что их действие не приводит к одинаковым результатам. Доказательством может служить хотя бы то, что ни одно время года не похоже на другое. Итак, если законы природы непостоянны в своем действии, то есть ли у нас гарантия того, что на нашу Землю не обрушится никакая катастрофа? «Ветер, где *хочет*, веет» (Ин. 3:8; пер. Кассиана), а значит, человек не может ни оседлать ветер, ни воспрепятствовать ему. Иногда ветер дует с великой яростью, а когда неожиданно увеличивает свою мощность и скорость, становится ураганом, проносящимся по всей земле. Если ветер не направляется ничем, кроме законов природы, то хоть завтра может появиться ужасающее торнадо, которое пронесется по всей поверхности земли! Есть ли у нас уверенность в том, что такого бедствия не будет? А в последние годы мы часто слышим и читаем о том, как разверзаются облака и наводнения заливают целые кварталы, в этом ужасающем хаосе портится имущество и гибнут люди. Человек бессилен перед этими силами, потому что наука не может придумать средство, которое позволяло бы предотвращать стихийные бедствия. Откуда мы знаем, что число таких облаков не будет умножаться до тех пор, пока вся земля не будет залита их содержимым? В этом не было бы ничего нового: почему потоп, случившийся во дни Ноя, не мог бы повториться? А что можно сказать о землетрясениях? Раз в несколько лет они полностью разрушают какой-нибудь остров или большой город, и что может сделать человек? Где гарантия того, что какое-нибудь гигантское землетрясение не разрушит вскоре всю землю? Наука говорит о подземном пламени, горящем под сравнительно тонкой корой нашей земли. Откуда мы знаем, что это пламя не вырвется наружу, поглотив всю планету? Читатель, конечно, уже догадался, к чему мы ведем: там, где не признают, что Бог управляет материальным миром, «держа все словом силы Своей» (Евр. 1:3), *полностью исчезает ощущение безопасности!*

Применим эту же логику, размышляя о *человечестве*. Управляет ли Бог нашим миром? Определяет ли Он участь народов, контролирует ли развитие империй, устанавливает ли он сроки правления династий? Указал ли Он пределы, в которых могут совершать зло беззаконники, сказал ли им: «Доселе дойдешь и не перейдешь» (Иов. 38:11)? Представим себе на минуту, что Он этого не делает. Предположим, что Бог отдал штурвал в руки сотворенных Им существ, и посмотрим, к чему приведут такие размышления. Допустим, для развития аргумента, что каждый человек приходит в этот мир, наделенный абсолютно свободной волей, и что его невозможно ни к чему принудить или даже побудить, не уничтожая его свободы. Предположим, что каждый человек знает добро и зло и обладает силой, позволяющей делать выбор, и что он полностью свободен в своем выборе и в путях своих. Что тогда? Тогда оказывается, что человек всевластен, ведь он делает все, что угодно *ему*, и он сам определяет собственную участь. Но в таком случае мы не можем быть уверены, что уже вскоре каждый человек не отвергнет добро и не изберет зло; у нас нет гарантии, что весь род человеческий не совершит нравственное самоубийство. Исчезнут все наложенные Богом ограничения, немедленно упразднятся все нравственные суждения, во всем мире восторжествует дух варварства, а вся власть перейдет к хаосу. А почему бы и нет? Если один народ свергает своих правителей и отменяет Конституцию, то что мешает всем других народам последовать их примеру?

Прошло чуть больше ста лет с тех пор, как улицы Парижа были залиты кровью бунтовщиков[11]; кто может гарантировать, что в грядущем столетии похожие картины

---

[11] Французская революция (1789–1799) — период социальных и политических потрясений, сопровождалась беззаконием и кровопролитием.

не будут наблюдаться во всех городах мира? Что может воспрепятствовать всемирному распространению беззакония, предотвратить всемирную анархию?

Пока мы пытались показать лишь необходимость того, чтобы Бог восседал на Своем престоле, нес владычество на плечах Своих, контролировал поступки сотворенных существ и их участь. Но разве верующему трудно понять, что Бог правит этим миром? Разве глаза принявшего помазание не различают, даже посреди всего смятения и хаоса, руку Всевышнего, направляющую и упорядочивающую дела человеческие, и *на повседневном, бытовом уровне*? Возьмет, к примеру, фермеров и их урожай. Представим, что Бог оставил их на произвол судьбы. Что помешало бы им засеять все пахотные земли травой и посвятить себя исключительно животноводству? Тогда во всем мире наступит голод — исчезнут пшеница и кукуруза! Посмотрим, как работает почта. Представим, что все решат отправлять письма по понедельникам. Как тогда почтальоны будут разносить их по вторникам? И что они будут делать в оставшиеся дни недели? Или обратим внимание на магазины. Что бы произошло, если бы каждая домохозяйка делала закупки по средам, сидя дома все оставшиеся дни недели? Но этого не происходит. Фермеры в разных странах выращивают достаточное число животных и собирают урожай, необходимый для удовлетворения всех гигантских потребностей человечества. Почта едва ли не равномерно распределяется по шести дням недели. Некоторые женщины ходят в магазин по понедельникам, некоторые по вторникам и так далее. Разве все это не свидетельствует явным и убедительным образом о руке Божьей, контролирующей события?

Кратко объяснив необходимость Божьей власти над миром, продолжим наблюдения за тем, как именно Бог правит, распространяя Свою власть на все предметы и на всех существ.

Б. Божья власть над неодушевленной материей

Бог управляет неодушевленной материей, неодушевленная материя послушна Его воле и исполняет Его поручения; это видно уже на *первой странице* Божьего откровения. Бог сказал: «Да будет свет», и мы читаем: «И стал свет». Бог сказал: «Да соберется вода, которая под небом, в одно место, и да явится суша». Затем сказано: «И стало так». Бог говорит: «Да произрастит земля зелень, траву, сеющую семя дерево плодовитое, приносящее по роду своему плод, в котором семя его на земле». Затем сказано: «И стало так». А псалмопевец возвещает: «Ибо Он сказал, — и сделалось; Он повелел, — и явилось» (Пс. 32:9).

То, что показано уже в первой главе Книги Бытия, иллюстрируется на протяжении всей Библии. После сотворения Адама на земле шестнадцать веков не было дождя, потому что до времен Ноя «пар поднимался с земли и орошал все лице земли» (Быт. 2:6). Но, когда наполнилась чаша беззакония людей, живших до потопа, Бог сказал: «И вот, Я наведу на землю потоп водный, чтоб истребить всякую плоть, в которой есть дух жизни, под небесами; все, что есть на земле, лишится жизни». Затем мы читаем об исполнении этих слов: «В шестисотый год жизни Ноевой, во второй месяц, в семнадцатый день месяца, в сей день разверзлись все источники великой бездны, и окна небесные отворились; и лился на землю дождь сорок дней и сорок ночей» (Быт. 6:17; 7:11–12).

Изучим свидетельство об абсолютном всевластии Бога над неодушевленной материей, которое представлено в связи с *египетскими казнями*. По слову Его свет обратился во тьму, а реки — в кровь, пошел град, и смерть поразила безбожную землю Нила — так, что даже самый надменный монарх был вынужден умолять об избавлении. Обратите особое внимание на то, как в богодухновенной летописи подчеркивается абсолютный контроль Бога над явлениями природы: «И простер Моисей жезл свой к небу, и Господь произвел гром и град, и огонь разливался по земле; и *послал Господь град* на землю Египетскую; и был град и огонь между градом, град весьма сильный, какого не было во всей земле Египетской со времени населения ее. И побил град по всей земле Египетской все, что было в поле, от человека до скота, и всю траву полевую побил град, и все деревья в поле поломал; *только в земле Гесем, где жили сыны Израилевы, не было града*» (Исх. 9:23–26). Такую же особенность можно заметить и в описании девятой казни: «И сказал Господь Моисею: простри руку твою к небу, и будет тьма на земле Египетской, осязаемая тьма. Моисей простер руку свою к небу, и была густая тьма по всей земле Египетской три дня; не видели друг друга, и никто не вставал с места своего три дня; у всех же сынов Израилевых был свет в жилищах их» (Исх. 10:21–23).

Эти примеры — далеко не единственные. По Божьему повелению огонь и сера, обрушившись с неба, уничтожили находившиеся на равнине города, а плодородная долина превратилась в отвратительное море смерти. По слову Божьему *расступились воды Красного моря*, и израильтяне прошли по сухому дну, и по Его же слову эти воды вернулись, погубив египтян, которые преследовали евреев. Достаточно было слова от Бога, и *земля разверзлась*, поглотив Корея и прочих бунтовщиков. *Печь Навуходоносора* была раскалена в семь раз сильнее обычного, и трое детей Божьих были брошены в нее, но огонь не опалил даже их одежду, хотя и убил тех, кто бросал их в эту печь.

А каким удивительным образом Божья власть над природой была явлена тогда, когда Он *стал плотью* и обитал среди людей! Вот мы видим Его спящим в лодке. Начинается шторм. Завывает ветер, яростно бьются волны. Сопровождающие Его ученики боятся, что их маленький кораблик потонет; они будят Учителя с криком: «Неужели Тебе нужды нет, что мы погибаем?» Но затем мы читаем: «И, встав, Он запретил ветру и сказал морю: умолкни, перестань. И ветер утих, и сделалась великая тишина» (Мк. 4:38–39). Заметим, что и море, по воле Творца, носило Его на волнах своих. Достаточно слова от Него, и смоковница засыхает; достаточно Его прикосновения, и болезнь сразу же уходит.

Небесные тела тоже подчиняются своему Создателю — движутся по Его всевластному изволению. Рассмотрим два примера. По повелению Божьему солнце вернулось на десять ступеней на солнечных часах Ахаза, чтобы укрепить слабую веру Езекии. В новозаветные времена Бог повелел звезде провозглашать воплощение Его Сына — звезде, которая явилась мудрецам на востоке. Сказано, что эта звезда «шла перед ними, как наконец пришла и остановилась над местом, где был Младенец» (Мф. 2:9). А вот еще одно потрясающее утверждение: Бог «*посылает* слово Свое на землю; быстро течет слово Его; *дает* снег, как волну; *сыплет* иней, как пепел; бросает град Свой кусками; перед морозом Его кто устоит? *Пошлет* слово Свое, и все растает; *подует* ветром Своим, и потекут воды» (Пс. 147:4–7). Изменения погоды и явления природы находятся под всевластным контролем Бога. Бог удерживает или посылает дождь — там, где хочет и тогда, когда хочет; Он сам определяет, кому дать дождь, а кому не дать. Метеорологи пытаются предсказать погоду, но как часто Бог смеется над их предсказаниями! Пятна на Солнце, движения планет, появление и исчезновение комет (которых иногда считают причиной погодных аномалий), изменения в атмосфере — все это лишь вторичные причины, ибо за всеми ними стоит сам Бог. Пусть Слово Его проговорит еще раз: «И *удерживал* от вас дождь за три месяца до жатвы; *проливал* дождь на один город, а на другой город не проливал дождя; один участок напояем был дождем, а другой, не окропленный дождем, засыхал. И сходились два-три города в один город, чтобы напиться воды и не могли досыта напиться; но и тогда вы не обратились ко Мне, говорит Господь. Я поражал вас ржою и блеклостью хлеба; множество садов ваших и виноградников ваших, и смоковниц ваших, и маслин ваших пожирала гусеница, — и при всем том вы не обратились ко Мне, говорит Господь. Посылал Я на вас моровую язву, подобную Египетской, убивал мечом юношей ваших, отводя коней в плен, так что смрад от станов ваших поднимался в ноздри ваши; и при всем том вы не обратились ко Мне, говорит Господь» (Ам. 4:7–10).

Поистине Бог управляет неодушевленной материей. Земля и воздух, град и снег, штормовой ветер и бушующее море — все они подчиняются слову Его — по всевластному Его благоволению. Поэтому, когда мы жалуемся на погоду, мы на самом деле ропщем на Бога.

В. Божья власть над неразумными существами

Удивительный пример, показывающий Божью власть над царством животных, содержится в Бытии 2:19: «Господь Бог образовал из земли всех животных полевых и всех птиц небесных, и *привел* к человеку, чтобы видеть, как он назовет их, и чтобы, как наречет человек всякую душу живую, так и было имя ей». Если кто-то возразит, что это происходило в Эдеме, до грехопадения Адама и последовавшего за ним проклятия, наложенного на каждое животное, то следующая наша цитата отвечает именно на такое возражение: «Введи также в ковчег из всех животных и от всякой плоти по паре, чтоб они остались с тобою в живых: мужеского пола и женского пусть они будут. Из птиц по роду их, и из скотов по роду их, и из всех пресмыкающихся по земле по роду их, из всех по паре *войдут* к тебе, чтобы остались в живых» (Быт. 6:19–20). Все эти существа подчинялись всевластному контролю Бога. Лев из джунглей, слон из леса, медведь из полярных широт, свирепая пантера, неприрученный волк, кровожадный тигр, парящий в воздухе орел и ползающий по земле крокодил — посмотрите, как все эти дикие животные спокойно подчиняются воле Создателя и парами входят в ковчег! Говоря о том, что Бог контролирует неодушевленную природу, мы обращались к египетским казням. Рассмотрим их снова, чтобы увидеть Его совершенную власть над неразумными существами. По Слову Божьему река в изобилии принесла жаб, и эти жабы вошли во дворец фараона и в дома его слуг, где, вопреки своему инстинкту, залезли в постели, печи и квашни для теста (Исх. 8:3). Великое множество песьих мух заполонило землю египетскую, но в земле Гесем мух не было (Исх. 8:22)! Затем был поражен скот. Мы читаем:

...Вот, *рука Господня* будет на скоте твоем, который в поле, на конях, на ослах, на верблюдах, на волах и овцах: будет моровая язва весьма тяжкая; и разделит Господь между скотом Израильским и скотом Египетским, и из всего скота сынов Израилевых не умрет ничего. И назначил Господь время, сказав: завтра сделает это Господь в земле сей. И сделал это Господь на другой день, и вымер весь скот Египетский; из скота же сынов Израилевых не умерло *ничего* (Исх. 9:3–6).

Схожим образом Бог насылал на фараона и его землю тучи саранчи — назначая время ее появления, определяя направление ее движения и указывая пределы, в которых она может разорять урожай.

Не только ангелы подчиняются Божьим повелениям. Бессловесные твари тоже исполняют то, что Он приказал по воле Своей. Святой ковчег, ковчег завета, оказался в земле филистимлян. Как вернуть его на родину? Обратим внимание на то, каких служителей избрал Бог для этой цели, и как эти служители подчиняются Его полному контролю:

> И призвали филистимляне жрецов и прорицателей, и сказали: что нам делать с ковчегом Господним? Научите нас, как нам отпустить его в свое место. Те сказали: ...возьмите, сделайте одну колесницу новую и возьмите двух первородивших коров, на которых не было ярма, и впрягите коров в колесницу, а телят их отведите от них домой; и возьмите ковчег Господень, и поставьте его на колесницу, а золотые вещи, которые принесете Ему в жертву повинности, положите в ящик сбоку его; и отпустите его, и пусть пойдет; и смотрите, если он пойдет к пределам своим, к Вефсамису, то он великое сие зло сделал нам; если же нет, то мы будем знать, что не его рука поразила нас, а сделалось это с нами случайно (1 Цар. 6:2–9).

Что же произошло? Прочитаем удивительное продолжение этой истории: «И пошли коровы *прямо на дорогу* к Вефсамису; одною дорогою шли, шли и мычали, но не уклонялись ни направо, ни налево» (1 Цар. 6:12).

Такой же невероятной была и история Илии: «И было к нему слово Господне: пойди отсюда и обратись на восток и скройся у потока Хорафа, что против Иордана; из этого потока ты будешь пить, а воронам Я *повелел* кормить тебя там» (3 Цар. 17:2–4). Природный инстинкт этих хищных птиц был удержан, и они, вместо того, чтобы съедать пищу, относили ее слуге Иеговы, уединившемуся в пустынном месте.

Нужны ли еще какие-то доказательства? Тогда вот они. Бессловесной ослице Бог повелевает упрекнуть обезумевшего пророка. Он посылает двух медведиц, которые, выйдя из леса, раздирают сорок двух человека, издевавшихся над Елисеем. Исполняя Свое слово, Он повелевает собакам вылизать кровь нечестивой Иезавели. Он закрывает львиные пасти, когда в вавилонский ров брошен пророк Даниил, хотя несколько позже Он повелевает этим львам растерзать обвинителей пророка. Он посылает большую рыбу, которая должна проглотить непослушного Иону, а затем в назначенный час заставляет рыбу извергнуть его на сушу. Следуя Божьему повелению, маленькая рыба несет монету, чтобы Петр мог заплатить подать, и чтобы исполнилось слово Его, Господь заставляет петуха дважды прокричать после отречения Петра. Итак, мы видим: Бог обладает властью над бессловесными существами: зверями полевыми, птицами небесными, рыбами морскими — все исполняют Его всевластное повеление.

Г. Божья власть над сынами человеческими

Мы полностью осознаём, что дошли до самой трудной части нашей темы, поэтому на следующих страницах мы будем разбирать ее подробнее. Здесь же достаточно отметить сам факт Божьего правления над людьми в целом, прежде чем мы перейдем к более глубокому изучению проблемы.

Перед нами две альтернативы, и нам приходится выбирать одну из двух: Бог или правит, или подчиняется чьему-то правлению; Бог или обладает властью или подчиняется чьей-то власти; исполняется или воля Бога, или воля людей.

Трудно ли делать выбор между этими двумя альтернативами? Можно ли сказать, что человек — существо настолько непослушное, что он не под контролем Бога? Можно ли сказать, что грех настолько отдалил грешника от трижды Святого Бога, что человек уже — вне Божьей юрисдикции? И можно ли сказать, что на человека возложена нравственная ответственность, а значит, Бог должен предоставить ему полную свободу — по крайней мере на время его испытания[12]? Неизбежен ли вывод о том, что, поскольку невозрожденный человек по природе своей находится в состоянии бунта против неба и Божьего правления, Бог не может исполнить Свой замысел о нем? Речь идет не просто о том, что Бог может отменить последствия действий беззаконников, или о том, что нечестивые, представ перед Его судом, услышат обвинительный приговор, — в это верит и множество нехристиан. Но мы подразумеваем, что каждое действие даже самого беззаконного из Его подданных совершается под Его полным контролем, и что сам беззаконник, даже не осознавая того, исполняет тайное повеление Всевышнего. Разве не так было с Иудой? И можно ли выбрать еще более удивительный пример? Если даже предводитель бунтовщиков исполнял предназначенное советом Божьим, то трудно ли будет нашей вере принять, что так же происходит и со всеми бунтовщиками?

---

[12] Под «испытанием» здесь подразумевается время физической жизни человека на земле — время, на основании которого каждый человек будет судим, чтобы можно было увидеть, доверял ли он Иисусу Христу.

Наша цель сейчас — не проводить философское исследование и не заниматься метафизической казуистикой, но проверить, чему учит Писание по этой важнейшей теме. Мы обращаемся «к закону и откровению» (Ис. 8:20), потому что только оттуда можно узнать о Божьем правлении — о его свойствах, принципах устроения и действия, и его масштабе. Итак, что же пожелал Бог открыть нам в благословенном Слове о Его власти над всеми делами рук Его и в особенности над тем, кто изначально был создан по Его образу и подобию?

«...Мы Им живем, и *движемся*, и существуем» (Деян. 17:28). Далеко идущее утверждение! Стоит отметить, что эти слова были адресованы не какой-либо из церквей Божьих и не какому-то собранию святых, достигших высокого уровня духовности, а к языческой аудитории — людям, которые поклонялись «неведомому Богу» и «насмехались», услышав о воскресении мертвых. Но именно афинским философам — эпикурейцам и стоикам — апостол Павел, не колеблясь, возвещает, что они живут и движутся, и существуют в Боге. Эти слова означают, что Тому, кто создал мир и все, что его наполняет, они обязаны не только самим своим существованием и поддержанием жизни; но и тем, что их собственные действия включены в деяния Господа небес и земли, а следовательно, находились под Его контролем. Обратите внимание на последнюю фразу в Даниила 5:23!

«Человеку принадлежат предположения сердца, но от Господа ответ языка» (Прит. 16:1). Заметим, что это утверждение имеет всеобщий характер: речь идет о «человеке», а значит, подразумеваются не только верующие. «Сердце человека обдумывает свой путь, но *Господь управляет* шествием его» (Прит. 16:9). Если Господь направляет шаги («управляет шествием») человека, то разве это не доказывает, что он находится под контролем, под властью Бога? Снова обратимся к Писанию: «Много замыслов в сердце человека, но *состоится только определенное Господом*» (Прит. 19:21). Чего бы человек ни желал и какие бы планы он ни строил, исполняется воля Создателя — разве можно истолковать этот стих иначе? В качестве примера возьмем «богатого глупца» из евангельской притчи. «Замыслы» его сердца нам известны: «И он рассуждал сам с собою: что мне делать? Некуда мне собрать плодов моих? И сказал: вот что сделаю: *сломаю* житницы мои и *построю* большие, и *соберу* туда весь хлеб мой и все добро мое, и *скажу* душе моей: душа! Много добра лежит у тебя на многие годы: покойся, ешь, пей, веселись. Таковы были «замыслы» его сердца, но состоялось только «определенное Господом». Все планы богача («сломаю», «построю», «соберу») рухнули, потому что «Бог сказал ему: безумный! В сию ночь душу твою возьмут у тебя» (Лк. 12:17–20).

«Сердце царя — в руке Господа, как потоки вод: куда захочет, Он направляет его» (Прит. 21:1). Возможно ли более ясное объяснение? Из сердца — «источники жизни» (Прит. 4:23), «потому что каковы мысли в душе [человека], таков и он» (Прит. 23:7). Итак, если сердце его в руке Господа, и Господь «куда захочет... направляет его», то разве не очевидно, что все люди, в том числе правители и начальники, находятся под полным контролем власти Всемогущего?

На сделанные выше утверждения не следует налагать никаких ограничений. Настаивать на том, что по крайней мере некоторые люди *препятствуют* исполнению Божьей воли и отменяют Его замысел, — все равно, что отвергать другие Писания, так же ясно выражающие эту истину. Стоит тщательно взвесить такие высказывания: «Но Он тверд; и кто отклонит Его? Он делает, чего хочет душа Его» (Иов. 23:13). «Совет же Господень стоит вовек; помышления сердца Его — в род и род» (Пс. 32:11). «Ибо Господь Саваоф определил, и кто может отменить это? Рука Его простерта, — и кто отвратит ее?» (Ис. 14:27). «Вспомните прежде бывшее, от начала века, ибо Я Бог, и нет иного Бога, и нет подобного Мне. Я возвещаю от начала, что будет в конце, и от древних времен то, что еще не сделалось, говорю: *Мой совет состоится, и все, что Мне угодно, Я сделаю*» (Ис. 46:9–10). В этих отрывках нет ничего двусмысленного. Здесь ясно и безоговорочно утверждается, что отменить замысел Иеговы невозможно.

Мы читаем Писание напрасно, если не понимаем, что действия людей — и злых и добрых — направляются Господом Богом. Нимрод и его единомышленники решили построить вавилонскую башню, но не успели закончить строительство, когда Бог отменил их планы. Бог призвал Авраама «одного» (Ис. 51:2), но, когда он выходил из Ура Халдейского, его сопровождали родственники. Означает ли это, что Божий замысел потерпел неудачу? Вовсе нет. Посмотрим, что было дальше. Фарра умер еще до того, как они дошли до Ханаана (Быт. 11:32), а Лот, хотя и вошел с дядей в землю обетованную, вскоре отделился от него и поселился в Содоме. Иаков был сыном обетования, а Исаак, хотя и пытался переиначить повеление Иеговы и благословить Исава, потерпел неудачу. Исав поклялся отомстить Иакову, но, когда они встретились, плакал от радости, вместо того, чтобы с ненавистью наброситься на него. Братья твердо решили погубить Иосифа, но их злые замыслы были разрушены. Фараон не позволял Израилю исполнить повеление Иеговы и из-за своего упрямства погиб в Красном море. Валак нанял Валаама, чтобы тот проклял израильтян, но Бог побудил пророка благословить их. Аман построил виселицу для Мардохея, но сам был на ней вздернут. Иона противился открытой ему Божьей воле, но к чему привели его усилия?

Конечно, «мятутся народы, и племена замышляют тщетное... Восстают цари земли, и князья совещаются вместе против Господа и против Помазанника Его. „Расторгнем узы их, и свергнем с себя оковы их“» (Пс. 2:1–3). Но разве великий Бог встревожен или озадачен бунтом этих крохотных существ? Конечно же, нет: «Живущий на небесах посмеется, Господь поругается им» (ст. 4). Он бесконечно выше всего этого; самые могущественные земные конфедерации для Него — как пешки. Самые масштабные и тщательные приготовления тех, кто пытается разрушить Его замысел, для Него — как детская забава. Он смотрит на их жалкие усилия не просто без всякой тревоги; Он смеется над их глупостью и презирает их бессилие. Он знает, что в любой момент может раздавить их, как насекомых или уничтожить их дыханием уст Своих. Живущие на земле куски глины «тщетно» пытаются состязаться с величием небесной славы. Таков наш Бог: поклонитесь Ему!

Обратим внимание и на то, как Божье всевластие проявилось в Его обращении с людьми. Именно Моисей, не умевший хорошо говорить, а не Аарон, обладавший ораторскими способностями, был назначен представителем Бога, требующим, чтобы египетский монарх отпустил Его угнетенный народ. И тот же Моисей, хотя и был возлюбленным Божьим, сказал лишь одно неосторожное слово и из-за этого не смог войти в Ханаан, зато Илия, который яростно протестовал, услышал в ответ лишь мягкий упрек, а впоследствии был взят на небо и не увидел смерти! Оза всего лишь прикоснулся к ковчегу и сразу же был убит, а филистимляне забрали ковчег для оскорбительной триумфальной процессии и не испытали какого-либо мгновенного поражения. Проявления благодати, которые привели бы обреченный Содом к покаянию, не подействовали на Капернаум, имевший великую привилегию.

Великие деяния, которые покорили бы Тир и Сидон, привели к тому, что галилейские города, получившие упрек Иисуса, оказались под проклятием отверженного Евангелия. Если эти дела восторжествовали бы в языческих городах, то почему они не были совершены в городах галилейских? Если эти дела не оказались спасительными в галилейских городах, зачем они были совершены? Здесь явным образом открыта всевластная воля Всевышнего!

Д. Божья власть над ангелами

Ангелы — Божьи слуги, посланники, колесницы. Они всегда слушают слова, исходящие из уст Его, и выполняют Его повеления. «И *послал Бог ангела* в Иерусалим, чтобы истреблять его. И когда он начал истреблять, увидел Господь и пожалел о сем бедствии, и сказал ангелу-истребителю: довольно! Теперь опусти руку твою... И *сказал Господь ангелу*: возврати меч твой в ножны его» (1 Пар. 21:15, 27). Можно было бы процитировать множество других Писаний, показывающих, что ангелы подчиняются воле своего Создателя и выполняют Его приказания: «Тогда Петр, придя в себя, сказал: теперь я вижу воистину, что Господь послал ангела Своего и избавил меня из руки Ирода и от всего, чего ждал народ иудейский» (Деян. 12:11). «...И Господь Бог святых пророков послал ангела Своего показать рабам Своим то, чему надлежит быть вскоре» (Откр. 22:6). Так будет и при возвращении Господа: «...Пошлет Сын Человеческий ангелов Своих, и соберут из царства Его все соблазны и делающих беззаконие» (Мф. 13:41). И снова мы читаем: «...И пошлет ангелов Своих с трубою громогласною, и соберут избранных Его от четырех ветров, от края небес до края их» (Мф. 24:31).

Сказанное выше относится и к злым духам: они тоже исполняют всевластные Божьи повеления. Злой дух послан Богом, чтобы возбудить мятеж в лагере Авимеле-ха: «И послал Бог злого духа между Авимелехом и между жителями Сихема, и не стали покоряться жители Сихем-ские Авимелеху» (Суд. 9:23). Другого злого духа Он по-сылает, чтобы тот стал духом лжи в устах пророков Аха-ва: «И вот, теперь попустил Господь духа лживого в уста всех сих пророков твоих; но Господь изрек о тебе недоб-рое» (3 Цар. 22:23). А еще один был послан Господом, чтобы возмущать Саула: «А от Саула отступил Дух Госпо-день, и возмущал его злой дух от Господа» (1 Цар. 16:14). И в Новом Завете мы тоже видим, как целый легион бе-сов выходит из своей жертвы лишь после того, как Гос-подь позволил им войти в стадо свиней. Итак, Писа-ние ясно свидетельствует о том, что ангелы — добрые и злые — находятся под контролем Бога и исполняют Его замысел, хотят они того или нет. Даже сатана находится под абсолютным контролем Бога. Во время суда в Эде-ме он выслушал ужасный приговор, но в ответ не сказал ни слова. Он не мог тронуть Иова, пока Бог не разрешил (Иов. 1:12). И ему так же пришлось получать разреше-ние Господа, чтобы «просеять» Петра (Лк. 22:31). Хри-стос повелевает дьяволу: «Отойди от Меня», и мы чита-ем: «Тогда оставляет Его диавол» (Мф. 4:11). И в конце он будет ввергнут в озеро огненное, приготовленное для него и для его ангелов (Откр. 20:10).

«Воцарился Господь Бог Вседержитель» (Откр. 19:6). Его царствование — над неодушевленной материей, над дикими зверями, над сынами человеческими, над доб-рыми и злыми ангелами и над самим сатаной. Никакие изменения в мире, ни звездный свет, ни буря, ни пере-движения творений, ни поступки человека, ни посла-ния ангелов, ни дела дьявола — ничто во всей огромной вселенной не может произойти, если Бог от вечности не предопределил тому быть. Здесь — основание веры.

Здесь — покой для разума. Здесь — якорь для души, надежный и прочный. Миром правит не слепая судьба, не разнузданное зло, не человек и не дьявол, но Всемогущий Бог. Он правит всем по Своему благоволению и для Своей вечной славы[13].

> Тысячелетия назад
> Он землю сотворил,
> Из ничего возникло всё —
> Так Бог Творец решил.
> И Млечный путь, и муравья —
> Всё замысел вмещал.
> Он всё продумал до конца,
> Поэтому — всё знал.

---

[13] Вопросы для изучения и обсуждения приводятся в конце главы 4.

4

Божье всевластие в спасении

О, бездна богатства и премудрости и ведения Божия! Как непостижимы судьбы Его и неисследимы пути Его! (Рим. 11:33)

А. У Господа спасение

«У Господа спасение» (Ион. 2:10), но Господь спасает не всех. Почему? Он действительно спасает некоторых, но если Он спасает одних, то почему не спасает других? Потому ли, что они слишком грешные и испорченные? Нет, ведь апостол пишет: «Верно и всякого принятия достойно слово, что Христос Иисус пришел в мир спасти грешников, из которых я первый» (1 Тим. 1:15). Если же Бог спас даже «первого» из грешников, никто не исключен из-за своей испорченности. Почему тогда Бог спасает не всех? Потому ли, что у некоторых сердца отвердели настолько, что обращение для них невозможно? Нет, ведь написано: «...И возьму из плоти их[14]

---

[14] «...Из плоти их». Плоть в Писании иногда означает невозрожденное, не получившее обновления греховное состояние (Рим. 7:18). Иногда речь идет о теле (Пс. 37:4), иногда обо всем человеке (Лк. 3:6; Рим. 3:20). В данном случае подразумевается именно такое значение. «Сердце плотяное» здесь не старое, затвердевшее и окаменевшее, а сердце, которое можно вразумлять и направлять. Такое

сердце каменное, и дам им сердце плотяное» (Иез. 11:19). Может быть, потому, что некоторые настолько упрямы и несговорчивы, настолько далеко зашли в своем бунте, что Бог не может привлечь их к себе? Прежде чем ответить на этот вопрос, зададим другой — обратимся к опыту читателя-христианина.

Скажите, друг, разве не было в вашей жизни такого времени, когда вы ходили на совет нечестивых, стояли на пути грешников и сидели в собрании развратителей, говоря вместе с ними: «Не хотим, чтобы он царствовал над нами» (Лк. 19:14)? Разве не было такого времени, когда вы не хотели прийти к Христу, «чтобы иметь жизнь» (Ин. 5:40)? Не было ли такого времени, когда и ваш голос присоединялся к хору: «Отойди от нас, не хотим мы знать путей Твоих! Что Вседержитель, чтобы нам служить Ему? И что пользы прибегать к Нему?» (Иов. 21:14–15). Вам придется, стыдясь, сделать признание: да, было! Но каким образом все изменилось? Что произвело эту перемену: от высокомерной самодостаточности к смиренному молению, от вражды против Бога к миру с Ним, от беззакония к покорности, от ненависти к любви? «Рожденный от Духа» с готовностью ответит: «*Благодатию Божиею* есмь то, что есмь» (1 Кор. 15:10). Видите ли теперь, что другие бунтовщики не спасены не потому, что у Бога нет силы, или Он не желает использовать принуждение? Если Бог смог подчинить себе вашу волю и завоевать ваше сердце, не отменяя при этом вашей моральной ответственности, то разве не может Он сделать то же для других? Конечно, может. Тогда насколько же нелогично и глупо при объяснении нынешнего поведения беззаконников и их вечной участи утверждать, будто

сердце будет слушать, размышлять, делать добро, которое заповедано, и избегать зла, которое запрещено, подчиняться Божьему закону и исправляться, когда высказан упрек. — Мэтью Пул (1624–1679).

Бог не в силах спасти их, потому что они *не позволяют Ему* это сделать. Вы говорите: «Но пришло время, когда я действительно захотел принять Христа своим Спасителем»? Да, это так, но само хотение произвел Господь (Пс. 109:3; Флп. 2:13). Почему же тогда он не произведет такое хотение во всех грешниках? Да потому, что Он всевластен и все делает, как Ему угодно! Но вернемся к нашему первоначальному вопросу.

Почему спасены не все — в особенности не все, слышащие Евангелие? Вы по-прежнему отвечаете: «Потому что большинство из них не хотят верить»? Да, это утверждение истинно, но лишь отчасти. Оно истинно с *человеческой* стороны. Но есть и Божья сторона истины, и эта сторона заслуживает особого внимания, иначе Бог будет лишен славы. Неспасенные гибнут, потому что не хотят верить; другие спасаются, потому что верят. Но почему эти другие верят? Что побуждает их довериться Христу? Может быть, они разумнее окружающих и раньше понимают свою потребность в спасении? Быть такого не может! «Ибо кто отличает тебя? Что ты имеешь, чего бы не получил? А если получил, что хвалишься, как будто не получил?» (1 Кор. 4:7). Сам Бог проводит различие между избранными и теми, кто не был избран, ведь написано об избранных: «Знаем также, что Сын Божий пришел и дал нам свет и разум, да познаем Бога истинного» (2 Ин. 5:20).

Вера есть дар Божий, и «не во всех вера» (2 Фес. 3:2). Итак, мы видим, что Бог наделяет этим даром не всех. На кого же изливает Он эту спасительную благодать? И мы отвечаем: на избранников Его. «...И уверовали все, которые были предуставлены к вечной жизни» (Деян. 13:48). Потому мы и читаем о «вере избранных Божиих» (Тит. 1:1). Но проявляет ли Бог лицеприятие, когда раздает Свои блага? А разве нет у Него такого права? Есть ли еще такие, кто ропщет против благого Домовладельца? Достаточно ответить Его собственными словами: «Разве я не властен в своем делать, что хочу?» (Мф. 20:15). Бог всевластен в распределении Своих даров — и природных и духовных. На этом закончим утверждения общего характера и перейдем к более конкретным высказываниям.

Б. Вечная цель Отца в избрании

1. Римлянам 9:21–23

Не властен ли горшечник над глиною, чтобы из той же смеси сделать один сосуд для почетного употребления, а другой для низкого? Что же, если Бог, желая показать гнев и явить могущество Свое, с великим долготерпением щадил сосуды гнева, готовые к погибели, дабы вместе явить богатство славы Своей над сосудами милосердия, которые Он приготовил к славе?

Девятая глава Послания к римлянам — отрывок, в котором Писание, наверное, сильнее всего акцентирует Божье всевластие, определяющее участь сотворенных Им существ. Мы не будем стремиться охватить всю главу: ограничимся стихами 21–23. В этих стихах падшее человечество показано как инертная, беспомощная масса — безжизненная глина. В этом отрывке показано, что сами по себе избранные ничем не отличаются от остальных: они сделаны из того же куска глины — что полностью созвучно Ефесянам 2:3, где сказано, что *по природе* своей мы «дети гнева». Писание учит здесь, что окончательная участь каждого человека решается Божьей волей, и великое благословение в том, что это так: если бы мы были предоставлены собственной воле, нашей окончательной участью было бы озеро огненное! Здесь сказано, что Бог сам проводит различие между теми участями, которые Он предназначил для сотворенных Им существ, ибо «один сосуд *для* почетного употребления, а другой *для* низкого». Есть «сосуды гнева, готовые к погибели», и есть «сосуды милосердия, которые Он приготовил к славе».

Мы с готовностью признаём, что для горделивого сердца сотворенного существа довольно унизительно осознавать, что все человечество в руке Божьей — как глина в руке горшечника, но именно так изложена истина в Писании. В наши дни, когда так много человеческого хвастовства, интеллектуальной гордыни и обожествления человека, нужно утверждать, что горшечник делает сосуды для себя. Сколько бы человек ни препирался со своим Создателем, факт остается фактом: в руках небесного Горшечника он всего лишь глина. И хотя мы знаем, что Бог поступит справедливо со Своим творением, что Судья всей земли будет действовать праведно, Он все же делает сосуды для Своих собственных целей и по Своему благоволению. Бог утверждает Свое неоспоримое право поступать со Своей собственностью так, как Ему угодно.

Бог не только имеет право поступать, как Ему угодно, с существами, сотворенными Его рукой, но и использует это право, и наиболее явным образом это проявляется в Его предопределяющей благодати. До сотворения мира Бог сделал выбор, принял решение. Перед Его всеведущим оком стоял весь род потомков Адама, и из них Он выбрал себе народ; и тех, кого Он избрал, Он «предопределил быть подобными образу Сына Своего» (Рим. 8:29), предуставил к вечной жизни.

2. Факт Божьего избрания

Эта благословенная истина изложена во многих Писаниях, из которых мы здесь рассмотрим семь.

1) Деяния 13:48

> ...И уверовали все, которые были *предуставлены* к вечной жизни.

Человеческая изобретательность прибегала ко всем возможным средствам, чтобы затупить острие этого Писания и дать поверхностное объяснение очевидному значению этих слов, но все эти средства были напрасны, хотя ничто никогда не сможет сделать этот и похожие отрывки приемлемыми для плотского человека. «И уверовали все, которые были предуставлены к вечной жизни». Здесь мы узнаём четыре истины. Во-первых, вера — это следствие, а не причина Божьего повеления. Во-вторых, к вечной жизни «предуставлены» лишь некоторые — ограниченное число, потому что если бы к вечной жизни были «предуставлены» все люди, то уточнение «все, которые...» было бы бессмысленным. В-третьих, те, о ком идет здесь речь, были «предуставлены» не просто к внешним привилегиям, но к «вечной жизни» — не к служению, но к самому спасению. В-четвертых, «все» — все до единого — из тех, кто «предуставлены» Богом к вечной жизни, вне всякого сомнения, уверуют.

Заслуживает внимания комментарий, который приводит на этот отрывок возлюбленный Чарльз Сперджен [15]. Он говорил: «Некоторые пытались доказать, что эти слова не учат предопределению, но эти попытки настолько явственно искажают язык, что не буду тратить время на возражения против них. Я читаю: „И уверовали все,

---

[15] Чарльз Сперджен (1834–1892) — влиятельный английский баптист, самый читаемый проповедник в истории (не считая тех, чьи проповеди содержатся в Писании). На сегодняшний день ни у одного другого христианского автора — живого или умершего — нет такого множества письменных текстов, как у Сперджена.

которые были предуставлены к вечной жизни", и я не буду переиначивать текст, но буду прославлять Божью благодать, приписывая этой благодати веру каждого человека. Разве не Бог дает предрасположенность к вере? Если люди предрасположены иметь вечную жизнь, то разве не Он в каждом из этих случаев предрасполагает их? Разве Бог не вправе давать благодать? Если Он вправе давать ее, то разве не вправе Он намереваться ее дать? Вы бы предпочли, чтобы Он давал ее случайно? Если Он вправе давать благодать сегодня, то Он был вправе и намереваться дать ее раньше, а, поскольку Он не изменяется, — дать от вечности».

2) Римлянам 11:5–6

> Так и в нынешнее время, по *избранию благодати*, сохранился остаток. Но если по благодати, то не по делам; иначе благодать не была бы уже благодатью. А если по делам, то это уже не благодать; иначе дело не есть уже дело.

Слово «так» в начале этой цитаты связано с предыдущим стихом, где сказано: «Я соблюл себе семь тысяч человек, которые не преклонили колени перед Ваалом» (Рим. 11:4). Обратим особое внимание на слово «соблюл». Во дни Илии было семь тысяч человек — незаметное меньшинство, которое Бог сохранил от идолопоклонства и привел к истинному богопознанию. Причина их сохранения и просветления никак не относилась к ним самим, но только к особому влиянию и действию Бога. Как велико было Божье благоволение к этим людям, которых Он «соблюл»! А теперь, говорит апостол, как в дни Илии Бог сохранил «остаток», так Он сделал и в этой диспенсации. «Сохранился остаток». Здесь проводится связь между *причиной* избрания и его источником. Основанием для Божьего избрания этого «остатка» не была вера, которую Он в них предвидел, потому что выбор, сделанный на основании предвиденных добрых дел, все равно сделан на основании дел, и в этом случае уже не был бы «благодатью», ибо, пишет апостол, «если по благодати, то не по делам; иначе благодать не была бы уже благодатью». Значит, благодать и дела противоположны друг другу, не имеют между собой ничего общего, они совсем не смешиваются — как вода и масло. Поэтому мысль о том, что в избранных есть некое изначальное добро, или что они совершают какие-то заслуживающие одобрения дела, полностью исключается. Остаток «*по избранию благодати*» означает безусловный выбор, происходящий от всевластного благоволения Бога. Иными словами, это избрание абсолютно безусловное.

3) 1 Коринфянам 1:26–29

> Посмотрите, братия, кто вы, призванные: не много из вас мудрых по плоти, не много сильных, не много благородных; но Бог избрал немудрое мира, чтобы посрамить мудрых, и немощное мира избрал Бог, чтобы посрамить сильное; и незнатное мира и уничиженное и ничего не значащее избрал Бог, чтобы упразднить значащее, — для того, чтобы никакая плоть не хвалилась пред Богом.

В этом отрывке трижды упоминается Божье избрание, а избрание неизбежно подразумевает некий отбор: кого-то возьмут, а кого-то оставят. Выбор здесь делает сам Бог, как и говорил Господь Иисус апостолам: «Не вы Меня избрали, а Я вас избрал» (Ин. 15:16). Число избранных строго определено: «не много... мудрых по плоти...

не много благородных», что соответствует и сказанному в Матфея 20:16: «Так будут последние первыми, и первые последними, ибо много званых, а *мало* избранных». О факте Божьего избрания сказано достаточно; рассмотрим теперь объекты Его избрания.

3. Объекты Божьего избрания

Те Божьи избранники, о которых шла речь выше, — это «немощное мира... незнатное мира и уничиженное» (1 Кор. 1:26–29). Но почему? Чтобы продемонстрировать и возвеличить Его благодать. Божьи *пути* и мысли совершенно не такие, как у человека. Плотской разум мог бы подумать, что избранники будут среди богатых и влиятельных, популярных и культурных, — чтобы христианство заработало одобрение и аплодисменты мира за свою зрелищность и плотскую славу. Но «что высоко у людей, то мерзость перед Богом» (Лк. 16:15).

Народом, который Он избрал для того, чтобы сохранились Его святые слова и чтобы пришло обещанное семя, были не древние египтяне, не внушительные вавилоняне и не греки — носители высокой цивилизации и культуры. Нет, Иегова возлюбил и хранил «как зеницу ока Своего» (Втор. 32:10) презираемых кочевников-евреев. Так было и во дни, когда Господь наш жил среди людей. Те, кого Он особо приблизил к себе и сделал Своими посланниками, в большинстве своем были необразованными рыбаками. И с тех пор Он поступает все так же. Если сохранятся такие же темпы, как сегодня, то вскоре выяснится, что в презренном Китае у Господа больше тех, кто подлинно принадлежит Ему, чем в США — стране, получившей особую милость, а среди чернокожих жителей Африки, не знающих цивилизации, больше Его последователей, чем в высококультурной Германии! И цель Божьего избрания, главная причина отбора — в том, «чтобы никакая плоть не хвалилась пред Богом». Поскольку в объектах Его выбора нет ничего, что давало бы им право на Его особое благоволение, вся хвала будет воздаваться лишь преизобильному богатству благодати Божьей.

4) Ефесянам 1:3–5, 11

Благословен Бог и Отец Господа нашего Иисуса Христа, благословивший нас во Христе всяким духовным благословением в небесах, так как Он избрал нас в Нем прежде создания мира, чтобы мы были святы и непорочны пред Ним в любви, предопределив усыновить нас себе чрез Иисуса Христа, по благоволению воли Своей... В Нем мы и сделались наследниками, быв предназначены к тому по определению Совершающего все по изволению воли Своей.

Мы снова читаем о том, в какой момент времени — если уместно говорить здесь о времени как таковом — Бог избрал тех, кому надлежало стать Его детьми в Иисусе Христе. Это избрание произошло не после того, как Адам согрешил и поверг весь род человеческий в грех и несчастье, но задолго до того, как Адам увидел свет — еще даже до основания мира Бог избрал нас во Христе. Здесь мы узнаём также *цель*, которая была у Бога в отношении Его избранников: чтобы они «были святы и непорочны пред Ним в любви», чтобы они были усыновлены и «сделались наследниками». Здесь мы узнаём и о *мотивах*, которые были у Бога. «В любви» Бог «предопределил усыновить нас себе чрез Иисуса Христа» — это утверждение опровергает те недостойные обвинения, которые часто можно услышать: будто Бог, решающий вечную участь Своих творений до их рождения, поступает тиранично и несправедливо. Наконец, здесь нам сказано и о том, что в этом деле Он ни с кем не советовался, но «предопределил усыновить нас себе чрез Иисуса Христа... по благоволению воли Своей».

5) 2 Фессалоникийцам 2:13

> Мы же всегда должны благодарить Бога за вас, возлюбленные Господом братия, что Бог от начала, через освящение Духа и веру истине, избрал вас ко спасению.

В данном тексте есть три момента, которые заслуживают особого внимания. Во-первых, нам прямо сказано, что Бог «избрал» Своих «ко спасению». Эта мысль выражена предельно ясным языком. Как легко этими словами опровергаются все софизмы и двусмысленные высказывания тех, кто считает, будто избрание относится лишь к внешним привилегиям или рангу, занимаемому в служении! Бог избрал нас именно к спасению.

Во-вторых, здесь содержится для нас предупреждение: избрание к спасению не отменяет использования обычных средств[16]: спасение происходит «через освящение Духа и веру истине». Итак, неправда, что человек, избранный Богом к спасению, якобы будет спасен волей-неволей — независимо от того, верит он или нет. Писание нигде такому не учит. Тот же Бог, который предопределил человека к спасению, установил и средства спасения; Тот же Бог, который «избрал... к спасению», повелел, чтобы замысел Его исполнялся через действие Духа и веру истине.

---

[16] То есть инструментов, которые Бог использует для общения с человеческим сердцем.

В-третьих, то, что Бог избрал нас к спасению, — величайшая причина для ревностной хвалы. Обратите внимание на то, какие сильные выражения использует апостол: «Мы же всегда должны благодарить Бога за вас, возлюбленные Господом братия, что Бог от начала... избрал вас ко спасению...» Вместо того чтобы в ужасе отшатнуться от доктрины предопределения, верующий, когда видит эту благословенную истину, явленную в Слове, находит величайшую из возможных причин для благодарности — не считая самого Искупителя, который есть дар невыразимый.

6) 2 Тимофею 1:9

...Спасшего нас и призвавшего званием святым, не по делам нашим, но по Своему изволению и благодати, данной нам во Христе Иисусе прежде вековых времен.

Как ясен и точен язык Священного Писания! И только человек «омрачает Провидение словами без смысла» (Иов. 38:2). Невозможно изложить мысль в более четких или сильных выражениях, чем те, которые используются здесь. Наше спасение — «не по делам», то есть оно дается не за что-либо, что есть в нас, и не как награда за что-либо, совершенное нами. Нет, спасение — по «изволению и благодати» самого Бога, и эта благодать были даны нам во Христе Иисусе еще до начала мира. Благодатью мы спасены, и по изволению Божьему эта благодать излилась на нас не только до того, как мы появились на свет, не только до грехопадения Адама, но и до того далекого «начала», о котором сказано в Бытии 1:1. И здесь — утешение, которое невозможно отнять у народа Божьего. Если Божье избрание было от вечности, то и продолжаться оно будет вечно! Ничто не будет вечным, кроме того, что пришло от вечности, а что *пришло от вечности*, вовек пребудет» (Джордж С. Бишоп).

7) 1 Петра 1:2

...По предведению Бога Отца, при освящении от Духа, к послушанию и окроплению кровью Иисуса Христа.

И здесь совершенное Отцом избрание тоже предшествует действию Святого Духа в спасенных, а также их послушанию вере; таким образом, избрание полностью лишается какого-либо основания в творениях, но зиждется на всевластном благоволении Всемогущего. Слова «по предведению Бога Отца» здесь означают *не* то, что Он наперед знает обо всем, но то, что все святые вечно присутствовали во Христе перед взором Божьим. Бог не «предузнал», что некоторые из услышавших Евангелие уверуют в него без того, чтобы Он «предуставил» их к вечной жизни. Божье всеведение наперед увидело во всех людях любовь к греху и ненависть к Нему самому. «Предведение» Бога основано на Его собственном повелении, что ясно следует из Деяний 2:23: «Сего, по определенному совету и предведению Божию преданного, вы взяли и, пригвоздив руками беззаконных, убили». Обратите внимание на то, какая здесь последовательность: сначала «определенный совет» Божий (Его повеление), а затем — Его предведение. В Римлянам 8:28–29 тоже сказано: «Ибо кого Он предузнал, тем и предопределил быть подобными образу Сына Своего», но первое слово здесь «ибо» отсылает читателя к предыдущему стиху, где говорится о «любящих Бога, призванных по Его изволению», то есть о тех, кого Он «предузнал и предопределил».

Наконец, следует отметить, что, когда в Писании Бог «знает» кого-то из людей, слово «знать» используется в значении, подразумевающем благосклонность и любовь.

4. Заключение

Подытоживая учение этих семи отрывков, мы узнаём следующее:

а) некоторых людей Бог «предуставил к вечной жизни», и в результате Его решения они в должное время «уверовали»;

б) то, что Бог предопределил Своих избранников к спасению, никак не связано с каким-либо благом, которое было бы в них, и никак не связано с какими-либо их заслугами; это предопределение совершается исключительно по благодати;

в) Бог намеренно избрал наименее вероятных кандидатов для получения Его особого благоволения, «для того, чтобы никакая плоть не хвалилась пред Богом»;

г) Бог избрал народ Свой во Христе до основания мира — не потому, что они были святыми и непорочными, но *для того*, «чтобы мы были святы и непорочны пред Ним в любви» (Еф. 1:4);

д) Предопределив некоторых людей к спасению, Он определил также и средства, которыми должен осуществляться Его предвечный замысел.

е) сама «благодать», которой мы спасены, в Божьем замысле была дана «нам во Христе Иисусе прежде вековых времен»;

ж) Божьи избранники, еще задолго до того, как Бог их сотворил, уже стояли перед Его мысленным взором; Он их «предузнал», то есть уже тогда сделал объектами Своей вечной любви.

Прежде чем перейти к следующему разделу этой главы, добавим еще одно пояснение, которое относится к Божьей предопределяющей благодати. Мы возвращаемся к этому пункту потому, что именно в нем доктрина Божьего всевластия, явленного в предопределении некоторых людей к спасению, чаще всего подвергается нападкам.

Те, кто искажает эту истину, неизменно пытаются найти некую находящуюся вне Божьей воли причину, которая побудила бы Бога дать грешникам спасение. Творению приписывается то или иное свойство, которое давало бы ему право получить милость из рук Творца. Итак, мы возвращаемся к вопросу: почему Бог избрал тех, кого избрал?

Что в этих избранниках расположило к Ним Божье сердце? Может быть, добродетели, которыми они обладали? Может быть, потому что они были добрыми, кроткими, правдивыми? Иными словами, избрал ли их Бог потому, что они были «хорошими»? Нет, ведь Господь сказал: «Никто не благ, как только один Бог» (Мф. 19:17). Может быть, Бог избрал их потому, что они сделали какие-то добрые дела? Нет, потому что написано: «...нет делающего добро, нет ни одного» (Рим. 3:12). Может быть, потому, что они проявляли искренность и рвение, ища Бога? Нет, ведь написано: «Никто не ищет Бога» (Рим. 3:11). Может быть, Бог предвидел, что у них будет вера? Нет, ибо как могут верить во Христа мертвые «по преступлениям и грехам» своим? Как мог Бог предвидеть, что некоторые люди станут верующими, когда вера была для них невозможной? Писание утверждает, что мы уверовали «благодатью» (Деян. 18:27). Вера — Божий дар, и без этого дара никто не смог бы уверовать. Причина Его избрания — в Нем самом, а не в объектах этого избрания. Он избрал их просто потому, что выбрал это избрание.

B. Ограниченное действие Сына в искуплении

1. За кого умер Христос?

За кого умер Христос?[17] Конечно, не нужно доказывать, что Отец, отдавая Его на смерть, исполнял конкретный замысел, и что Сын, отдавая Свою жизнь, имел ясно определенную цель: «Ведомы Богу от вечности все дела Его» (Деян. 15:18). Итак, каков же был замысел Отца, и какова была цель Сына? Мы отвечаем: Христос умер за «избранников Божьих».

Нам известно, что ограниченный результат смерти Христа — тема, вызывающая много споров. Но какая из великих истин, явленных в Писании, не вызывала споров? Не забываем мы и о том, что все, связанное с благословенным Господом нашим и делами Его, требует высшего благоговения, и что каждое сделанное нами утверждение должно подтверждаться словами «Так говорит Господь». Мы обращаемся «к закону и откровению» (Ис. 8:20).

За кого умер Христос? Кого Он намеревался искупить, проливая Свою кровь? Конечно, Господь Иисус, идя на крест, был абсолютно уверен в Своей цели. В таком случае неизбежен вывод о том, что у этого замысла были определенные ограничения, потому что должно произойти абсолютное исполнение этого замысла. Если бы абсолютное решение Христа включало все человечество, то, конечно, все человечество было бы спасено. Чтобы уклониться от этого неизбежного вывода, многие стали утверждать, что у Христа не было такого абсолютного

---

[17] Эта тема подробнее раскрывается в книгах, имеющихся в «Библиотеке Часовни»: Charles Spurgeon, *For Whom Did Christ Die*; John Murray, *The Atonement*; Free Grace Broadcaster 226, *Christ upon the Cross*.

намерения, то есть Его смерть стала просто условием для спасения всего человечества.

Опровержение этого утверждения можно найти в обетованиях, которые Отец дал Сыну до того, как Сын пошел на крест и даже до того, как Он воплотился. В ветхозаветных Писаниях Отец обещает Сыну некую награду за Его страдания ради грешников. Здесь мы ограничимся одним из двух высказываний, записанных в хорошо известной пятьдесят третьей главе Книги Исаии. Бог там говорит: «...Когда же душа Его принесет жертву умилостивления, Он узрит *потомство* долговечное... На подвиг души Своей Он будет смотреть *с довольством*... Он, Праведник... оправдает многих» (Ис. 53:10–11). Здесь следует остановиться и задуматься. Возможна ли была бы уверенность в том, что Христос «узрит потомство» и «на подвиг души Своей... будет смотреть *с довольством*», если бы спасение некоторых представителей рода человеческого не было определено Богом, а потому гарантировано? Возможна ли была бы уверенность в том, что Христос «оправдает многих», если бы Бог заранее не определил, что кто-то примет Христа своим Господом и Спасителем?

С другой стороны, те, кто настаивают на том, что Господь Иисус стремился спасти именно все человечество, приписывают Ему то, что ни один разумный человек принять не может, — они приписывают Ему намерение, которое, как было известно Ему самому в Его всеведении, никогда не исполнится! Итак, остается только одна альтернатива: говоря о предопределенной цели Его смерти, следует признать, что Христос умер только за избранных. Постараемся подытожить эту мысль в одном предложении, которое, как мы надеемся, будет понятно всем читателям: Христом умер не просто *для того*, чтобы сделать спасение всего человечества *возможным*, а для того, чтобы *гарантировать* спасение всех тех, кого дал Ему

Отец. Христос умер не просто для того, чтобы дать возможность прощения грехов, но «для уничтожения греха жертвою Своею» (Евр. 9:26). Чей же именно «грех» (или вина — в значении, используемом в 1 Иоанна 1:7) был уничтожен? Писание не оставляет ни малейшего сомнения: речь идет о грехе избранных, о грехе «мира» Божьего народа (Ин. 1:29)!

2. Подтверждения ограниченного искупления

а) Вечное избрание

Итак, ограниченное искупление неизбежно следует из совершаемого Отцом вечного избрания некоторых людей к спасению. Писание сообщает нам, что Господь до воплощения Своего сказал: «Вот, иду... исполнить волю Твою, Боже» (Евр. 10:7). А воплотившись, Он объявляет: «Ибо Я сошел с небес не для того, чтобы творить волю Мою, но волю пославшего Меня Отца» (Ин. 6:38). Итак, если Бог от начала избрал некоторых к спасению, то поскольку воля Христа находится в совершенном согласии с волей Отца, Он не стал бы пытаться увеличить число избранных. Сказанное выше — не просто наши собственные догадки, но утверждение, полностью согласующееся с учением Писания. Господь снова и снова упоминает о тех, кого «дал» Ему Отец; и именно на них были направлены Его деяния.

> Все, что дает Мне Отец, ко Мне придет; и приходящего ко Мне не изгоню вон... Воля же пославшего Меня Отца есть та, чтобы из того, что Он Мне дал, ничего не погубить, но все то воскресить в последний день (Ин. 6:37, 39).
> После сих слов Иисус возвел очи Свои на небо и сказал: Отче! Пришел час, прославь Сына Твоего,

да и Сын Твой прославит Тебя, так как Ты дал Ему власть над всякою плотью, да всему, что Ты дал Ему, даст Он жизнь вечную... Я открыл имя Твое человекам, которых Ты дал Мне от мира; они были Твои, и Ты дал их Мне, и они сохранили слово Твое... Я о них молю: не о всем мире молю, но о тех, которых Ты дал Мне, потому что они Твои... Отче! Которых Ты дал Мне, хочу, чтобы там, где Я, и они были со Мною, да видят славу Мою, которую Ты дал Мне, потому что возлюбил Меня прежде основания мира (Ин. 17:1–2, 6, 9, 24).

Еще прежде основания мира Отец предопределил людей, которые уподобятся образу Сына Его, а смерть и воскресение Господа Иисуса были нужны для исполнения этого Божьего замысла.

б) Природа искупления

Сама природа искупления свидетельствует о том, что применительно к грешникам оно было ограниченным в замысле Божьем. Совершенное Христом искупление можно рассматривать с двух основных точек зрения: как направленное к Богу и направленное к человеку. Если рассматривать его направление к Богу, то дело, совершенное Христом на кресте, было умилостивлением Божьего гнева, удовлетворением требований Божьей справедливости и святости. Если рассматривать направление искупления к человеку, то это была заместительная жертва: одна Личность, отданная за многих. То, что Он добровольно навлек на себя страдания, означает Божье признание: и сама Жертва, и тот, кого она должна умилостивить, признают тех людей, для которых совершены эти деяния, — людей, чьи грехи Христос понес и чьи обязательства перед законом Он исполняет. Кроме того, если законодатель принимает компенсацию, сделанную заместительной жертвой, то те, для кого она действует, те, чье место она занимает, неизбежно должны быть оправданы. Если у меня есть долг, который я не в состоянии выплатить, а кто-то приходит и полностью выплачивает этот долг кредитору и получает расписку, то с точки зрения закона кредитор уже не может иметь ко мне никаких претензий.

На кресте Господь Иисус отдал себя в качестве выкупа, и Бог принял этот выкуп, подтверждением чего стала открытая гробница на третий день. Здесь мы задаем вопрос: «За кого был предложен этот выкуп?» Если он был предложен за все человечество, то долг каждого человека был погашен. Если Христос телом Своим вознес на древо грехи всех людей без исключения, то никто не погибнет. «Бог не может потребовать уплаты дважды: сначала от моего окровавленного Поручителя, а затем от меня». Но Христос покрыл долги не всех людей без исключения, потому что некоторые будут брошены в «темницу» (см. 1 Пет. 3:19, где используется это же греческое слово, и сказано: «Ты не выйдешь оттуда, пока не отдашь до последнего кодранта» (Мф. 5:26), — само собой, этого не будет никогда).

Христос понес грехи не всего человечества, потому что некоторые умрут «во грехе» своем (Ин. 8:21), и «грех остается» на них (Ин. 9:41). Христос понес на себе проклятие не за весь род Адама, потому что есть те, кому Он скажет: «Идите от Меня, *проклятые*» (Мф. 25:41). Те, кто говорит, что Христос умер за всех одинаково, что Он стал заместительной жертвой и Гарантом выкупа для всего человечества, что Он пострадал за все человечество и вместо всего человечества, подразумевают, что Он «понес проклятие за многих, которые сейчас, подверженные муке, поднимают глаза свои в аду, Он заплатил цену выкупа за многих, для которых их собственный вечный ужас станет платой за грех, какова есть смерть» (Джордж С. Бишоп). Но с другой стороны, те, кто говорит, как и Писание, что Христос был поражен за прегрешения народа Божьего, кто говорит, что Он отдал жизнь «за овец» Своих, кто говорит, что Он отдал жизнь «для искупления многих», подразумевают, что он совершил искупление, которое искупило во всей полноте, что Он принес жертву умилостивления, которая действительно умилостивила, что Он Спаситель, который подлинно спасает.

в) Священство

Сказанное выше связано с учением Писания о священстве Господа нашего и подтверждается этим учением. Будучи великим Первосвященником, Христос теперь ходатайствует, но за кого? За все человечество или только за Свой народ? Ответ, который дается на этот вопрос в Новом Завете, ясен как солнечный луч. Спаситель вошел «в самое небо, чтобы предстать ныне *за нас* пред лице Божие» (Евр. 9:24), то есть предстать за «участников в небесном звании» (Евр. 3:1). И еще написано: «посему и может всегда спасать приходящих чрез Него к Богу, будучи всегда жив, чтобы ходатайствовать *за них*» (Евр. 7:25). Этот вывод в точности соотносится с ветхозаветным прообразом. Убив жертвенное животное, Аарон входил в Святое Святых как представитель народа Божьего; на наплечниках его ефода были вырезаны имена колен Израилевых; ради них он являлся перед Богом. Этот вывод соответствует и словам Господа в Иоанна 17:9: «Я о них молю: не о всем мире молю, но о тех, которых Ты дал Мне, потому что они Твои».

Другой отрывок Писания, заслуживающий в связи с этой тщательного исследования, находится в Римлянам 8. В стихе 33 формулируется вопрос: «Кто будет обвинять избранных Божиих?», и звучит богодухновенный ответ: «Бог оправдывает их. Кто осуждает? Христос Иисус умер, но и воскрес: Он и одесную Бога, Он и ходатайствует за нас».

Отметим особо, что смерть и воскресение Христа направлены на одни и те же объекты! Как в прообразе, так и в том, что этот прообраз предвосхищал, — очищение от греха и ходатайство распространяются на одну и ту же сферу. Итак, если Христос ходатайствует «не о всем мире», а только за избранных, то и умер Он только за них. И заметим также, что смерть, воскресение, вознесение и ходатайство Господа Иисуса представлены здесь как причина, по которой никто не может осуждать Божьих избранников. Пусть те, кто подвергают сомнению представленный нами аргумент, тщательно обдумают ответ на следующий вопрос: если смерть Христа одинаково распространяется на всех, то как она может защищать от обвинений, когда «неверующий уже осужден» (Ин. 3:18)?

г) Власть

Число тех, кто разделит благословения Христовой смерти, определяется не только сущностью искупления и священства Христа, но и Его властью. Если мы признаём, что на кресте умер не кто иной, как Бог, явленный во плоти, то неизбежно следует вывод: Христос осуществит то, что замыслил, будет владеть тем, что приобрел, исполнит то, чего пожелало Его сердце. Если Господь Иисус обладает всякой властью на небе и на земле, никто не может успешно противиться Его воле.

Но, возможно, кто-то скажет, что, хотя это истинно на уровне абстракций, Христос все же отказывается использовать такую власть, то есть никогда никого не заставит принять Его Господом и Спасителем. В каком-то смысле это правда, а в каком-то другом — совершенно не соответствует истине. Спасение любого грешника — дело Божьей силы. По природе своей грешник находится в состоянии вражды с Богом, и ничто, кроме Божьей силы, действующей в нем, не может преодолеть эту вражду; потому и написано: «Никто не может прийти ко Мне, если не привлечет его Отец» (Ин. 6:44). Именно Божья сила, преодолевающая врожденную враждебность грешника, делает его способным прийти ко Христу, чтобы иметь вечную жизнь.

Но не все преодолевают эту вражду. Почему? Потому ли, что она слишком сильная? Может быть, некоторые сердца настолько ожесточены против Него, что Христос не может в них войти? Давать утвердительный ответ означает отвергать Его всемогущество. В конце концов все сводится не к тому, желает ли грешник прийти ко Христу, чего все грешники по природе своей не желают. Это желание представляет собой достигнутый результат Божьей силы, которая воздействует на сердце человека и на его волю, преодолевая врожденную и хроническую «враждебность», — как написано: «В день силы Твоей народ Твой готов» (Пс. 109:3). Говорить, что Христос неспособен завоевать нежелающих, — все равно что отрицать, что Ему принадлежит вся власть на небе и на земле. Те, кто утверждают, что Христос не может явить Свою силу, не разрушая ответственности человека, в своих рассуждениях ходят по кругу, ведь Он явил Свою силу и дал желание тем, кто пришел к Нему, и если Он сделал это, не разрушая их ответственности, то почему Он «не может» сделать это и с другими? Если Он может завоевать сердце одного грешника, то почему не может завоевать сердца и других? Те, кто говорят, что другие не позволяют ему этого сделать, отвергают Его достаточность. Все дело в *Его* воле. Если бы Господь Иисус повелел, пожелал, замыслил спасение всего человечества, то все человечество было бы спасено. В противном случае Он не имел бы силы для исполнения Своих замыслов, и тогда никак нельзя было бы сказать: «На подвиг души Своей Он будет смотреть с довольством» (Ис. 53:11). Затронутый здесь вопрос связан с Божественной природой Спасителя, потому что побежденный Спаситель не может быть Богом.

3. Что говорит Писание?

Рассмотрев некоторые общие принципы, требующие веры в ограниченное искупление Христа, обратимся теперь к конкретным высказываниям Писания, где эти принципы явно подтверждаются.

а) Исаии 53:8

В удивительной и несравненной пятьдесят третьей главе Книги Исаии Бог говорит о Сыне Своем: «От уз и суда Он был взят; но род Его кто изъяснит? ибо Он отторгнут от земли живых; за преступления *народа Моего* претерпел казнь» (ст. 8). Эти слова полностью соответствуют тому, что сказал ангел Иосифу: «Родит же Сына, и наречешь Ему имя Иисус, ибо Он спасет *людей Своих* от грехов их» (Мф. 1:21), — то есть спасет не только Израиль, но и всех, кого «дал» Ему Отец. Сам Господь объявил: «Сын Человеческий не для того пришел, чтобы Ему служили, но чтобы послужить и отдать душу Свою *для искупления многих*» (Мф. 20:28). Почему Он сказал «за многих», если бы речь шла обо всех без исключения? Бог «посетил народ Свой и сотворил избавление ему» (Лк. 1:68). Пастырь добрый отдал жизнь Свою за «овец» (Ин. 10:11), а не за «козлов». «Он приобрел себе кровью Своей» именно церковь (Деян. 20:28).

б) Иоанна 11:49–52

Если и есть какой-то текст в Писании, на который мы хотели бы опереться в первую очередь, то это Иоанна 11:49–52. Там сказано:

> Один же из них, некто Каиафа, будучи на тот год первосвященником, сказал им: вы ничего не знаете, и не подумаете, что лучше нам, чтобы один человек умер за людей, нежели чтобы весь народ погиб. Сие же он сказал не от себя, но, будучи на тот год первосвященником, предсказал, что Иисус умрет за народ, и не только за народ, но чтобы и рассеянных чад Божиих собрать воедино.

Здесь сказано, что Каиафа пророчествовал «не от себя». Как и те, кого Бог использовал в ветхозаветные времена (см. 2 Пет. 1:21), Каиафа изрек пророчество, движимый Святым Духом; поэтому ценность его пророчества нисколько не уменьшается, а Божественный источник этого откровения гарантируется самым недвусмысленным образом. И здесь нам тоже ясно сказано, что Христос умер «за народ», то есть Израиль, но также и за единое тело — церковь, ибо дети Божьи, «рассеянные» среди народов, именно в церкви собраны «воедино» — еще до того, как Христос умер и, следовательно, начал созидать Свою церковь! Подавляющее большинство этих людей еще не родились, но они названы «детьми Божьими», потому что еще до основания мира были избраны во Христе и, следовательно, предопределены к усыновлению чрез Иисуса Христа (Еф. 1:4–5). И Христос говорит: «Есть у Меня [не говорит: «будут у Меня»] и другие овцы, которые не сего двора» (Ин. 10:16).

в) Последняя неделя служения

В последнюю неделю земного служения Иисуса подлинная цель креста занимала центральное место в сердце и словах нашего славного Спасителя. Что же из сказанного в Писаниях об этой части Его служения относится к цели нашего исследования? Сказано: «Перед праздником Пасхи Иисус, зная, что пришел час Его перейти от мира сего к Отцу, явил делом, что, возлюбив *Своих* сущих в мире, до конца возлюбил их» (Ин. 13:1). Записаны Его слова: «Нет больше той любви, как если кто положит душу свою *за друзей своих*» (Ин. 15:13). Записаны также Его слова: «И *за них* Я посвящаю себя, чтобы и они были освящены истиною» (Ин. 17:19), — ради «Своих сущих», тех, кого «дал» Ему Отец, Он отделил себя для смерти на кресте. Возникает уместный вопрос: почему проводится такое различие между людьми, если Христос умер за всех людей без различия?

г) 2 Коринфянам 5:14, 17

Прежде чем завершить эту главу, рассмотрим кратко ряд отрывков, которые на первый взгляд содержат явно выраженное учение о *неограниченном* действии смерти Христа. В 2 Коринфянам 5:14 мы читаем: «один умер *за всех*», но это не все, что утверждается в Писании. Если внимательно изучить весь стих и отрывок, в котором содержатся эти слова, то окажется, что текст не учит неограниченному искуплению, а наоборот — ясно утверждает *ограниченное* действие смерти Христа. Приведем этот стих целиком: «Ибо любовь Христова объемлет нас, рассуждающих так: *если один умер за всех, то все умерли*». Следует отметить, что в греческом языке перед последним словом «все» употреблен определенный артикль, и что глагол здесь используется в аористе, поэтому значение высказывания такое: те, за кого умер один, *с юридической точки зрения* тоже мертвы. В следующем стихе сказано: «А Христос за всех умер, чтобы живущие уже не для себя жили, но для умершего за них и воскресшего». Он не только умер, но и воскрес; и «все» те, за кого Он умер, тоже умерли и воскресли, потому что здесь они названы живыми. Те, вместо кого действует заместительная жертва, с точки зрения закона рассматриваются как люди, которые действуют сами. С точки зрения Закона заместительная жертва и те, кого она замещает, — одно целое. Так же смотрит на них и Бог. Христос отождествился со *Своими* людьми, а Его люди отождествились с Ним, поэтому, когда Он умер, они тоже умерли (с точки зрения закона), а когда Он воскрес, они тоже воскресли.

А далее в этом отрывке (ст. 17) сказано: всякий человек, который во Христе, есть новое творение; он получил новую жизнь — не только юридически, но и фактически. Поэтому «всем», за кого умер Христос, здесь дается наставление: показывать на деле в повседневной жизни, кто они истинно есть с точки зрения юридической. Они должны жить за Христа, который умер «*за них*». Итак, нам объясняется значение выражения «один умер за всех»: «все» те, за кого умер Христос, — это те, кто «живет», а потому должен жить для Него.

Следовательно, этот отрывок учит нас трем важным истинам, и, чтобы лучше показать их масштаб, мы перечислим их в обратном порядке.

1. Некоторым людям здесь повелевается жить уже не для себя, но для Христа.

2. Те, к кому обращено такое повеление, — живущие, то есть духовно живые. Значит, речь идет о детях Божьих — единственных представителях человечества, имеющих духовную жизнь, в то время как все другие мертвы по преступлениям и грехам своим.

3. Те, кого называют «живыми» в таком смысле, обозначаются словом «все»: за «них» Христос умер и воскрес.

Итак, этот отрывок учит: 1) что Христос умер за всех Своих избранников — тех, кого дал Ему Отец; 2) что в результате Его смерти (и воскресения *для них*) они — и только они, избранники — живут; 3) что эта жизнь, которая дана им через Христа, должна быть посвящена Ему; любовь Христова теперь «объемлет» их.

д) 1 Тимофею 2:5–6

Ибо един Бог, един и посредник между Богом и человеками [как велика точность Священного Писания: слово «человек» могло бы обозначать все человечество, но речь идет именно о «человеках»], человек Христос Иисус, предавший себя *для искупления всех*. Таково было в свое время свидетельство.

Прокомментируем сейчас слова «предавший себя *для искупления всех*». В Писании слово «все» (применительно к человечеству) может использоваться в двух значениях: абсолютном и относительном. В некоторых отрывках оно означает всех *без исключения*; в других — всех *без различия*. Какое из этих значений подразумевается в каждом конкретном отрывке, следует определять с учетом контекста и в сравнении с параллельными писаниями.

То, что слово «все» используется в относительном и ограниченном значении, то есть означает в данном случае *всех без различия*, а не *всех без исключения*, очевидно из нескольких отрывков Писания; мы выберем для примера лишь два или три. «И выходили к нему *вся* страна иудейская и иерусалимляне, и крестились от него *все* в реке Иордане, исповедуя грехи свои» (Мк. 1:5).

Означает ли это, что каждый мужчина, каждая женщина и каждый ребенок во *всей* стране иудейской и Иерусалиме крестились от Иоанна в Иордане? Конечно же, нет. В Луки 7:30 прямо сказано: «...А фарисеи и законники отвергли волю Божью о себе, не крестившись от него». Что же тогда означают слова «крестились от него все»? Мы отвечаем: не все без исключения, а все без различия, то есть представители всех социальных слоев. Такое же объяснение применимо и к Луки 3:21.

Читаем также: «А утром опять пришел в храм, и весь народ шел к Нему. Он сел и учил их» (Ин. 8:2). Как следует понимать это выражение: в абсолютном или относительном значении? Означает ли это выражение всех людей без исключения или представителей всех социальных слоев? Здесь, конечно же, подразумевается второе значение, потому что храм не смог бы вместить всех, кто был в Иерусалиме в то время — во время Праздника кущей. Читаем также в Деяниях 22:15, что Павлу сказано: «...Ты будешь Ему свидетелем пред всеми людьми о том, что ты видел и слышал». Выражение «пред всеми людьми», конечно, не означает каждого представителя человечества.

Мы утверждаем, что слова «предавший себя для искупления всех» в 1 Тимофею 2:6 означают «всех» без различия, а *не* всех без исключения. Христос отдал себя для искупления представителей всех народов, всех поколений, всех классов — иными словами, за всех избранных, как и сказано в Откровении 5:9: «...Ибо Ты был заклан, и кровью Своей искупил нас Богу из всякого *колена* и языка, и народа и племени».

Такое определение «всех» используется здесь не наобум, что ясно следует из Матфея 20:28, где мы читаем: «Сын Человеческий не для того пришел, чтобы Ему служили, но чтобы послужить и отдать душу Свою для искупления *многих*», — уточнение, которое было бы бессмысленным, если бы Он отдал Свою жизнь за всех без исключения. Кроме того, следует учесть и слова «Таково было в свое время свидетельство», подразумевающие некое ограничение. Если Христос отдал себя для искупления всего человечества, то о каком «свидетельстве» идет речь, ведь нет сомнения в том, что многие люди погибнут? Но если в нашем тексте сказано, что Христос отдал себя для искупления Божьих избранников — всех без различия, независимо от национальности, положения в обществе, нравственного характера, возраста или пола, — то значение этих слов, содержащих уточнение, вполне понятно: «в свое время» будет явлено свидетельство о действенном и свершившемся спасении каждого из них.

е) Евреям 2:9

...Но видим, что за претерпение смерти увенчан славою и честью Иисус, который не много был унижен пред ангелами, дабы Ему, по благодати Божьей, вкусить смерть за всех.

Этот отрывок не требует долгого объяснения. Ложная доктрина основывается на нем лишь из-за неправильного перевода. В греческом тексте нет слова «людей» или «человека», как в английской версии, где подразумевается, что Христос умер «за каждого человека» *(for every man)*. В греческом используется абстрактная конструкция: «за всех». В Исправленной версии (Revised Version) слово «человека» отсутствует в тексте, что правильно, но добавлено курсивом, что неправильно. В других версиях переводчики предполагают, что следует добавить слово «вещь» *(thing)*: Христос умер за каждую «вещь», то есть за всё. Но и это понимание следует признать ошибочным.

Судя по всему, наш текст объясняют слова, которое следуют непосредственно за ним: «Ибо надлежало, чтобы Тот, для которого все и от которого все, приводящего многих сынов в славу, вождя спасения их совершил через страдания» (Евр. 2:10). Апостол пишет здесь о «сыновьях», поэтому мы предлагаем такое толкование эллиптической конструкции: «Он вкусил смерть за всех *сыновей*» (слово «сыновей» выделено курсивом, потому что добавлено). Тогда оказывается, что Евреям 2:9–10 не учит неограниченному действию смерти Христа, но наоборот, полностью согласовывается со всеми приведенными выше отрывками Писания, в которых показано ограниченное действие искупления: Господь вкусил смерть за «сынов», а не за все человечество.

Завершая эту часть главы, отметим, что единственное ограничение искупления, на котором мы настаиваем, возникает исключительно из-за Божьего всевластия. Ограничение — не в ценности и не в добродетели, но в замысле и исполнении.

Г. Ограниченное действие Святого Духа в возрождении

1. Троица действует единым образом

Рассмотрим теперь суверенность Святого Духа в спасении. Из того что Святой Дух — одно из трех лиц благословенной Троицы, неизбежно следует, что Он полностью соглашается с замыслом и волей других лиц Троицы. *Вечный замысел* Отца в избрании, *ограниченное действие* в смерти Сына и *ограниченная направленность действий* Святого Духа находятся в совершенном единстве. Если Отец избрал некоторых людей до основания мира и дал их Сыну, и именно для их искупления Христос отдал Свою жизнь, то Святой Дух теперь *не* стремится «привести ко Христу *мир*». Служение Святого Духа в современном мире заключается в том, чтобы применить блага, проистекающие из искупительной смерти Христа. Вопрос, который нас здесь интересует, не в том, как далеко простирается сила Святого Духа, — Его сила бесконечна, в этом нет никаких сомнений. Но мы постараемся показать, что Его сила и действия направляются Божьей мудростью и всевластием.

2. Всевластная воля Святого Духа

Итак, сила и действия Святого Духа направляются Божьей мудростью и неоспоримым всевластием. Чтобы доказать это утверждение, мы сошлемся сначала на слова Господа, сказанные Никодиму в Иоанна 3:8: «Дух [ветер] дышит, *где хочет*, и голос его слышишь, а не знаешь, откуда приходит и куда уходит: *так* бывает со всяким, рожденным от Духа». Здесь проводится сравнение между ветром и Духом. Сравнение это — двойное. Во-первых, и ветер, и Дух всевластны в своих действиях; во-вторых, оба действуют таинственным образом. Указывает на это сравнение слово «так». Первый аспект аналогии можно увидеть в словах «где хочет», второй — в словах «не знаешь». Второй аспект аналогии нас сейчас на интересует, а первый мы прокомментируем.

«Дух ветер дышит, где хочет... так бывает со всяким, рожденным от Духа». Ветер — это явление природы, которое человек не может подчинить себе; не может он ему и противиться. Ветер не спрашивает человека о его желаниях и не может направляться его решениями; так и с Духом. Ветер направляется Божьей мудростью, но с точки зрения человека — всевластен в своих действиях; так и с Духом. Иногда ветер дует так нежно, что едва колышет листья, а иногда — так грубо, что его рев слышно за много миль. Так и с рождением свыше: в некоторых людях Святой Дух действует настолько мягко, что для наблюдателей это действие незаметно. В других случаях Его действия — мощные, радикальные, революционные, они очевидны для всех. Иногда ветер дует лишь в какой-то одной местности, а иногда масштаб его проявления огромен. Так и с Духом: сегодня Он воздействует на одну или две души, а завтра может, как в День Пятидесятницы, привести к тому, что великое множество людей «умилятся сердцем». Но на кого бы Он ни воздействовал — на многих или на немногих, — Он не советуется ни с кем из людей. Он делает, что хочет. Рождение свыше происходит в соответствии со *всевластной волей Духа*.

3. Святой Дух совершает спасение

Каждое из лиц Святой Троицы занимается нашим спасением: а) деяние Отца — предопределение, деяние Сына — искупление, деяние Духа — возрождение; б) Отец нас избрал, Сын за нас умер, Дух нас оживляет; в) Отец нас возлюбил, Сын пролил за нас кровь, Дух совершает Свое действие внутри нас; г) действие Одного — вечное, действие Другого — внешнее, действие Духа — внутреннее. Здесь мы обратим внимание на действие Духа — на совершаемое Им рождение свыше и в особенности на всевластие, явленное в этом действии; д) замысел Отца включает наше рождение свыше; Сын сделал это новое рождение возможным (перенеся «родовые муки»); Дух совершает это рождение: в Иоанна 3:6 упоминается «рожденное от Духа» (Ин. 3:6).

Рождение свыше — исключительно действие Бога Святого Духа; человек в этом не принимает никакого участия, такова сама природа этого явления. Рождение как таковое подразумевает, что рожденный не совершает никаких дел. В нашем духовном возрождении нет никакой нашей заслуги — как и в нашем физическом рождении. Рождение свыше — это духовное возрождение; возрожденный человек «перешел от смерти в жизнь» (Ин. 5:24). И, само собой, воскресение не имеет никакого отношения к делам человека. Труп не может оживить себя. Поэтому написано: «Дух животворит; плоть не пользует нимало» (Ин. 6:63).

4. Возрождение предшествует вере

Но Дух «животворит не всех». Почему? Обычно на этот вопрос отвечают так: потому что не все «доверяют» Христу. Подразумевается, что Святой Дух оживляет лишь тех, кто верит. Но рассуждать подобным образом — все равно что впрягать телегу перед лошадью. Вера — не причина, а следствие возрождения. Об этом даже не следовало бы и спорить. Вера (в Бога) чужда человеческому сердцу, не проистекает из него естественным образом. Если бы вера была естественной для человеческого сердца, служила проявлением некого принципа, свойственного человеческой природе, то никогда бы не были написаны слова: «не во всех вера» (2 Фес. 3:2). Вера — это духовная благодать, плод духовной природы, и поскольку невозрожденные духовно мертвы — мертвы «по преступлениям и грехам» своим (Еф. 2:1), следует вывод: вера для них невозможна, ведь мертвый ни во что не может верить. «Посему живущие по плоти Богу угодить не могут» (Рим. 8:8), но могли бы, если бы для плоти была возможна «вера». Сравним это утверждение с предыдущей цитатой из Послания к евреям 11:6: «А без веры угодить Богу невозможно». Можно ли «угодить» Богу чем-либо, что не имеет происхождения в Нем самом?

То, что действие Святого Духа предшествует нашей вере, недвусмысленно утверждается в 2 Фессалоникийцам 2:13: «Бог от начала, через освящение Духа и веру истине, избрал вас ко спасению». Обратим внимание на то, что «освящение Духа» предшествует «вере истине» и делает эту веру возможной. «Освящение Духа» — что это? Мы отвечаем: это *рождение свыше*. В Писании «освящение» всегда означает «отделение» — отделение от чего-то для чего-то или для кого-то. Поясним теперь наше утверждение о том, что «освящение Духа» означает рождение свыше и указывает на его *позиционное* действие.

Вот служитель Божий проповедует Евангелие собранию, в котором сто неспасенных человек. Он излагает перед ними учение Писания, раскрывающее их падшее состояние, их погибель. Он говорит о Боге, Его свойствах и праведных требованиях, говорит о том, что Христос выполнил эти требования, Праведник умер за неправедных (1 Пет. 3:18), и через «Этого Человека» теперь провозглашается прощение грехов. В конце проповедник призывает погибающих поверить тому, что Бог сказал в Своем Слове, и принять Его Сына Своим Господом и Спасителем. Собрание заканчивается, слушатели расходятся. Девяносто девять неспасенных отказались прийти ко Христу, дающему жизнь. Они уходят в ночь, не имея надежды; они живут в этом мире без Бога. Но сотый слушатель поверил Слову жизни; семя упало на добрую почву, которую приготовил Бог. Этот слушатель поверил благой вести и идет домой, радуясь тому, что его имя записано на небесах. Он «родился свыше», и как новорожденный младенец в физическом мире, начиная жизнь, инстинктивно льнет к матери, потому что ощущает свою беспомощность, так и эта новорожденная душа льнет ко Христу. Мы читаем о женщине по имени Лидия: «Господь отверз сердце ее внимать тому, что говорил Павел» (Деян. 16:14), и здесь происходит нечто подобное: Святой Дух оживил этого человека, прежде чем тот поверил евангельской проповеди. Это и есть «освящение от Духа»: душа, родившаяся свыше, через это новое рождение *отделяется* от других девяноста девяти. Рожденные свыше отделяются *Духом* от тех, кто мертв по преступлениям и грехам своим.

Прекрасный прообраз такого действия Святого Духа, который дает грешнику веру в истину, можно найти в первой главе Книги Бытия. В стихе 2 мы читаем: «Земля же была безвидна и пуста, и тьма над бездною». Буквальный перевод еврейской фразы может быть таким: «Земля же стала заброшенной, и тьма была над бездною». «В начале» земля была сотворена не в таком состоянии, которое описано в стихе 2. Между первыми двумя стихами произошла какая-то ужасная катастрофа — возможно, падение сатаны, и в результате вся земля оказалась поражена и разрушена, стала «заброшенной», лежа под покровом «тьмы»[18]. Такова история и человека. Сегодня человек — не в том состоянии, в котором он вышел из-под рук Творца: произошла ужасная катастрофа, и теперь человек заброшен, он находится во тьме относительно духовных предметов. Затем мы читаем в Бытии 1, как Бог восстановил разрушенную землю и создал новых существ для обитания на ней. Сначала мы читаем: «...И Дух Божий носился над водою». Далее нам говорится: «И сказал Бог: да будет свет. И стал свет». Такой же порядок присутствует и в новом творении: сначала действие Духа, а затем Божье Слово, дающее свет. Прежде чем Слово открывается, неся свет на фоне опустошения и тьмы, Дух уже находится в движении. Так и в новом творении. «Откровение слов Твоих просвещает» (Пс. 118:130), но прежде чем оно просветит помраченное сердца человека, на это сердце должен оказать воздействие Божий Дух[19].

---

[18] Это точка зрения меньшинства среди тех, кто толкует Библию буквально.

[19] Последовательность, которую мы здесь утверждаем, основывается не на хронологическом, а на природном порядке — причина

Вернемся теперь к 2 Фессалоникийцам 2:13: «Мы же всегда должны благодарить Бога за вас, возлюбленные Господом братия, что Бог от начала, через освящение Духа и веру истине, избрал вас ко спасению». *Последовательность* мысли здесь крайне важна и может многому научить: во-первых, «Бог от начала», во-вторых, «освящение Духа», в-третьих, «вера истине». Точно такая же последовательность содержится в 1 Петра 1:1–2: «...избранным, по предведению Бога Отца, при освящении от Духа, к послушанию и окроплению кровью Иисуса Христа». Мы считаем, что упомянутое здесь «послушание» — это послушание вере (Рим. 1:5), которое являет добродетели окропления кровью Господа Иисуса. Итак, «послушанию» (послушанию веры — см. Евр. 5:9) предшествует действие Духа, отделяющее нас, а за этим действием кроется избрание Бога Отца. Значит, «освящение от Духа» получают те, кого «Бог от начала... избрал... ко спасению» (2 Фес. 2:13), — «избранные по предведению Бога Отца» (1 Пет. 1:2).

5. Иоанна 16:8–11

Но, возможно, кто-то спросит: разве нынешнее служение Святого Духа не заключается в том, чтобы «обличить мир в грехе»? Мы отвечаем: нет. Служение Духа

всегда должна предшествовать следствию. Слепой должен открыть глаза, прежде чем начать видеть, но временного промежутка между первым и вторым событиями нет. Как только он открывает глаза, он видит. Человек должен родиться свыше, прежде чем сможет «увидеть» Царство Божье (Ин. 3:3). Чтобы уверовать в Сына, необходимо Его увидеть. Неверие объясняется духовной слепотой: для тех, кто не поверил «услышанному» Евангелию (Ис. 53:1), во Христе не было «вида, который привлекал бы их к Нему» (53:2). Действие Духа, животворящего тех, кто мертв во грехах своих, предшествует вере во Христа — причина предшествует следствию. Но как только сердце под действием Духа обращается к Христу, грешник принимает Спасителя.

имеет три цели: прославлять Христа, оживлять избранных, наставлять святых.

> ...И Он, придя, *обличит мир о грехе* и о *правде* и о *суде*: о грехе, что не веруют в Меня; о правде, что Я иду к Отцу Моему, и уже не увидите Меня; о суде же, что князь мира сего осужден.

В Иоанна 16:8–12 не описывается «миссия» Духа, но объясняется значение Его присутствия в этом мире. Речь не идет о Его *субъективном* воздействии на грешников — не о том, как Он показывает им их потребность в Христе, проникая в их совесть и поражая ужасом их сердце. Здесь раскрываются исключительно *объективные* аспекты. Приведем такой пример. Допустим, я вижу человека на виселице. В чем убедит меня увиденное? В том, что он убийца. Каким образом я пришел бы к такому убеждению? Читая протоколы суда? Слыша признание из его собственных уст? Нет, мне достаточно видеть, что он повешен. Поэтому сам факт присутствия Святого Духа доказывает виновность мира, праведность Бога и осуждение дьявола.

Святой Дух вообще не должен был бы присутствовать здесь. Это утверждение может шокировать, но я делаю его намеренно. Христос должен был бы присутствовать здесь. Он был послан Отцом, но мир не захотел Его принять, возненавидел Его и изгнал. И то, что вместо Него присутствует Святой Дух, *свидетельствует о виновности мира*. Сошествие Святого Духа стало доказательством воскресения, вознесения и прославления Господа Иисуса. Его присутствием на земле опровергается приговор, вынесенный миром: становится видно, что Вседержитель отверг богохульный суд, вершившийся во дворце первосвященника Израиля и в зале римского наместника. «Обличение» Святого Духа пребывает независимо от того, принимает ли мир Его свидетельство. Если бы Господь говорил о благодатных деяниях, которые совершит Дух в тех, кому Он даст ощутить [субъективно] свою потребность в Нем, Он бы сказал, что Дух убедит людей в их неправедности, в отсутствии их праведности. Но здесь выражена совсем иная мысль. Сошествие Духа с небес утверждает *праведность* Божью, праведность Христову. Доказательство таково: Христос пошел к Отцу. Если бы Христос был самозванцем, как утверждал религиозный мир, отвергая Его, Отец бы Его не принял. То, что Отец возвысил Его и посадил одесную себя, подтверждает: Он не был виновен в том, в чем Его обвиняли, а доказательством того, что Отец принял Его, служит присутствие Святого Духа на земле, ведь Христос послал Его от Отца (Ин. 16:7)! Мир, отвергая Его, явил Свою неправедность, но Отец, прославляя Его, явил Свою праведность — доказательством именно этого служит присутствие Духа в мире сегодня.

Святой Дух обличит мир «о *суде* же, что князь мира сего осужден» (ст. 11). Это неизбежный логический вывод. Мир оказывается виновен в том, что отверг Христа, отказался служить Христу. Осуждение мира проявляется в том, что Отец прославил Того, кого мир отверг. Поэтому миру и князю его ожидать уже нечего, кроме суда. «Суд» над сатаной уже заключается в присутствии Духа в этом мире, потому что Христос «смертью лишил силы имеющего державу смерти, то есть диавола» (Евр. 2:14). Когда наступит назначенное Богом время и Дух покинет землю, тогда будет исполнен Его приговор — и над миром, и над князем его. В свете этого невероятно сурового отрывка нам не нужно удивляться тому, что Христос говорил о «Духе истины, которого мир не может принять, потому что не видит Его и не знает Его». Мир не хочет Духа; Дух осуждает мир.

«...И Он, придя, обличит мир о грехе и о правде и о суде: о грехе, что не веруют в Меня; о правде, что Я иду к Отцу Моему, и уже не увидите Меня; о суде же, что князь мира сего осужден» (Ин. 16:8–11). Итак, присутствие Святого Духа на земле служит доказательством трех истин: во-первых, доказывается грех мира, потому что мир отказался поверить во Христа; во-вторых, доказывается праведность Бога, возвысившего одесную себя Того, кого мир отверг и уже не видит; в-третьих, доказывается суд, потому что сатана, князь мира сего, уже осужден, хотя исполнение этого суда произойдет в будущем.

Итак, присутствие Святого Духа в мире показывает, как обстоит все на самом деле. Повторим: в Иоанна 16:8–11 не говорится о миссии Божьего Духа в мире, потому что в этой диспенсации у Духа нет миссии для мира и нет всемирного служения [то есть служения, предназначенного для всех людей мира]. Святой Дух всевластен в Своих действиях, и Его миссия ограничена Божьими избранниками: только их Он «утешает», «запечатлевает», вводит во всякую истину, только им Он открывает будущее и пр. Действие Святого Духа необходимо для того, чтобы свершился вечный замысел Отца.

Можно сказать гипотетически (но с благоговением), что, если бы Бог только отдал Христа за грешников, то ни один из грешников не спасся бы. Любому грешнику для того, чтобы увидеть свою потребность в Спасителе и пожелать принять Спасителя, обязательно нужно, чтобы Святой Дух воздействовал на него и совершал Свою работу в нем. Если бы Бог ограничился тем, что отдал Христа за грешников и послал Своих служителей проповедовать спасение во Христе Иисусе, предоставив грешникам самим решать, хотят ли они его принять или отвергнуть, то все грешники были бы отвергнуты, потому что в сердце каждого человека — ненависть и вражда по отношению к Богу (Рим. 1:30; 8:7). Поэтому для приведения грешников к Христу нужно действие Святого Духа — чтобы устранить это врожденное противление Богу и побудить Его принять то, что сделал Бог. Мы говорим, что грешника нужно «побудить», потому что именно это Святой Дух и делает, именно это Он и должен делать.

6. Брачный пир

В свете того, что было сказано в предыдущем разделе, рассмотрим несколько глубже, хотя и настолько кратко, насколько возможно, притчу о «брачном пире».

«Он же сказал ему: один человек сделал большой ужин и звал многих, и когда наступило время ужина, послал раба своего сказать званым: идите, ибо уже все готово. И начали все, как бы сговорившись, извиняться. Первый сказал ему: я купил землю и мне нужно пойти посмотреть ее; прошу тебя, извини меня. Другой сказал: я купил пять пар волов и иду испытать их; прошу тебя, извини меня. Третий сказал: я женился и потому не могу придти. И, возвратившись, раб тот донес о сем господину своему. Тогда, разгневавшись, хозяин дома сказал рабу своему: пойди скорее по улицам и переулкам города и приведи сюда нищих, увечных, хромых и слепых. И сказал раб: Господин! Исполнено, как приказал ты, и еще есть место. Господин сказал рабу: пойди по дорогам и изгородям и убеди придти, чтобы наполнился дом мой. Ибо сказываю вам, что никто из тех званых не вкусит моего ужина, ибо много званых, но мало избранных» (Лк. 14:16—24).

Царство Небесное подобно человеку царю, который сделал брачный пир для сына своего и послал рабов своих звать званых на брачный пир; и не хотели прийти. Опять послал других рабов, сказав: скажите званым: вот, я приготовил обед мой, тельцы мои и что откормлено, заколото, и все готово; приходите на брачный пир. Но они, пренебрегши то, пошли, кто на поле свое, а кто на торговлю свою; прочие же, схватив рабов его, оскорбили и убили их. Услышав о сем, царь разгневался, и, послав войска свои, истребил убийц оных и сжег город их. Тогда говорит он рабам своим: брачный пир готов, а званые не были достойны; итак пойдите на распутия и всех, кого найдете, зовите на брачный пир. И рабы те, выйдя на дороги, собрали всех, кого только нашли, и злых и добрых; и брачный пир наполнился возлежащими (Мф. 22:2–10).

У Луки мы читаем: «Один человек сделал большой ужин и звал многих» (14:16). При внимательном сравнении дальнейших стихов с Матфея 22:2–10 можно сделать несколько важных наблюдений. Мы считаем, что эти отрывки — две независимые версии одной притчи, которые отличаются друг от друга в соответствии с четко определенной целью и намерением Святого Духа в каждом из Евангелий. У Матфея Дух гармоничным образом показывает Христа как Царя, поэтому сказано, что некий царь устроил брачный пир для своего сына. У Луки Дух показывает Христа как Сына Человеческого, поэтому и сказано: «Один человек сделал большой ужин и звал многих». В Матфея 22:3 сказано: «и послал рабов своих», а в Луки 14:17: «послал раба своего». Теперь мы хотели бы обратить особое внимание на то, что у Матфея везде фигурируют «рабы», а у Луки везде — «раб». Мы пишем для тех, кто безоговорочно верит в вербальную богодухновенность Писаний, а такие читатели с готовностью признают, что должна быть какая-то причина, по которой произошла эта замена: у Матфея множественное число, а у Луки — единственное. Мы полагаем, что эта причина серьезная, и изучение такой вариации позволит увидеть важную истину.

Мы считаем, что «рабы», упомянутые у Матфея, — это в общем значении все те, кто идет проповедовать Евангелие, а «Раб» в Луки 14 — это Святой Дух, потому что Бог Сын во дни Своего земного служения был Рабом Иеговы (Ис. 42:1). Следует отметить, что в Матфея 22 «рабы» посланы с тройным заданием: во-первых, *звать* гостей на брачный пир (ст. 3), во-вторых, *сказать* званным: «все готово; приходите на брачный пир» (ст. 4), в-третьих, *пригласить* (в Синодальном переводе — «зовите») на брачный пир (ст. 9). Эти три задания и выполняют сегодняшние служители Евангелия. В Луки 14 раб тоже послан с тремя заданиями: во-первых, *сказать званым: идите*, ибо уже все готово» (ст. 17), во-вторых, *привести* «нищих, увечных, хромых и слепых» (ст. 21), в-третьих, *«убедить* прийти», а последние два задания может выполнить только Святой Дух!

В приведенном выше отрывке Писания мы видим, что «раб», Святой Дух, убеждает некоторых людей, в результате чего они приходят на «пир», и в этом проявляется Его всевластие, Его всемогущество, Его Божественная достаточность.

Слово «убеди» явно подразумевает, что те, кого «приводит» Святой Дух, сами по себе не хотят войти. Именно это мы и пытались показать в предыдущих абзацах. По природе Божьи избранники — такие же дети гнева, как и другие (Еф. 2:3), и сами по себе их сердца враждебны по отношению к Богу. Но эта «враждебность» преодолевается Духом, и Он «убеждает» их, чтобы они вошли. Разве не очевидно теперь, что причина, по которой другие остаются снаружи, не только в том, что они не хотели войти, но и в том, что Святой Дух не побудил («убедил») их войти? Разве не видно здесь, что Святой Дух всевластен в проявлении Своей власти? Как ветер «дышит, где хочет», так и Святой Дух действует, где хочет.

Теперь подведем итог. Мы пытались показать совершенную согласованность путей Божьих: каждое лицо Троицы действует в полном понимании и гармонии с другими двумя. Бог Отец избрал некоторых к спасению. Бог Сын умер за избранных, а Бог Святой Дух оживляет избранников.

Хвала Источнику всех благ
И на земле, и в небесах,
Он Царь, Творец, Он Бог благой
Отец, и Сын, И Дух Святой.

Вопросы для индивидуального изучения и обсуждения в группе

Приведенные ниже вопросы предназначены для того, чтобы углубить понимание материала и помочь читателю применить его к собственной жизни.

Глава 3

1. Какие основные мысли содержатся в Ин. 3:8, Евр. 1:3 и Иов. 38:11?

2. Что бы произошло в мире, в котором человек мог бы делать все, что ему захочется?

3. Какие основные мысли содержатся в Пс. 147:4–7; Ам. 4:7–10; Дан. 5:24; Прит. 16:1, 9; 19:21; 21:1; 21:30; Иов. 23:13?

Глава 4

4. Действительно ли некоторые люди слишком испорчены и упрямы, чтобы спастись (см. 1 Тим. 1:15)?

5. Объясните Рим. 3:21–23 и Еф. 2:3 в свете Божьего всевластия.

6. Подытожьте то, что мы узнаём о Божьем всевластии из Деян. 13:48.

7. Почему избрание не может основываться на том, что Бог предвидит добрые дела, которые совершит человек (см. 2 Тим. 1:9, 1 Пет. 1:2, Рим. 8:28–29)?

8. За кого умер Христос? Откуда мы об этом узнали? (Используйте Писание.)

9. Опишите библейское искупление.

10. Каким образом заступничество Христа поддерживает доктрину ограниченного искупления?

11. Каким образом используется в Писании слово «все»?

12. Каким образом действие Святого Духа, совершаемое при спасении, противоречит учению о свободной воле человека, который «принимает решение для Христа»?

Божье всевластие
в осуждении

Итак, видишь благость и строгость Божию...
(Рим. 11:22)

А. Обзор

1. Человек противится этой доктрине

В предыдущей главе, когда речь шла о всевластии Бога Отца в спасении, мы изучили семь отрывков, показывающих, что некоторых из сынов человеческих Он избирает и предназначает к тому, чтобы они уподобились образу Сына Его. Мыслящий читатель, само собой, спросит: а что можно сказать о тех, кто не был «предуставлен к вечной жизни»? На этот вопрос даже те, кто заявляют о вере в Божье всевластие, явленное в Писании, обычно отвечают так: Бог оставляет тех, кто не был избран, позволяет им ходить их собственными путями, а в конце ввергает их в огненное озеро, потому что они отказались от Его путей и отвергли Спасителя, которого Он дал. Но это лишь часть истины. Другую часть — ту, которая особо оскорбительна для плотского разума, — или игнорируют или отвергают. Ввиду ужасающей серьезности предмета, который мы рассматриваем, ввиду того, что сегодня почти все — даже среди называющих себя кальвинистами — отрицают и отвергают эту доктрину, и ввиду того, что именно эта часть книги вызовет, скорее всего, наиболее ожесточенные споры, мы считаем, что необходимо произвести тщательное исследование этой Божьей истины. Мы с готовностью признаём, что этот аспект Божьего всевластия окутан глубокой тайной, но это не причина отвергать его. Трудность же в том, что в наши дни многие принимают Божье свидетельство лишь настолько, насколько оно позволяет *им* дать удовлетворительное объяснение всех причин Божьих деяний, а значит, они не примут ничего, что не поддается взвешиванию на мелких весах *их собственных* ограниченных возможностей.

2. Рассуждения, которые отталкиваются от избрания

Самую смелую формулировку этой мысли можно изложить так: предопределил ли Бог некоторых людей к проклятию? Писание ясно свидетельствует о том, что некоторые будут прокляты, что каждый будет судим по делам своим и пожнет то, что сеял. И так же ясно свидетельство Писания: «Праведен суд на таковых» (Рим. 3:8). Теперь мы постараемся доказать, что те, кого Бог не избрал, *по Его определению* решают следовать своими путями.

Из того, что было сказано в предыдущей главе об избрании некоторых к спасению, неизбежно следует, даже если бы Писание об этом умалчивало, что должно быть и *отвержение* других. Всякое избрание очевидным и неизбежным образом подразумевает и отказ, ведь там, где нет отказа от прочих кандидатов, нет и избрания. Если есть те, кого Бог избрал к спасению (2 Фес. 2:13), то должны быть и те, кто *не* избран к спасению. Если некоторых Отец дал Христу (Ин. 6:37), то должны быть и те, кого Он

Христу не дал. Если есть те, чьи имена записаны в книге жизни у Агнца (Откр. 21:27), то должны быть и те, чьи имена там не записаны. Ниже приводится полное доказательство этого утверждения.

Итак, все признают, что от основания мира Бог, конечно, предвидел и предузнал, кто примет Христа своим Спасителем, а кто Его отвергнет. Поэтому, повелевая, чтобы эти люди родились и существовали, Он сотворил их для проклятия — этот вывод неизбежен. Возражение можно привести лишь такое: нет, Бог, хотя и предузнал, что они отвергнут Христа, не *повелевал*, чтобы они Его отвергли. Но такое возражение подразумевает круговую логику при решении главного вопроса. Бог имел определенную причину, по которой сотворил людей, конкретную цель, для которой сотворил того или иного индивида, и, учитывая вечную участь сотворенных Им существ, Он *предназначил* каждому из них провести вечность на небесах или в огненном озере. И если при сотворении какого-то человека Бог предвидел, что он будет презирать и отвергать Спасителя, но все равно дал этому человеку бытие, то ясно, что Он предназначил и предуставил, чтобы этот человек погиб навечно. Снова отметим, что вера — Божий дар; и то, что она дается лишь некоторым, подразумевает, что другим она дана не будет. Без веры спасение невозможно: «...Кто не будет *веровать*, осужден будет» (Мк. 16:16). Поэтому, если есть какие-то потомки Адама, которым Он решил не давать веру, то причина должна быть в том, что Он *предназначил* их к погибели.

3. Подтверждения из истории

Эти выводы не только неизбежны, но и подтверждаются историей. До воплощения Сына Божьего все человечество почти двух тысяч лет было лишено даже внешних средств благодати: ему не проповедовалось Божье

Слово и не было письменного откровения Его воли. На протяжении многих веков Израиль был единственным народом, которому Бог благоволил открыть себя особым образом: «...в прошедших родах попустил всем народам ходить своими путями» (Деян. 14:16). «Только вас [Израиль] признал Я из всех племен земли...» (Ам. 3:2). Следовательно, все другие народы были лишены возможности слышать проповедь Божьего Слова, и вера, которая приходит от слышания этого Слова, была им чужда (Рим. 10:17). Эти народы не знали и самого Бога, и того, как угодить Ему, и как Он принимает, и как достичь вечной радости в Нем. Если бы Бог пожелал, чтобы они спаслись, то не обеспечил ли бы Он им и средства спасения? Разве Он не дал бы Им всего, что необходимо для этой цели? Но невозможно отрицать, что Он этого не сделал. Итак, если Бог может, не противореча Своей справедливости, милосердию и благоволению, оставить каких-то людей без средств благодати, заключить их в кромешном мраке и неверии (из-за грехов их праотцов на протяжении многих поколений), то почему несовместимо с Его совершенством то, что некоторых (даже многих) людей Он лишает самóй благодати и связанной с ней вечной жизни? Ведь Он, Господь, всевластным образом управляет и целью, к достижению которой ведут средства, и средствами, которые ведут к достижению цели.

Сосредоточимся на нашем времени и нашей стране, а не на огромном множестве язычников, не затронутых Евангелием. Разве не очевидно, что многие из живущих в странах, где проповедуется Евангелие и повсюду есть церкви, умирают, так и не познав Бога и Его святость? Конечно, средства благодати для них были рядом, но многие об этом не знали. Тысячи рождаются в семьях, где с детства учат, что все христиане — лицемеры, а проповедники — злостные обманщики. Другие вырастают в римском католицизме, и их учат, что евангельское христианство — смертельная ересь, а Библия — книга, читать которую крайне опасно. Есть те, чьи родители — приверженцы секты «Христианская наука», и о подлинном Евангелии Христа такие люди знают не больше, чем язычники, никогда его не слышавшие. Подавляющее большинство этих людей умирают, совершенно не зная пути, ведущего к миру. Так что же, разве не приходится нам сделать вывод: не было воли Бога на то, чтобы сообщить им Его благодать? Если бы воля Его была иной, разве бы Он не сообщил ее им активным образом? Если же воля Божья тогда была в том, чтобы отказать им в благодати, то Его воля должна была быть такой от вечности, поскольку воля Его, как и Он сам, не меняется: «Иисус Христос вчера и сегодня и во веки Тот же» (Евр. 13:8). Не будем забывать: пути Божьего провидения — не что иное, как проявление Его постановлений. Бог совершает во времени лишь то, что предназначил от вечности, и Его собственная воля — единственная причина всех Его деяний. Значит, из того, что Он действительно оставляет некоторых людей в нераскаянии и неверии, мы вполне можем заключить, что таковым было Его намерение от вечности. Следовательно, некоторых людей Он осудил еще от основания мира.

В Вестминстерском исповедании веры [20] сказано: «От вечности Бог Своим мудрейшим и святейшим советом Своей собственной воли свободным и неизменным образом *предопределил все*, что должно произойти». Покойный Ф. Грант (1902) — автор, известный своим осторожным и тщательным подходом к изучению

---

[20] Вестминстерское исповедание — одно из величайших исповеданий христианской веры — было разработано в 1645–1646 годах Вестминстерской ассамблеей, которая состояла из 121 богослова, назначенного пуританским «Долгим парламентом».

Писания, — говорил: «Совершенная, Божественная истина: Бог для славы Своей определил все, что должно было произойти». И если эти утверждения верны, то не определяют ли они доктрину суда и проклятия? Что происходит каждый день на протяжении всей истории человечества? То, что люди умирают, переходят из этого мира в вечность, где у них нет никакой надежды, — в вечность, полную ужаса и страданий. Если Бог действительно предопределил все, что должно произойти, то это значит, что Он повелел, чтобы множество людей, не получив спасения, ушли из этого мира на вечные страдания в огненном озере. Если мы признаем общие утверждения, то разве не оказываются неизбежными конкретные выводы из них?

Б. Что говорит Писание

Возражая против того, что было изложено в предыдущем параграфе, читатель может сказать: «Все это лишь рассуждения — логичные, конечно, но сводящиеся лишь к предположениям». Что ж, теперь мы обратимся, помимо приведенных выше выводов, к многим отрывкам Писания, где ясно и точно выражено учение на эту сложную тему. Эти отрывки настолько просты, что их нельзя истолковать превратно, и настолько сильны, что их нельзя избежать. Удивительно же то, что многие добродетельные люди так часто отрицают содержащиеся в них утверждения, отрицать которые невозможно.

«Долгое время вел Иисус [Навин] войну со всеми сими царями. Не было города, который заключил бы мир с сынами Израилевыми, кроме Евеев, жителей Гаваона: все взяли они войною; ибо от Господа было то, что они ожесточили сердце свое и войною встречали Израиля — для того, чтобы преданы были заклятию и чтобы не было им помилования, но чтобы *истреблены были так, как повелел Господь* Моисею» (Нав. 11:18–20). Смысл используемых здесь выражений очевиден. Вот множество хананеев, чьи сердца Господь ожесточил. Он замыслил полностью уничтожить их, и «не было им помилования» от Него. Само собой, они были развращенными, аморальными идолопоклонниками, но разве они чем-то хуже развращенных, аморальных идолопоклонников-каннибалов южных морей (и многих других стран) — тех, кому Бог принес Евангелие через Джона Пэйтона[21]? Конечно, нет! Почему же тогда Иегова не повелел Израилю научить хананеев Его закону и объяснить им, как следует приносить жертвы истинному Богу? Ответ очевиден: потому что Он предназначил их к уничтожению. И если это так, то Он предназначил их к уничтожению еще от вечности.

«Все сделал Господь ради себя; и даже нечестивого... на день бедствия» (Прит. 16:4). С тем, что Господь сделал все, согласятся, наверное, все читатели этой книги. С тем, что Он сделал все *для себя*, согласятся далеко не все. Бог сделал нас не для нас самих, но для Него, не для нашего счастья, но для Его славы — эта истина постоянно повторяется в Писании (Откр. 4:11). Но Книга притчей 16:4 идет дальше: здесь ясно сказано, что даже нечестивого Господь сделал для дня бедствия — таков был Его замысел, в соответствии с которым нечестивый появился на свет. Но почему? В Римлянам 9:17 нам сказано: «Ибо Писание говорит фараону: для того самого Я и поставил тебя, чтобы *показать над тобою силу Мою* и чтобы проповедано было имя Мое по всей земле». Бог создал нечестивых, чтобы в конце показать над ними Свою силу, — показать, как легко для Него

---

[21] Джон Гибсон Пэйтон (1824–1907) — протестантский миссионер на Новых Гебридах — островах в южной части Тихого океана. Уроженец Шотландии. Убежденный в абсолютном всевластии Бога, он основал на этих островах церковь. Его жизнь постоянно была в опасности, десятилетиями он почти не видел плодов своего труда, но верно продолжал служить Богу.

покорить самых упрямых бунтовщиков и сокрушить даже самых могущественных врагов.

«И тогда объявлю им: Я никогда не знал вас; отойдите от Меня, делающие беззаконие» (Мф. 7:23). В предыдущей главе было показано, что слова «знать» и «предузнать», когда употребляются применительно к Богу Писания, означают не просто Его знание о будущих событиях, но и подразумевают Его одобрение. Когда Бог говорит Израилю: «только вас *признал* Я из всех племен земли» (Ам. 3:2), ясно, что Он подразумевает: «только к вам Я благоволил». Когда мы читаем в Римлянам 11:2: «Не отверг Бог народа Своего [Израиля], который Он наперед знал», ясно, что подразумевается следующее: «Бог не отверг окончательно народ, который избрал объектом Своей любви» (ср. Втор. 7:8). В таком же (единственно возможном) смысле следует понимать Матфея 7:23. В Судный день Господь скажет многим: «Я никогда не знал вас». Обратите внимание: здесь сказано не просто: «Я не знаю вас». Но прозвучит такое суровое утверждение: «Я никогда не знал *вас*», — вы никогда не получали Моего одобрения. Сравним это высказывание с таким: «Я есмь пастырь добрый; и знаю [люблю] Моих, и Мои знают Меня» (Ин. 10:14). Его «овцы», Его избранники немногочисленны; Он их «знает». Но тех, кто проклят[22] и не избран, — много; их Он не знает. Даже до основания мира Он их не знал. Он никогда не «знал» их!

B. Римлянам 9

В Римлянам 9 подробно объясняется Божья доктрина всевластия применительно и к избранным, и к осужденным. Глубокий анализ этой важной главы не входит

---

[22] «Прóклятыми» здесь называются те, кто справедливо осужден Богом и не получил искупления.

в наши планы; здесь мы лишь попробуем задуматься над той ее частью, которая непосредственно связана с нашей темой.

1. «...Для того самого Я и поставил тебя» (ст. 17)

Стих 17. «Ибо Писание говорит фараону: для того самого Я и поставил тебя, чтобы показать над тобою силу Мою и чтобы проповедано было имя Мое по всей земле». Эти слова возвращают нас к стихам 13 и 14. В ст. 13 говорится о том, что Бог возлюбил Иакова и возненавидел Исава. В ст. 14 звучит вопрос: «Неужели неправда у Бога?», и в ст. 17 апостол продолжает отвечать на это возражение. Лучшее, что мы можем сделать, — процитировать комментарий Кальвина [23] к этому стиху:

Поэтому здесь надобно рассмотреть две вещи: предопределение фараона к погибели, относящееся к праведному, но тайному совету Божию. А затем — и цель сего предопределения: чтобы имя Божие провозглашалось по всей земле. И Павел особенно настаивает на этом. Ибо ежели ожесточение сие было того сорта, что через него проповедовалось имя Божие, нечестиво как-то обвинять Бога в неправедности. Однако, потому что многие толкователи искажали и это место, пытаясь его смягчить, то, во-первых, следует отметить, что вместо слова «возбудил» на еврейском стоит «Я *поставил* тебя». Где Бог, желая показать,

---

[23] Жан Кальвин (1509–1564) — швейцарский богослов, отец реформатской и пресвитерианской теологии. На протяжении своего двадцатипятилетнего служения в Женеве Кальвин произносил в среднем пять лекций или проповедей в неделю. Помимо этого, он написал комментарии почти ко всем книгам Библии. Родился в Нуайоне (Пикардия, Франция).

что надменность фараона для Него вовсе не является препятствием, чтобы избавить собственный народ, не только утверждает, что предвидел Его неистовство и что у Него имеются средства это неистовство обуздать, но и что Он намеренно *устроил* все таким образом и для той именно цели, чтобы сделать нагляднее свидетельство Своей силы[24].

Следует отметить, что Кальвин настаивает на сильном значении еврейского слова, которое Павел переводит как «*поставил*» — то есть «назначил». Поскольку на этом слове основываются доктрина и суть аргумента, развиваемого в данном стихе, отметим также, что, ссылаясь на Исход 9:16, апостол явно отходит от Септуагинты — наиболее распространенной в то время версии, которую он цитирует чаще всего, — и заменяет эту часть стиха. Вместо содержащихся в Септуагинте слов: «Для того самого Я и сохранил тебя», он дает такой перевод: «Для того самого Я и поставил тебя».

2. Фараон

Но рассмотрим теперь случай самого фараона, где на конкретном примере хорошо подытожен великий конфликт между человеком и его Создателем. «...Так как Я простер руку Мою, то поразил бы тебя и народ твой язвою, и ты истреблен был бы с земли: но для того Я сохранил тебя, чтобы показать на тебе силу Мою, и чтобы возвещено было имя Мое по всей земле» (Исх. 9:15–16). На эти слова мы предлагаем такой комментарий.

Во-первых, из Исхода 14 и 15 мы знаем, что фараон был «*истреблен*» — истреблен Богом, истреблен в расцвете своей испорченности. Он был истреблен не болезнью,

---

[24] Кальвин, Жан. Комментарий к Посланию к римлянам.

не теми немощами, которые приходят в старости, не тем, что люди называют «несчастным случаем». Рука самого Бога истребила его, свершив над ним суд.

Во-вторых, ясно, что Бог поставил фараона *именно для этого*: для того, чтобы истребить его. На языке Нового Завета — «уничтожить». Бог ничего не делает без предварительного замысла. Создав фараона, сохранив его в годы младенчества и отрочества, возведя его на престол Египта, Бог преследовал лишь одну цель. То, что цель Бога была именно такой, ясно следует из Его слов, сказанных Моисею перед тем, как тот отправился в Египет, — потребовать, чтобы фараон отпустил народ Иеговы на поклонение Ему в пустыню на три дня пути. «И сказал Господь Моисею: когда пойдешь и возвратишься в Египет, смотри, все чудеса, которые Я поручил тебе, сделай пред лицом фараона, а Я ожесточу сердце его, и он не отпустит народа» (4:21). Но это еще не все: Божий замысел был объявлен задолго до этих событий. За четыреста лет до них Бог сказал Аврааму: «Знай, что потомки твои будут пришельцами в земле не своей, и поработят их, и будут угнетать их четыреста лет, но Я произведу суд над народом, у которого они будут в порабощении...» (Быт. 15:13–14). Из этих слов явно следует (в Ветхом Завете народ и его царь воспринимаются как единое целое), что Божий замысел появился задолго до того, как был создан фараон.

В-третьих, изучая то, как Бог обращается с фараоном, мы ясно видим, что царь Египта действительно был «сосудом гнева, *готовым к погибели*». Взойдя на египетский престол и имея в своих руках бразды правления, он оказался во главе народа, считавшегося первым среди всех. На всей земле не было другого монарха, который мог бы контролировать фараона или диктовать ему свою волю, — на такую великую высоту возвел Бог этого про́клятого нечестивца. Это был логичный и необходимый шаг для того, чтобы подготовить фараона к его окончательной участи, потому что такова Божья аксиома: «Погибели предшествует гордость, и падению — надменность» (Прит. 16:18). Кроме того — особенность, на которую крайне важно обратить внимание, — Бог забрал у фараона внешний сдерживающий фактор. Когда фараона наделили неограниченной царской властью, он оказался выше всяких законов и юридического контроля. Но кроме этого, Моисей покинул его присутствие и царство по воле Божьей. Если бы Моисею, который не только был научен всей мудрости египетской, но и воспитан в доме фараона, позволено было не удаляться от трона, его пример и влияние, конечно, сдерживали бы распущенность и тиранию царя. Такова была одна из причин, по которым Бог послал Моисея в землю мадианитян, потому что именно в его отсутствие бесчеловечный египетский царь издавал самые жестокие из своих указов. Удалив этот сдерживающий фактор, Бог пожелал дать фараону возможность беспрепятственно наполнить меру своих грехов и пожать то, что он посеял, — полностью заслуженную, но предопределенную гибель.

В-четвертых, Бог «*ожесточил*» *Его сердце* и сам объявил, что так и будет (Исх. 4:21). Такое действие полностью соответствует тому, что сказано в Писании: «Человеку принадлежат предположения сердца, но от Господа ответ языка» (Прит. 16:1); «Сердце царя — в руке Господа, как потоки вод: куда захочет, Он направляет его» (Прит. 21:1). Сердце фараона, как и любого другого царя, в руке Господа; Бог обладает и правом и силой направлять его куда Ему угодно, — и Ему было угодно направить его против всякого добра. Бог предопределил, что фараон отвергнет просьбу Моисея и не отпустит Израиль, пока не будет полностью подготовлен к окончательной погибели. И, поскольку ничто иное не подготовило бы его надлежащим образом, Бог ожесточил его сердце.

Наконец, стоит внимательно изучить и то, как Бог *явил себя праведным* во всех Своих деяниях против фараона. Удивительнее всего то, что у нас есть свидетельство самого фараона в пользу Бога и против самого себя! В Исходе 9:15–16 Бог объявляет фараону, для какой цели поставил его, а в ст. 27 этой же главы фараон говорит: «На этот раз я согрешил; Господь праведен, а я и народ мой виновны». Обратим внимание: фараон сказал это *после* того, как узнал, что Бог возвысил («поставил») его с целью «истребить», и суровый Божий суд был послан после того, как фараон ожесточил свое сердце. К тому времени фараон уже окончательно созрел для суда и был полностью готов решить, что произошло: оскорбил ли Бог его или же он пытался оскорбить Бога. И фараон полностью признаёт, что «согрешил», и что Бог — «праведен». И у нас есть свидетельство Моисея, который был прекрасно осведомлен о том, как поступает Бог с фараоном. Он с самого начала слышал о Божьем замысле касательно фараона, он видел, как Бог с ним обращается, наблюдал Божье долготерпение по отношению к этому сосуду гнева, готовому к погибели. И в конце концов он увидел, как фараон истреблен в Красном море Божьим судом. Какое произвело это впечатление на Моисея? Возмущается ли он какой-то несправедливостью? Смеет ли он обвинить Бога в неправедности?

Вовсе нет. Напротив, он восклицает: «Кто, как Ты, Господи, между богами? Кто, как Ты, величествен святостью, досточтим хвалами, Творец чудес?» (Исх. 15:11). Проявлял ли Моисей дух мстительности, когда видел, что главный враг Израиля «истреблен» водами Красного моря? Конечно, нет. Но чтобы навсегда удалить всякие сомнения по этому поводу, отметим, что святые на небе, став свидетелями сурового Божьего суда, поют «песнь Моисея, раба Божия, и песнь Агнца, говоря: велики и чудны дела Твои, Господи Боже Вседержитель! Праведны и истинны пути Твои, Царь святых!» (Откр. 15:3). Здесь мы видим кульминацию — Божья праведность в отношении фараона явлена полностью и окончательно. Святые на небесах присоединяются к хору, поющему песнь Моисея, в которой раб Божий прославляет Иегову, сокрушившего фараона и его войско, утверждает, что не может быть и речи о какой-либо неправедности в Боге. Поступив так, Бог явил, что пути Его — *праведны и истинны*. Итак, мы должны верить, что Судья всей земли поступил праведно, создав и уничтожив фараона — этот сосуд гнева.

На примере фараона можно увидеть основной принцип доктрины осуждения. Если Бог действительно осудил фараона, мы можем справедливо заключить, что Он осуждает всех других, кого не предопределил уподобиться образу Сына Своего. Апостол Павел явно делает этот вывод из наблюдений за судьбой фараона, потому что в Римлянам 9, упомянув о цели, для которой Бог поставил фараона (ст. 18), он продолжает мысль: «Итак...» Случай с фараоном упомянут здесь, чтобы доказать доктрину осуждения — как дополнение к доктрине избрания. В заключение можем сказать, что, создавая фараона, Бог не проявил ни справедливость, ни несправедливость, но только Свое всевластие. Подобном тому, как гончар всевластен в создании сосудов, Бог всевластен в создании людей, несущих моральную ответственность.

3. «...А кого хочет, ожесточает» (ст. 18)

Стих 18: «Итак, кого хочет, милует; а кого хочет, *ожесточает*». Слово «итак» означает, что сейчас будет сделан общий вывод из того, что говорил апостол в предыдущих трех стихах: он отрицал, что Бог проявил неправедность, когда возлюбил Иакова и возненавидел Исава, а затем сам принцип был проиллюстрирован на конкретном примере с фараоном. Все происходящее восходит к всевластной воле Творца. Он любит одного и ненавидит другого. Он милует одних и ожесточает других — без оглядки на что-либо, кроме Своей всевластной воли.

Самое неприятное для плотского разума в приведенном здесь стихе — упоминание об ожесточении: «...а кого хочет, ожесточает». Именно в этом месте многие комментаторы и проповедники искажают истину. Наиболее распространенное объяснение сводится к тому, что апостол говорит здесь об ожесточении лишь в юридическом смысле: Бог оставляет людей, которые вызывают Его негодование, *потому что сначала* они отвергли истину и оставили Его. Те, кто настаивают на подобном толковании, ссылаются на такие отрывки, как Римлянам 1:19—26: «...предал их Бог», — речь идет о тех людях (см. контекст), которые, «познав Бога, не прославили Его как Бога» (ст. 21). Ссылаются также на 2 Фессалоникийцам 2:10–12.

Но следует отметить, что ни в одном из этих отрывков не используется слово «ожесточил». Более того, мы утверждаем, что в Римлянам 9:18 «ожесточение» подразумевается не в *юридическом* смысле. Апостол говорит здесь не о тех, кто уже отвернулся от Божьей истины, но о Божьем *всевластии*. Божье всевластие проявляется не только в том, что Он милует, кого хочет, но и в том, что Он ожесточает, кого хочет. Точная цитата будет такой: «...кого *хочет* [а не всех тех, кто отверг истину], ожесточает», — и, поскольку эти слова приводятся сразу после упоминания о фараоне, понятно, *что* они подразумевают. В случае с фараоном все достаточно ясно, хотя человек своими добавлениями всячески пытается сокрыть истину.

«Итак, кого хочет, милует; а кого хочет, ожесточает». Это утверждение о том, что Бог всевластным образом «ожесточает» сердца грешников, а не просто о том, что они ожесточены в юридическом смысле, — не единственное. Обратим внимание на то, какие выражения используются в Иоанна 12:37–40.

После того, как Он столько знамений сотворил перед ними, они не верили в Него, дабы исполнилось слово Исаии пророка, которое он сказал: Господи, кто поверил слышанному от нас, и рука Господня кому открылась? Они потому не могли верить, что еще сказал Исаия: Он ослепил их глаза и *сделал жестким их сердце...* (пер. Кассиана).

Почему? Потому ли, что они отказались от веры во Христа? Таково расхожее мнение, но обратите внимание на ответ, который содержится в Писании: «...чтобы не увидели они глазами и не поняли сердцем, и не обратились. И Я исцелил бы их».

Итак, читатель, теперь вопрос: поверите ли вы тому, что открыл Бог в Своем Слове? Речь идет не о продолжительных поисках и не о глубоких исследованиях, а о готовности уподобиться ребенку, — вот что нужно для того, чтобы понять эту доктрину.

4. «...За что же еще обвиняет?» (ст. 19)

Стих 19: «Ты скажешь мне: „За что же еще обвиняет? Ибо кто противостанет воле Его?“» Разве сегодня не звучит именно это возражение? Вопросы апостола сводятся к следующему: поскольку все зависит от Божьей воли, которая непреложна, и поскольку всевластная Божья воля — на то, чтобы помиловать тех, кого Он желает помиловать, и отказать в милости тем, кого Он желает покарать, то почему бы Ему не помиловать всех, чтобы все стали покорны Ему — и тогда не нужны будут никакие обвинения?

Следует особо отметить, что апостол не отвергает основание, на котором выстраивается данное возражение. Он не говорит, что Бог не обвиняет. И не говорит, что люди способны противиться Его воле. Кроме того, он не пытается дать какое-то поверхностное объяснение — наподобие такого: «Вы совсем неверно истолковали мои слова, когда я сказал: „Кого хочет, милует; а кого хочет, ожесточает“». Нет, он говорит: «Во-первых, это возражение, на которое у вас нет права; а во-вторых, это возражение, для которого у вас нет причины» (см. объяснение у Брауна). Возражение было полностью неприемлемым, потому что подразумевало дерзкий ответ Богу. Оно означало ропот и спор с Богом!

«Ты скажешь мне: „За что же еще обвиняет? Ибо кто противостанет воле Его?“» Выражения, которые апостол вкладывает здесь в уста воображаемого собеседника, настолько просты и точны, что их невозможно истолковать превратно. «За что же еще обвиняет?» Итак, читатель, что могут означать эти слова? Сформулируйте свой ответ, прежде чем рассмотреть наш. Возможно ли какое-либо еще истолкование вопроса апостола, кроме такого: если Бог действительно милует, кого хочет, а также ожесточает, кого хочет, то что можно сказать об ответственности человека? В таком случае люди — ничем не лучше кукол на веревочках, и если это так, то со стороны Бога было бы несправедливо обвинять Свое беспомощное творение. Обратите внимание на слово «тогда»: «Ты скажешь мне *тогда...*» Воображаемый собеседник делает этот (ошибочный) вывод из того, что было сказано апостолом. И заметьте, читатель: апостол легко предвидел, что доктрина, которую он только что сформулировал, вызовет именно это возражение. И, если только вся написанная нами книга не вызывает таких же возражений по крайней мере у некоторых (у всех, чей плотской разум не покорен Божьей благодатью), то верно одно из двух: или мы не смогли объяснить доктрину, изложенную в Римлянам 9, или человеческая природа изменилась со времен апостола.

Рассмотрим теперь оставшуюся часть стиха (19). Апостол повторяет это же возражение — но в несколько иной форме, чтобы исключить неправильное понимание сказанного. Он спрашивает: «Ибо кто противостанет воле Его?» Ясно, что речь идет о воле Бога, то есть о Его всевластных путях; здесь подтверждается то, что было сказано выше в стихах 17 и 18, — мы утверждали, что в них говорится об ожесточении в значении не юридическом (то есть ожесточении, наступившем из-за того, что раньше была отвергнута истина), а всевластном — ожесточении падшего и греховного существа лишь по одной причине, заложенной во всевластной воле Бога. Потому и возникает вопрос: «...Кто противостанет воле Его?» Как же отвечает апостол на эти возражения?

5. «А ты кто, человек, что споришь с Богом?» (ст. 20)

Стих 20. «А ты кто, человек, что споришь с Богом? Изделие скажет ли сделавшему его: „Зачем ты меня так сделал?"» Итак, апостол не говорит, что возражение — бессмысленное и безосновательное, но упрекает собеседника за непочтительное отношение к Богу. Напоминает возражающему, что тот — лишь «человек», тварное существо, которое проявляет наглость и непорядочность, когда пытается «спорить с Богом». Кроме того, апостол напоминает ему, что он — лишь «изделие», для которого препираться со своим Создателем — безумие и богохульство.

Прежде чем завершить толкование этого стиха, следует отметить, что заключительные слова — «зачем ты меня так сделал?» — позволяют безошибочно определить тему, которая здесь обсуждается. В свете непосредственного контекста, что может означать слово «так»? В случае с Исавом лишь одно: почему Ты сделал меня объектом «ненависти»? А в случае с фараоном: почему Ты создал меня лишь для того, чтобы «ожесточить»? Разве возможно здесь какое-то другое значение? Крайне важно помнить, что на протяжении всего этого отрывка цель апостола — объяснить, как Божье всевластие проявляется, с одной стороны, на тех, кого Он любит, — на сосудах для почетного употребления, сосудах милосердия, а с другой стороны — на тех, кого Он «ненавидит» и «ожесточает», — на сосудах низкого употребления, сосудах гнева.

6. «Власть горшечника над глиной» (ст. 21)

Стихи 21–23. «Не *властен* ли горшечник над глиною, чтобы из той же смеси сделать один сосуд для почетного употребления, а другой для низкого? Что же, если Бог, желая показать гнев и явить *могущество* Свое, с великим долготерпением щадил сосуды гнева, готовые к погибели, дабы вместе явить богатство славы Своей над сосудами милосердия, которые Он приготовил к славе?» В этих стихах апостол дает полный и окончательный ответ на возражения, высказанные в ст. 19. Сначала он спрашивает: «Не властен ли горшечник над глиною?» Следует отметить, что «власть», которая упоминается здесь, — это перевод одного греческого слова, а «могущество» в ст. 22 — перевод другого. Второе может означать лишь силу, а первое (используемое в ст. 21) означает право Творца, всевластную прерогативу. Такое понимание этого греческого слова подразумевается, судя по всему, в Иоанна 1:12: «А тем, которые приняли Его, верующим во имя Его, дал власть быть чадами Божиими».

В Исправленной версии [25] и в Иоанна 1:12, и в Римлянам 9:21 используется слово «право» (right).

Стих 21. «Не властен ли горшечник над глиною, чтобы из той же смеси сделать один сосуд для почетного употребления, а другой *для низкого*?» «Горшечник», о котором говорится в этом стихе, — это, конечно, сам Бог, потому что в предыдущем стихе апостол спрашивает: «А ты кто, человек, что споришь с Богом?», и, переходя к метафоре, продолжает: «Изделие скажет ли сделавшему его?» Некоторые пытаются ослабить эти слова, утверждая, что, хотя человек, горшечник, делает некоторые сосуды менее благородными, чем другие, все они имеют какое-то полезное предназначение. Но апостол не спрашивает: «Не властен ли горшечник над глиною, чтобы из той же смеси сделать один сосуд для почетного употребления, а другой для менее почетного», — нет, он говорит о том, что некоторые сосуды сделаны для *низкого*, бесславного употребления. Конечно, Божья мудрость будет еще явлена окончательно — так же, как и гибель осужденных приведет к Его славе. О том, как именно это произойдет, сказано в следующем стихе.

Обобщение

Прежде чем перейти к следующему стиху, подытожим учение, которое содержится в этом стихе и в двух предыдущих. В ст. 19 звучат два вопроса: «...За что же еще обвиняет? Ибо кто противостанет воле Его?» На эти два вопроса дается тройной ответ.

---

[25] Исправленная версия (Revised Version) — перевод Библии, опубликованный в Британии в 1855 году. Среди переводчиков были такие известные ученые, как Весткот и Хорт. Для перевода Нового Завета использовался не Textus Receptus, как в Библии короля Якова, поэтому Исправленная версия предвосхитила все современное движение библейских переводов.

Во-первых, в стихе 20 апостол отказывает творению в праве сидеть на месте судьи и оценивать пути Творца: «А ты кто, человек, что споришь с Богом? Изделие скажет ли сделавшему его: „Зачем ты меня так сделал?“» Апостол утверждает, что праведность Божьей воли не подлежит сомнению. Что бы Он ни делал, Он делает правильно.

Во-вторых, в стихе 21 апостол утверждает, что Творец обладает правом обращаться с сотворенными существами так, как Ему заблагорассудится: «Не властен ли горшечник над глиною, чтобы из той же смеси сделать один сосуд для почетного употребления, а другой для низкого?» Следует отметить, что слово, переведенное как «власть» (букв. «Не имеет ли горшечник власть...»), — греч. *эксусиа* — отличается от слова, переведенного как «могущество» в следующем стихе («явить могущество» — греч. *дюнатон*). В словах «Не властен ли горшечник над глиною?» подразумевается Божья власть, явленная праведным образом, — осуществление Его прав, которое соответствует Его справедливости, потому что само по себе утверждение Его всемогущества не может быть ответом на вопрос, заданный в стихе 19.

В-третьих, в стихах 22–23 апостол объясняет причины, по которым Бог не одинаковым образом обращается с сотворенными Им существами. С одной стороны, Он делает это, чтобы «показать гнев и явить могущество Свое», с другой стороны — чтобы «явить богатство славы Своей».

«Не властен ли горшечник над глиною, чтобы из той же смеси сделать один сосуд для почетного употребления, а другой для низкого?» Конечно, Бог обладает такой властью, ведь Он — Творец. *Осуществляет ли Он эту власть?* Да, и об этом ясно сказано в стихах 13 и 17: «для того самого Я и поставил тебя [фараона]».

7. «...Сосуды гнева, готовые к погибели» (ст. 22)

Стих 22. «Что же, если Бог, желая показать гнев и явить могущество Свое, с великим долготерпением щадил сосуды гнева, готовые к погибели?» Здесь апостол сообщает нам и почему Бог так поступает — по-разному с разными людьми: почему милует одних и ожесточает других, одних делает сосудами «для почетного употребления», других — «для низкого». Отметим, что здесь, в стихе 22, апостол сначала упоминает «сосуды гнева» и только в стихе 23 перейдет к «сосудам милосердия». Почему он так делает? Ответ на этот вопрос — крайне важен.

Мы отвечаем: потому, что возражение, прозвучавшее в стихе 19, подразумевало «сосуды гнева». Указаны две причины, по которым Бог делает некоторых «сосудами для низкого употребления»: во-первых, чтобы «показать гнев», во-вторых — чтобы «явить могущество Свое». И то и другое хорошо видно на примере фараона.

В приведенном выше стихе есть нюанс, требующий особого внимания: «сосуды гнева, *готовые* к погибели». Обычно эти стихи объясняют таким образом: сосуды гнева сами готовят себя к погибели, то есть навлекают ее на себя своими злыми делами. При этом утверждается, что *Богу* готовить их «к погибели» не нужно, потому что они уже подготовили себя своей испорченностью, и таким должно быть подлинное значение этого выражения. Если под «гибелью» мы подразумеваем *наказание*, то совершенно верно: те, кто не избран Богом, действительно «готовят себя», потому что каждый из них будет судим «по делам своим». Кроме того, мы с готовностью признаём, что с субъективной точки зрения те, кто не принадлежит к числу избранных, действительно готовят себя к погибели. Но вопрос в том, вкладывает ли апостол в свои слова именно это значение? Не колеблясь, мы отвечаем: «Нет». Вернемся к стихам 11–13: подготовил ли Исав себя к тому, чтобы стать объектом Божьей ненависти, или же он был таковым еще до рождения? Подготовил ли фараон сам себя к погибели, или же Бог ожесточил его сердце еще до того, как казни были посланы Египту (см. Исх. 4:21)?

В Римлянам 9:22 явно продолжается мысль, начатая в стихе 21, а этот стих — часть того ответа, который апостол дает на возражение, высказанное в стихе 20. Поэтому точное толкование подразумевает, что Бог сам готовит к погибели сосуды гнева. Если кто-то спросит, каким образом Бог это делает, ответ неизбежно будет объективным: тех, кого Он не избрал, Он своим предвечным постановлением готовит к погибели. Если кто-то спросит, для чего Бог это делает, ответ будет таким: для того, чтобы явить Свою славу, то есть славу Своей справедливости, силы и гнева. «Суть ответа апостола сводится к тому, что величайшая цель Бога — и в избрании спасенных и в осуждении тех, кто не избран, — важнее всего остального при сотворении людей; эта цель — Его собственная слава» (Роберт Халдейн)[26].

8. «...Он приготовил к славе» (ст. 23)

Стих 23: «...дабы вместе явить богатство славы Своей над сосудами милосердия, которые Он приготовил к славе». В этом стихе следует обратить внимание на одну особенность: «сосуды милосердия» приготовлены «к славе» заранее. Многие отмечали, что в предыдущем стихе

---

[26] Роберт Халдейн (1764–1842) — британский аристократ, родившийся в Лондоне. Учился в Эдинбургском университете, служил в Королевском флоте. Все свои силы и все имение посвятил распространению христианства через проповедь, обучение и миссионерское служение. Известен как автор книги «Толкование Послания к римлянам».

не сказано, что сосуды гнева, упоминавшиеся в предыдущем стихе, были приготовлены к погибели, и из этого следует вывод: считать, что люди, не избранные Богом, готовят себя к погибели сами, во времени, а не Бог от вечности предопределяет их к погибели. Но этот вывод вовсе нельзя назвать неизбежным. Следует вернуться к стиху 21 и обратить внимание на используемую в нем метафору. «Глина» — это неодушевленная материя, испорченная и разложившаяся, поэтому человечество уместно сравнить с этим веществом. Таким образом, апостол размышляет о всевластных Божьих деяниях, направленных на человечество после грехопадения. При этом он не говорит, что сосуды гнева были «заранее» приготовлены к погибели, и причина — очевидна и достаточна: они стали (сами по себе) тем, что символизирует «глина», только после грехопадения. Для того, чтобы опровергнуть вышеупомянутый ошибочный вывод, достаточно отметить: о сосудах гнева не сказано, что они *готовятся* к погибели (хотя такое слово было бы применимо к ним, если бы речь шла о людях, которые сами готовят себя к погибели из-за собственного нечестия), но сказано, что они — «*готовые* к погибели». Если рассматривать это выражение в целостном контексте, оно должно означать всевластное предопределение к погибели, которое исходит от Творца. Процитируем комментарий Кальвина, глубоко раскрывающий эту мысль:

...Даже если во второй части предложения апостол и яснее указывает на то, что именно Бог приготовил Своих избранных ко славе, в то время как прежде просто сказал, что отверженные сосуды приготовлены к погибели, все равно несомненно, что и то, и другое приготовление зависит от тайного совета Божия. Иначе Павел сказал бы, что отверженные сами себя предали и обрекли на погибель. Ныне же он означает, что прежде, чем родились, они уже были предназначены к своему жребию.

С этим утверждением мы полностью соглашаемся. В Римлянам 9:22 не сказано, что сосуды гнева сами приготовили себя и не сказано, что они «приготовлены» к погибели; контекст ясно показывает, что Бог «готовит» их к этой участи — объективно, Своим вечным постановлением.

Г. Другие отрывки

Хотя в Римлянам 9 содержится самое подробное изложение доктрины осуждения, есть и другие отрывки, где она упоминается. Здесь мы кратко остановимся на одном или двух.

«Что же? Израиль, чего искал, того не получил; избранные же получили, а прочие *ожесточились*» (Рим. 11:7). Здесь говорится о двух четко определенных группах людей, которые резко противопоставляются друг другу: «избранные» и «прочие». Первые — «получили», вторые — «ожесточились». Объясняя этот стих, приведем комментарий Джона Беньяна[27], чья память пережила столетия: «Это суровые слова; они отделяют человека от человека: избранных от прочих, призванных от оставленных, принятых от отвергнутых. Под словом «прочие» здесь непременно следует разуметь тех, кто не был избран, потому что первые противопоставлены вторым; и если они не избранные, то кто они, как не осужденные?»

---

[27] Джон Беньян (1628–1688) — английский служитель, проповедник, один из самых влиятельных писателей XVII в. Любимый многими автор книг «Путешествие пилигрима», «Священная война».

В письме фессалоникийским святым апостол объявляет: «...потому что Бог *определил нас не на гнев*, но к получению спасения через Господа нашего Иисуса Христа» (1 Фес. 5:9). Конечно, для всякого беспристрастного разума очевидно, что утверждение это бессмысленно, если Бог никого не «*определил на гнев*». Говоря: «Бог определил нас не на гнев», мы, конечно, подразумеваем, что есть некоторые, кого Он «определил на гнев», и многие из называющих себя христианами, если бы разум их не был ослеплен предрассудками, увидели бы эту очевидную истину.

«...Камень преткновения и камень соблазна. Они претыкаются, не повинуясь слову, на что они и были определены» (1 Пет. 2:8; пер. Кассиана). Слова «на что» явно подразумевают, что речь идет о тех, кто преткнулся из-за Слова, и об их непослушании. Итак, Бог здесь однозначно утверждает, что есть некоторые люди, которые были «определены» (здесь используется то же слово, что и в 1 Фес. 5:9) на непослушание. Наше дело — не рассуждать об этом, а склониться перед Священным Писанием. Наша главная обязанность — не в том, чтобы понимать сказанное Богом, а в том, чтобы *верить* Его слову.

«Они, как бессловесные животные, водимые природою, *рожденные на уловление и истребление*, злословя то, чего не понимают, в растлении своем истребятся» (2 Пет. 2:12). Когда комментируют этот стих, тоже прикладывают множество усилий к тому, чтобы избежать очевидного значения этого сурового отрывка. Некоторые внушают нам, будто слова «рожденные на уловление и истребление» относятся только к «бессловесным животным», а не к людям, которых с ними сравнивают. Для опровержения этого софизма достаточно спросить: в чем именно заключается аналогия между этими людьми (обозначенными местоимением «они») и «бессловесными животными»? В чем суть такого сравнения? Ответ очевиден: эти люди («они»), «как бессловесные животные», рождены «на уловление и истребление». Эти слова подтверждаются и заключительной фразой, где повторяется та же мысль: «в растлении своем истребятся».

«Ибо вкрались некоторые люди, *издревле предназначенные к сему осуждению*, нечестивые, обращающие благодать Бога нашего в повод к распутству и отвергающиеся единого Владыки Бога и Господа нашего Иисуса Христа» (Иуд. 4). Пытаясь избегнуть очевидного значения этого стиха, некоторые используют здесь другой перевод. В Исправленной версии говорится о «людях, о которых издревле было написано, что они примут это осуждение». Но даже такое измененное толкование не позволяет избавиться от того, что так оскорбляет наши чувства. Возникает вопрос: где эти люди, о которых «издревле было написано»? Конечно, не в Ветхом Завете, потому что там нет никаких упоминаний о нечестивых, вкравшихся в собрание христиан. Если «написано» действительно окажется лучшим переводом греческого слова *прографо*, то подразумеваться здесь может только книга вечных постановлений. Поэтому какую бы альтернативу мы ни избрали, сам факт неизбежен: некоторых людей Бог еще «издревле» отметил как предназначенных к «осуждению».

«И поклонятся ему все живущие на земле, *которых имена не написаны в книге жизни у Агнца, закланного от создания мира*» (Откр. 13:8; ср. 17:8). Здесь тоже в утвердительной форме сказано, что есть люди, чьи имена *не записаны* в книге жизни.

Итак, мы привели целых десять отрывков, в которых явно подразумевается или содержится учение об осуждении. В этих отрывках утверждается следующее:

нечестивые созданы на день бедствия; Бог предназначает некоторые сосуды к бесславию и Своим вечным постановлением (объективно) готовит их к погибели; они подобны бессловесным животным, рожденным на уловление и истребление; они издревле предназначены к осуждению. И в свете этих Писаний мы, не колеблясь, утверждаем (после двадцати лет тщательного и молитвенного изучения этой темы): Божье Слово, вне всякого сомнения, учит о предопределении и к спасению и к осуждению. Как говорил Кальвин, «вечное избрание означает, что Бог одних предназначает к спасению а других к погибели».

Д. Опасность неправильного использования этой доктрины

Объяснив доктрину осуждения, изложенную в Священном Писании, рассмотрим теперь одну или две важные особенности, которые помогут нам предотвратить злоупотребление этой доктриной и избавят читателя от необоснованных выводов.

Во-первых, отметим: доктрина осуждения *не означает, что Бог заранее решил взять невиновных существ, сделать их нечестивыми, а затем осудить*. В Писании сказано: «Бог сотворил человека правым, а люди пустились во многие помыслы» (Эккл. 7:29). Бог не создавал греховных существ с целью их уничтожения, потому что Бога нельзя обвинять в грехе Его творения. Ответственность за преступления лежит на человеке.

В Своем предвечном установлении к осуждению Бог видел род Адама — падший, греховный, испорченный, виновный. Из этого рода Бог постановил избрать некоторых — как свидетельство о Его всевластной благодати; остальных Он предназначил к погибели — как свидетельство о Его справедливости и суровости. Решив погубить этих людей, Он не проявил несправедливости. Они уже были падшими существами в Адаме, их юридическом представителе. Поэтому от рождения они имеют греховную природу, и Он оставляет их в их грехах. Им не на что жаловаться. Исполняется *их* желание: они не хотят святости и любят тьму, а не свет. Разве Бог несправедлив, когда «оставил их упорству сердца *их*, пусть ходят по *своим* помыслам» (Пс. 80:13).

Во-вторых, доктрина предвечного осуждения *не означает, что Бог отказывается спасать тех, кто искренне ищет спасения.* Дело в том, что про́клятые не стремятся к Спасителю: «...Не было в Нем вида, который привлекал бы [их] к Нему». Если они совсем не хотят прийти ко Христу, зачем Богу приводить их насильно? Он не отвергает никого из тех, кто приходит; разве Он несправедлив, когда определяет их заслуженную участь? Никто не будет наказан за чужие грехи; разве можно здесь говорить о «тирании и жестокости» Божьих установлений? Помните, что Бог сотворил грешников, а не их грех; Он дал им жизнь, а не влил в них грех.

Бог не побуждает нечестивых совершать грех (вопреки богохульным утверждениям некоторых критиков), подобно тому, как всадник шпорами подгоняет лошадь, не желающую следовать его воле. Бог только говорит эти ужасные слова: «Оставьте их» (Мф. 15:14). Ему достаточно лишь ослабить вожжи, которыми провидение сдерживает грешников, удержать влияние спасительной благодати, и отступник сразу же добровольно погружается в собственное нечестие. Итак, предвечное постановление об осуждении и не вмешивается в склонности, присущие падшей человеческой природе, и не служит оправданием для них.

В-третьих, постановление об осуждении ни в коей мере не противоречит Божьей благости. Хотя на тех, кого

Он не избрал, Его благость изливается не таким способом и не в такой мере, как на избранных, первые все же не исключены полностью из участия в этой благости. Они наслаждаются (временными) благами провидения так же, как и Божьи дети, а иногда и в большей мере, чем те. Но становятся ли они от этого лучше? Приводит ли (временная) благость Бога к их покаянию? Вовсе нет. Они презирают «богатство благости, кротости и долготерпения Божия, не разумея, что благость Божия ведет [их] к покаянию» (Рим. 2:4–5). Есть ли какая-то справедливая причина, по которой они могли бы жаловаться на то, что не смогут наслаждаться Его благостью и в грядущих веках? Более того, если Божьему милосердию и благости не противоречило решение осудить целый сонм падших ангелов (2 Пет. 2:4), то тем более нет никакого противоречия, когда Он оставляет некоторых представителей падшего человечества в их грехах и наказывает их за эти грехи.

Завершить этот раздел следует предупреждением: никто из нас в этой земной жизни совершенно *не в состоянии узнать, кто принадлежит к числу осужденных*. Мы не должны причислять к этой категории никого из людей, каким бы развращенным он ни был. Насколько нам известно, даже худший из грешников может быть среди избранных благодатью и в один прекрасный день возродиться Духом благодати. Приказ, который получили мы, предельно ясен, и горе нам, если мы им пренебрегаем. Приказ гласит: «...Проповедуйте Евангелие *всей* твари» (Мк. 16:15). Если мы его выполняем, наша совесть чиста. Если люди отказываются слушать, их кровь — на их же головах. «Ибо мы Христово благоухание Богу в спасаемых и в погибающих: для одних запах смертоносный на смерть, а для других запах живительный на жизнь» (2 Кор. 2:15–16).

Е. Отрывки, которые могут показаться противоречащими этой доктрине

Рассмотрим теперь ряд отрывков, которые нередко цитируют, когда пытаются показать, что Бог не приготовил некоторые сосуды к погибели — не предназначил некоторых людей к осуждению.

Сначала процитируем Иезекииля 18:31: «...И зачем вам умирать, дом Израилев?» Лучшим комментарием к этому отрывку будет цитата из работы Огастуса Топледи[28]:

> На этот отрывок часто, хотя и безуспешно, ссылаются арминиане[29] — словно бы это был молот, способный все раскрошить одним ударом. Но оказывается, что «смерть», подразумеваемая здесь, — не духовная и не вечная, что очевидно из всего тона, пронизывающего эту главу. Пророк говорит о смерти *политической* — смерти народного процветания, покоя и безопасности. Суть вопроса такова: за что вы любите плен, изгнание и упадок общества? Если вы перестанете поклоняться изваяниям, то сможете избежать этих бед и снова станете народом, который пользуется уважением. Неужели разрушение общества кажется вам настолько привлекательным, что вы изо всех сил стремитесь к этой цели? Зачем вам умирать — вам, дому Израилеву, политической общности?

---

[28] Огастус Монтейг Топледи (1740–1778) — англиканский клирик, автор многих гимнов, самый известный из которых — «Твердыня вечная».

[29] Арминиане — те, кто следует системе доктрин, выдвинутой голландским богословом Якобом Арминием (1560–1609). Он отвергал присущее реформаторам понимание предопределения и вместо этого учил, что Божье предопределение основано на предузнании того, примут или отвергнут Христа люди, обладающие свободной волей.

Так обращался к ним пророк, добавляя при этом: «Ибо Я не хочу смерти умирающего, говорит Господь Бог; но обратитесь, и живите!» Смысл этих слов такой: во-первых, плен еврейского народа вовсе не делает Бога более счастливым. Во-вторых, если иудеи отвернутся от идолопоклонства и выбросят свои изваяния, им не придется умирать в чужой, враждебной стране, т. к. они будут мирно жить в своей земле, наслаждаться свободой и национальной независимостью.

К этой цитате можем добавить: в Иезекииля 18:31–32 должна подразумеваться политическая смерть — по той простой причине, что люди, к которым обращается Иезекииль, уже *духовно мертвы*!

Матфея 25:41 и далее — отрывок, на который часто ссылаются, когда говорят, что Бог не приготовил некоторые сосуды к погибели: «Идите от Меня, проклятые, в огонь вечный, уготованный диаволу и ангелам его». Это один из главных стихов, с помощью которых пытаются опровергнуть доктрину осуждения. Но мы утверждаем, что смысловое ударение здесь падает на слово «диаволу», а не на предлог (в английском переводе: *for* — «для [дьявола]». — *Прим. пер.*). В этом стихе (см. контекст) показана суровость суда, который ожидает погибающих. Иными словами, Писание прежде всего раскрывает ужасающую *суть* этого суда, а не акцентирует, на кого этот суд *направлен*: если огонь приготовлен «диаволу и ангелам его», то каким же невыносимым он будет? Если про́клятые будут ввергнуты в то же место вечных мучений, в котором будет страдать злейший враг Бога, то каким же страшным должно быть это место!

Задают и такой вопрос: если Бог избрал для спасения лишь некоторых, то почему нам сказано: «Бог ныне повелевает людям всем повсюду покаяться» (Деян. 17:30)? Повелевая «людям всем», Бог лишь осуществляет Свое право на моральную власть над вселенной. Мог ли Он поступить иначе, видя, что «люди все повсюду» согрешили против Него? То, что Бог «повелевает людям всем повсюду покаяться», утверждает всеобщую ответственность сотворенных существ. Но в этом отрывке Писания не сказано, что Бог пожелал «дать... покаяние» (Деян. 5:31) всем. Апостол Павел не верил, что Бог дает покаяние всем душам, — это видно из его слов в 2 Тимофею 2:25: «...с кротостью наставлять противников, не даст *ли* им Бог покаяния к познанию истины».

Следующий вопрос: если Бог «предуставил» к вечной жизни только некоторых, то почему мы читаем о том, что Он «хочет, чтобы все люди спаслись и достигли познания истины» (1 Тим. 2:4)? Ответ такой: слово «все», как и слово «мир», часто используется в общем и относительном значении. Пусть читатель внимательно изучит следующие отрывки: Мк. 1:5; Ин. 6:45; 8:2; Деян. 21:28; 22:15; 2 Кор. 3:2 и пр. — и он найдет доказательство наших утверждений.

1 Тимофею 2:4 не может учить, что Бог желает спасения всего человечества; иначе все человечество было бы спасено: «Он делает, чего хочет душа Его» (Иов. 23:13)!

Следующий вопрос: разве Писание не учит во многих местах, что «нет лицеприятия у Бога» (Рим. 2:11 и пр.)? Мы отвечаем: это, конечно, так, и доказательством служит Божья благодать, избирающая к спасению. Семь сыновей Иессея, хотя были старше Давида и превосходили его по физическим данным, были отвергнуты, а младший сын, пастух, вознесся на престол Израиля. Книжники и законники остаются незамеченными, а необразованные рыбаки избраны, чтобы стать апостолами Агнца. Божья истина сокрыта от мудрых и благоразумных, в то время как слабые, низкие, презренные призваны и спасены. Блудницы и мытари слышат сладостное увещевание и приходят на евангельский пир, а фарисеи, которые гордятся собственной праведностью, оставлены погибать в своей безупречной нравственности. Действительно, «нет лицеприятия у Бога», иначе Он не спас бы *меня*.

Плотскому разуму трудно принять доктрину осуждения, она сурова — многие признают это с готовностью. Но неужели она суровее доктрины *вечного наказания*? Писание, как мы пытались доказать, ясно учит и этой доктрине, и мы не имеем права на выборочное принятие истин, открытых в Божьем Слове. Пусть люди, склонные принимать лишь те доктрины, которые кажутся им допустимыми, и отвергать те, которые не могут до конца понять, вспомнят резкие слова Господа: «О, несмысленные и медлительные сердцем, чтобы веровать *всему*, что предсказывали пророки!» (Лк. 24:25). Он называет собеседников «несмысленными», потому что они были медлительны сердцем — сердцем, не головой!

Снова процитируем Кальвина:

> Поскольку до сих пор я цитировал только известные и вполне очевидные свидетельства Писания, причем дословно, то пусть те, кто чернит нас и нам возражает, будут осторожны. Если они поступают подобным образом от непонимания высочайших тайн и хотят при этом стяжать славу людей смиренных, то можно ли вообразить большую гордыню, чем противопоставление авторитету Бога таких ничтожных слов, как «мне кажется иначе» или «я хотел бы, чтобы этого вопроса не касались»? Если же они открыто хотят злословить, то какая им польза в том, чтобы изрыгать оскорбления против неба? Пример такой

беспредельной дерзости не нов, ибо всегда были враги Бога и невежды, лаявшие на это учение, точно бешеные собаки. Они на собственной шкуре испытают истинность того, что некогда возвестил Святой Дух устами Давида: Бог побеждает, когда Его хулят (Пс. 51/52:6–7). Давид косвенно обвиняет безрассудную дерзость людей, их чрезмерную вольность, которую они себе позволяют, когда не только квакают, подобно лягушкам в болоте, но и присваивают себе власть осуждать Бога. Однако Давид предупреждает, что изрыгаемые против неба богохульства вовсе не достигают Бога, что Он разгоняет всю эту морось лжи, чтобы ярче воссияла его праведность. Тем самым и вера наша, основанная на священном слове Божьем и побеждающая весь мир (1 Ин. 5:4), остается на высоте, как бы повергая к своим стопам подобную хулу и умопомрачение[30].

Ж. Классики богословия

Завершая эту главу, процитируем некоторых богословов — величайших со времен Реформации. Не то чтобы мы пытались обосновать свои утверждения ссылкой на авторитет людей, какими бы уважаемыми или древними они ни были. Мы делаем это лишь для того, чтобы показать: то, что излагается на этих страницах, — не новшество, придуманное в XX веке, не ересь «последних дней», а доктрина, которую четко формулировали и во всеуслышание объясняли многие из набожных и ученых комментаторов Священного Писания.

---

[30] Кальвин. Наставление в христианской вере, 1.18.3.

Предопределением мы называем предвечный замысел Бога, в котором Он определил, как Он желает поступить с каждым человеком. Бог не создает всех людей в одинаковом состоянии, но предназначает одних к вечной жизни, а других к вечному проклятию. В зависимости от цели, для которой создан человек, мы говорим, предназначен ли он к смерти или к жизни [31].

Мы просим читателя задуматься над использованными здесь выражениями. При знакомстве с ними станет ясно, что в этой книге излагается не «гиперкальвинизм», но настоящий кальвинизм [32], чистый и простой. Это примечание мы приводим для того, чтобы показать: те, кто, не будучи знаком с трудами Кальвина, в своем невежестве готовы заклеймить как «ультракальвинизм» лишь повторение того, чему учил сам Кальвин. Мы говорим о «повторении», потому что этот князь богословов, точно так же, как его смиренный должник, автор этой книги, нашел доктрину осуждения непосредственно в Божьем Слове.

Мартин Лютер [33] в своей выдающейся работе *De Servo Arbitrio* («О рабстве воли») писал: «Итак, все происходит

---

[31] Кальвин. Наставление в христианской вере, 3.21.5. Глава называется «О предвечном избрании, которым Бог предназначил одних к спасению, а других к осуждению».

[32] Кальвинизм — доктринальная система, сложившаяся во времена протестантской Реформации. Согласно этой системе, Бог непременно спасает тех, кого предназначил к спасению, — исключительно Своей благодатью, без какой-либо заслуги человека или его решения.

[33] Мартин Лютер (1483–1546) — немецкий католический монах, богослов, университетский профессор и реформатор церкви. Его идеи вдохновили протестантскую Реформацию. Лютер бросил вызов римскому папе, утверждая, что Библия — единственный непогрешимый источник религиозного авторитета.

из Божьего установления и зависит от оного, предназначившего, кто примет Слово Жизни и кто ему не поверит, кто будет избавлен от своих грехов и кто ожесточится в них, кто будет оправдан и кто осужден. Именно эта истина разрушает само основание доктрины свободной воли. Точнее говоря, Божья любовь к одним людям и ненависть к другим неизменна и непреложна».

Джон Фокс [34], чья «Книга мучеников» в свое время была одним из самых известных произведений английской литературы (к сожалению, все изменилось сейчас, когда римский католицизм наступает на нас, словно огромная разрушительная волна), писал: «Предопределение — вечное установление Божье, — задуманное прежде в Нем самом, — о том, что должно произойти с каждым человеком: спасение или проклятие».

В Вестминстерском полном катехизисе (1647) [35], принятом Генеральной ассамблеей Пресвитерианской церкви, утверждается: «Своим вечным и непреложным установлением, исключительно по Своей любви и в похвалу Своей великой милости, являемой в должный срок, Бог предназначил некоторых ангелов к славе; предызбрал во Христе к вечной жизни некоторых людей и предопределил необходимые средства для этого; остальными же Он, в Своей суверенной власти и по Своей непостижимой воле (в согласии с которой Он милует или отказывает

---

[34] Джон Фокс (1516/17–1587) — английский историк и мартиролог, автор труда «Акты и памятники» (более известного под названием «Книга мучеников Фокса»), где описывается мученичество многих христиан на протяжении всей истории западной цивилизации.

[35] Вестминстерский полный катехизис — книга для преподавания доктрины в формате «вопрос — ответ». Катехизис был разработан Вестминстерской ассамблеей после того, как завершилась работа над Вестминстерским исповеданием веры (1646). Цель катехизиса — помогать отцам в назидании семей.

в милости по собственному изволению), пренебрег и предопределил для них немилость и гнев Свой за их грехи,
в похвалу славы Своей справедливости».

Джон Беньян, автор произведения «Путь паломни-
ка», написал целую книгу о доктрине осуждения. Приведем из нее одну короткую цитату: «Предопределение
к осуждению происходит до того, как человек приходит
в мир или сделал что-либо доброе или злое, как явству-
ет из Римлянам 9:11. Вот близнецы в материнской утро-
бе, и оба принимают свою участь не только до того, как
сделали добро или зло, но даже до того, как стали способны к этому, — до того, как родились. Их участь, говорю я,
такая: один предназначен к благословению вечной жизни, а другой нет, один принят, а другой осужден, один
избранный, другой отверженный. В книге «Несколько
вздохов из ада» Беньян писал: «Те, кто продолжают отвергать и презирать Божье Слово, в большинстве своем
предопределены к проклятию».

Комментируя Римлянам 9:22: «Что же, если Бог, желая показать гнев и явить могущество Свое, с великим
долготерпением щадил сосуды гнева, готовые к погибели?», Джонатан Эдвардс [36] говорит: «Каким потрясаю-
щим образом является Божье величие в ужасе Его гнева!
Мы можем узнать, что это единственный конец, к которому приводит проклятие нечестивых»[37].

Огастус Топледи, автор гимна «Твердыня вечная»
и других выдающихся духовных песен, писал: «От

_____

[36] Джонатан Эдвардс (1703–1758) — американский проповед-
ник-конгрегационалист. Считается одним из величайших евангельских богословов Америки, хорошо известен своими пропо-
ведями во время Великого пробуждения, в котором участвовал
и Джордж Уитфилд. Автор проповеди «Грешники в руках раз-
гневанного Бога», книги «Религиозные чувства» и многих других
трудов.

[37] Цит. автором: 1743, Vol. 4, 306.

вечности Бог решил оставить некоторых представителей падшего потомства Адама в их грехах и исключить их из участия во Христе и Его благах». И в другом источнике: «Мы, в соответствии с Писанием, утверждаем, что существует предопределение некоторых людей к жизни — в похвалу славы Божьей благодати, и что есть также предопределение некоторых людей к смерти — в славу Божьей справедливости, и это наказание смертью для них неизбежно, что есть справедливо — ввиду их грехов».

Славный подвижник XVIII столетия Джордж Уитфилд[38], в руках Бога стал носителем благословения для многих. Он писал: «Нет сомнения в том, что доктрины избрания и осуждения должны вместе стоять или падать... Я открыто признаю доктрину осуждения: Бог намеревается дать в Иисусе Христе спасительную благодать только определенному числу людей, а остальных представителей человечества после грехопадения Адама Бог справедливо оставляет в постоянном грехе; таковые в конце примут страдания и вечную смерть — справедливую расплату».

«...Готовые к погибели» (Рим. 9:22). Признавая, что возможны два толкования этой фразы, доктор Ходж[39] — автор, наверное, самого известного комментария к Посланию к римлянам — пишет: «Другое

---

[38] Джордж Уитфилд (1714–1770) — английский евангелист. Учился в Оксфордском университете вместе с братьями Уэсли. Когда противники его проповеди закрыли перед ними церковные двери, он начал проповедовать под открытым небом. Бог удивительным образом использовал его в Англии и в американских колониях во время «Великого пробуждения».

[39] Чарльз Ходж (1797–1878) — наиболее влиятельный пресвитерианский богослов XIX в. Преподавал теологию в Принстонской семинарии. Самые известные его труды — комментарий к Посланию к римлянам (1837) и трехтомник «Систематическое богословие».

толкование предполагает, что речь идет о Боге, и что греческое слово, переведенное как „готовые“, имеет полное значение причастия: „подготовленные (Богом) к погибели“». Это толкование, отмечает доктор Ходж, «принимают не только большинство последователей Августина, но и многие лютеране».

Если бы была такая необходимость, мы могли бы привести цитаты и из трудов Уиклифа, Гуса, Ридли, Кранмера, Ашера, Джона Траппа, Томаса Гудвина, Томаса Мэнтона (служившего капелланом при Кромвеле), Джона Оуэна, Виция, Джона Гилла (предшественника Сперджена) и великого множества других авторов. Мы упоминаем об этом лишь для того, чтобы показать: многие из величайших святых прошлого — людей, которых Бог использовал самым удивительным образом, — принимали и проповедовали эту доктрину, которой так яростно противятся в эти последние дни, когда люди уже не принимают «здравого учения». Этих святых ненавидели высокомерные люди, которые, хотя и хвастаются своими ортодоксальными взглядами, недостойны развязать ремни на сандалиях верных и бесстрашных святых прошлого.

«О, бездна богатства и премудрости и ведения Божия! Как непостижимы судьбы Его и неисследимы пути Его! Ибо кто познал ум Господень? Или кто был советником Ему? Или кто дал Ему наперед, чтобы Он должен был воздать? Ибо все из Него, Им и к Нему[40]. Ему слава во веки, аминь» (Рим. 11:33–36).

---

[40] «Из Него» — причина всего сущего заключается в Его воле; «Им» — Он Творец и Властелин всего; «к Нему» — конечное предназначение всего приносит Ему славу. — А. П.

Вопросы для индивидуального изучения и обсуждения в группе

Приведенные ниже вопросы предназначены для того, чтобы углубить понимание материала и помочь читателю применить его к собственной жизни.

1. Объясните такой аспект доктрины осуждения, как различие между Божьим предузнанием и Его постановлением.

2. Каким особенностям доктрины осуждения могут научить нас пример фараона и сравнение человека с глиной, содержащиеся в Рим. 9:17–23?

3. Каковы главные мысли, заключающиеся в Прит. 16:4; Мф. 7:23; Рим. 11:7; 1 Фес. 5:9; 1 Пет. 2:8; Иуд. 4; Откр. 13:8?

4. Противоречит ли доктрина осуждения Божьей благости? Почему?

5. Каковы главные мысли, заключающиеся в Мф. 25:41; Деян. 17:30; 1 Тим. 2:4?

6

Божье всевластие
в управлении миром

Ибо все из Него, Им и к Нему. Ему слава во веки, аминь (Рим. 11:36).

А. Введение

1. Управляет ли Бог миром?

Предопределил ли Бог все, что должно произойти? Объявил ли Он, что сейчас происходит именно то, что должно было произойти? В конечном счете это лишь другая формулировка вопроса: *управляет* ли Бог миром и всеми, и всем, что в нем? Если Бог управляет миром, то как Он это делает — в соответствии с какой-то целью или бесцельно, наугад? Если Он управляет в соответствии с какой-то целью, то когда эта цель появилась? Меняет ли Бог Свои цели и придумывает ли какие-то новые каждый день, или же Его цель была определена от начала? Изменяются ли Его действия, подобно нашим, в зависимости от обстоятельств, или же в них исполняется Его вечный замысел? Если Бог имел некую цель еще до сотворения человека, то должна ли была эта цель реализовываться в соответствии с Его изначальным замыслом, и действует ли Он сейчас для достижения этой цели? Что говорит

Писание? Оно утверждает, что Бог совершает «*все* по изволению воли Своей» (Еф. 1:11).

Вряд ли кто-то из читателей этой книги сомневается в том, что Бог все знает и предузнаёт, но большинство, наверное, не захотят пойти дальше такого признания. Но разве не очевидно следующее: если Бог все предузнаёт, то Он все и *предопределил*? Разве не очевидно: Богу известно, что будет, так как Он повелел, что все будет именно так? Божье предузнание — не причина событий, но события — проявления Его вечной цели. Когда Бог повелевает, чтобы появилась та или иная вещь, Он знает, что эта вещь появится! Такова природа мира: ничего нельзя узнать о том, что будет, если только в этом будущем событии нет уверенности, а уверенность в каком-либо будущем событии невозможна — за исключением тех случаев, когда Бог предопределил это событие.

Возьмем в качестве примера распятие. Относящееся к нему учение Писания ясно как день. Христос — агнец, чья кровь должна была пролиться, — был предназначен «еще прежде создания мира» (1 Пет. 1:20). Бог, «предназначивший» заклание агнца, предвидел, что он будет веден «на заклание», и потому сообщил об этом событии через пророка Исаию. Господь Иисус был «предан» не просто по предведению Божьему, но «по определенному совету и предведению» (Деян. 2:23). Итак, предведение будущих событий основывается на Божьем совете. Значит, если Бог наперед знает все, то потому, что от вечности определил в себе, что так все и *будет*. «Ведомы Богу от вечности все дела Его» (Деян. 15:18), — значит, у Бога есть замысел, и Он начал Свой труд не наугад и не без знания о том, что Его замысел будет успешен.

Бог сотворил все. Никто из склоняющихся перед авторитетом Священного Писания не станет подвергать сомнению эту истину, и никто не станет утверждать, что дело сотворения было случайным. Сначала Бог создал замысел творения, а затем осуществил дело Творца, исполнив этот замысел. Все подлинные христиане с готовностью примут слова псалмопевца и скажут: «Как многочисленны дела Твои, Господи! Все соделал Ты *премудро*!» (Пс. 103:24). Разве кто-то из тех, кто соглашается с этими словами, станет отрицать, что Бог замыслил управление миром, который Он создал? Конечно, Божий замысел в отношении этого мира не ограничивался сотворением. Конечно, Он не постановил, что сотворит мир, поместит туда человека, а затем оставит и мир, и человека на произвол судьбы. Очевидно, что Бог имел некую великую цель (или цели), достойную Его бесконечного совершенства, и теперь Он управляет миром, чтобы достичь этой цели. «Совет же Господень стоит вовек; помышления сердца Его — в род и род» (Пс. 32:11).

«...Вспомните прежде бывшее, от начала века, ибо Я Бог, и нет иного Бога, и нет подобного Мне. Я возвещаю от начала, что будет в конце, и от древних времен то, что еще не сделалось, говорю: Мой совет состоится, и все, что Мне угодно, Я сделаю» (Ис. 46:9–10). Можно было бы процитировать множество других отрывков, показывающих, что у Бога есть множество замыслов в отношении мира и человека, и все эти замыслы, вне всякого сомнения, исполнятся. Только когда они воспринимаются таким образом, возможен разумный подход к пророчествам в Писании. В пророчествах могущественный Бог снисходит к нам и вводит нас в тайную комнату Своих вечных советов; Он показывает нам, что намеревается сделать в будущем. Сотни пророчеств, которые содержатся в Ветхом и Новом Заветах, — это не столько предсказания о том, что произойдет, сколько откровения о том, чему Бог предназначил произойти.

2. Какова была цель Бога при сотворении?

Какой же была та великая цель, ради которой были сотворены этот мир и род человеческий? Ответ Писания такой: «Все сделал Господь ради себя» (Прит. 16:4). И снова читаем: «Ты сотворил все, и все по Твоей воле существует и сотворено» (Откр. 4:11). Великой целью сотворения было явить Божью славу. «Небеса проповедуют славу Божию, и о делах рук Его вещает твердь» (Пс. 18:2); в человеке, изначально сотворенном по Его образу и подобию, Бог решил явить Свою славу наивысшим образом. Но как должно было произойти прославление великого Творца в человеке? Еще до сотворения Бог предвидел грехопадение Адама и последовавшее разрушение рода человеческого, поэтому Он не мог предназначить человека к тому, чтобы постоянно прославлять Его в невиновном состоянии. Соответственно, мы учили, что Христос «еще прежде создания мира» был предназначен к тому, чтобы стать Спасителем падших людей (1 Пет. 1:20). Искупление грешников Христом не было просто дополнением к Божьему замыслу; и не было оно вынужденной мерой, чтобы ответить на непредвиденную беду. Нет: обо всем этом промыслил Бог, поэтому после грехопадения человек увидел, что милость идет рука об руку со справедливостью.

От вечности Бог замыслил, чтобы наш мир стал сценой, на которой Его многоразличная милость и благодать будут явлены в искуплении погибающих грешников: «...дабы ныне соделалась известною через Церковь начальствам и властям на небесах многоразличная премудрость Божия, *по предвечному определению*, которое Он исполнил во Христе Иисусе, Господе нашем» (Еф. 3:10–11). Для исполнения Своего славного замысла Бог управлял миром от начала и будет управлять до конца. Хорошо сказал некто: «Мы никогда не поймем

Божье провидение над нашим миром, если не будем рассматривать его как сложную машину, имеющую десятки тысяч деталей, действие каждой из которых направлено на достижение единой славной цели: явления многоразличной премудрости Божьей в спасении Церкви», то есть избранных. Все, что здесь происходит, направлено на достижение этой главной цели. Осознание именно этой истины побудило апостола, вдохновленного Святым Духом, написать: «Посему я все терплю ради избранных, дабы и они получили спасение во Христе Иисусе с вечною славою» (2 Тим. 2:10). Рассмотрим же теперь *действие* Божьего всевластия в этом мире.

О Божьем управлении материальным миром много говорить не придется. В предыдущих главах мы объясняли, что неодушевленная материя и все неразумные существа находятся под абсолютной властью их Творца. Хотя мы с готовностью признаем, что материальный мир, судя по всему, направляется законами природы, которые стабильны и более или менее единообразны в своем действии, все же Писание, история и наши собственные наблюдения вынуждают нас признать, что Бог может приостанавливать действие этих законов и действовать независимо от них, когда Ему заблагорассудится. Посылая благословения или суд Своему творению, Он может сделать так, что солнце замрет на своем месте, а звезды на небе будут сражаться за Его народ (Суд. 5:20). Он может послать или не послать «дождь ранний и поздний» (Иак. 5:7) — в зависимости от того, как продиктует Его бесконечная мудрость. Он может поразить болезнью, а может благословить здоровьем. Иными словами, Бог, будучи абсолютно всевластным, не связан никакими законами природы, но управляет материальным миром по Своему изволению. Но что можно сказать о Божьем управлении человечеством? Что открывает Писание относительно Его образа действий в управлении человечеством? В какой мере и каким способом Бог контролирует сынов человеческих? Ответ на этот вопрос мы разделим на две части: сначала рассмотрим метод, который Бог использует для управления праведными, а затем — метод, который Он использует для управления нечестивыми.

Б. Метод, который Бог использует для управления праведными

1. Животворящее влияние

На Своих избранников Бог оказывает животворящее влияние — воздействует на них животворящей силой. По природе эти люди духовно мертвы, мертвы по преступлениям и грехам своим, и первая их потребность — в духовной жизни: «...Если кто не родится свыше, *не может* увидеть Царствия Божия» (Ин. 3:3). В этом новом рождении Бог переносит нас из смерти в жизнь (Ин. 5:24). Он делает нас «причастниками Божеского естества» (2 Пет. 1:4). Он освобождает нас от власти тьмы и переносит в царство возлюбленного Сына Своего (Кол. 1:13). Очевидно же, что мы не могли бы сделать это сами, поскольку были «немощны» (Рим. 5:6), поэтому написано: «...мы — *Его* творение, созданы во Христе Иисусе» (Еф. 2:10).

При новом рождении мы становимся причастниками Божьего естества: нам сообщается начало, «семя». Мы рождены от Духа, а «рожденное от Духа есть дух» (Ин. 3:6). Мы рождены от Святого Духа, а потому — *святы*. Без этого Божьего и святого естества, которое сообщается нам при новом рождении, для любого человека совершенно невозможно сгенерировать какой-либо духовный импульс, сформировать какую-либо духовную концепцию, развить какую-либо духовную мысль, понять духовные предметы, не говоря уже о том, чтобы поучаствовать в каких-то духовных делах. Без святости «никто не увидит Господа» (Евр. 12:14), но плотский человек не желает святости и того выхода, который дает Бог, он не принимает. Будет ли человек молиться о том, к чему чувствует отвращение? Будет ли к этому стремиться? Конечно, нет. Итак, если человек «следует» тому, чего по природе своей терпеть не может, если сейчас Он любит Того, кого раньше ненавидел, то это возможно благодаря чудесной перемене, которая произошла у него внутри: на него оказала воздействие сила, внешняя по отношению к нему, ему была дана природа, полностью отличающаяся от его старой природы. Поэтому написано: «Итак, кто во Христе, тот новая тварь; древнее прошло, теперь все новое» (2 Кор. 5:17). Человек, описание которого мы здесь привели, перешел из смерти в жизнь, обратился «от тьмы к свету и от власти сатаны к Богу» (Деян. 26:18). Никакое другое объяснение этой великой перемены невозможно.

Новое рождение — больше, намного больше, чем просто несколько слезинок, пролитых из-за временного сожаления о грехе. Больше, гораздо больше, чем изменение образа жизни, отказ от плохих привычек, вместо которых приобретаются хорошие. Речь идет не просто о высоких идеалах и стремлении к ним. Все намного глубже, чем просто выйти вперед и подержать за руку какого-нибудь известного евангелиста, подписать карточку с обещанием или «присоединиться к церкви». Новое рождение — это не просто «новая страница в жизни», но зарождение и принятие новой жизни. Не просто реформация, но полная трансформация. Проще говоря, новое рождение — это чудо, результат сверхъестественного действия Бога. Новое рождение — радикальное, революционное, долговечное.

Итак, вот первое — в хронологическом порядке — дело, которое Бог совершает в Своих избранниках. Он берет духовно мертвых и возрождает их к новой жизни. Он берет того, кто был в беззаконии зачат и во грехе рожден, и уподобляет Его образу Сына Своего. Он берет пленника дьявола и делает его членом семьи верных. Он берет нищего и делает Его сонаследником Христу. Он приходит к тому, кто исполнен ненависти против Него, и дает ему новое сердце, исполненное любви к Нему. Он склоняется над тем, кто по природе своей бунтовщик, и производит в этом человеке и хотение, и действие по Своему благоволению. Своей непреодолимой силой Он превращает грешника в святого, врага в друга, раба дьявола в дитя Божье.

2. Укрепляющее влияние

Бог оказывает на Своих избранников укрепляющее влияние. Апостол молился о том, чтобы Бог открыл эфесским святым глаза, просветил их разум, чтобы они, осознали, помимо прочего, «как безмерно величие могущества Его в нас, верующих по действию державной силы Его» (Еф. 1:19), и чтобы они могли «крепко утвердиться Духом Его во внутреннем человеке» (3:16). «Ибо сей Бог есть Бог наш на веки и веки: Он будет вождем нашим до самой смерти» (Пс. 47:15).

3. Направляющее влияние

Бог оказывает на Своих избранников направляющее влияние, или воздействие. В древние времена Он вел народ Свой по пустыне, направляя их шаги в столпе облачном днем и в столпе огненном ночью. И сегодня Он ведет Своих святых, хотя теперь Он осуществляет это ведение не снаружи, а изнутри. «Ибо сей Бог есть Бог наш на веки и веки: Он будет *вождем нашим* до самой смерти»

(Пс. 47:15), но ведет Он нас таким образом, что производит в нас и хотение, и действие по *Своему* благоволению. То, что Он действительно ведет нас, явно следует из Ефесянам 2:10: «Ибо мы — Его творение, созданы во Христе Иисусе на добрые дела, которые Бог *предназначил нам исполнять*». Таким образом, исчезает всякий повод для хвастовства, и вся слава воздается Богу, ибо вслед за пророком мы можем сказать: «Господи! Ты даруешь нам мир; ибо и все дела наши Ты устрояешь для нас» (Ис. 26:12). Как велика эта истина: «Сердце человека обдумывает свой путь, но Господь управляет шествием его» (Прит. 16:9; см. Пс. 64:5; Иез. 36:27)!

4. Сохраняющее влияние

Бог оказывает на Своих избранников сохраняющее влияние, или воздействие. В Писании много отрывков, утверждающих эту благословенную истину. «Он хранит души святых Своих; из руки нечестивых избавляет их» (Пс. 96:10). «Ибо Господь любит правду и не оставляет святых Своих; вовек сохранятся они; и потомство нечестивых истребится» (Пс. 36:28). «Хранит Господь всех любящих Его, а всех нечестивых истребит» (Пс. 144:20). Нет смысла в том, чтобы умножать количество цитат или развивать аргумент, утверждающий ответственность верующих: мы не можем «сохранить себя», если Бог нас не сохранит, — точно так же, как не можем дышать, если Бог не даст нам дыхания. Мы «силою Божиею через веру [соблюдаемы] ко спасению» (1 Пет. 1:5; ср. 1 Пар. 18:6).

В. Метод, который Бог использует для управления нечестивыми

Теперь следует рассмотреть метод, который Бог использует для управления нечестивыми. Размышляя о том, как Он управляет людьми, не принадлежащими к числу избранных, мы видим, что Он оказывает на них влияние, или воздействие, четырех видов. Мы принимаем четкую классификацию, предложенную Райсом [41].

1. Сдерживающее влияние

Бог оказывает на нечестивых сдерживающее влияние, которое не позволяет им делать то, к чему они склонны по природе своей. Удивительный пример такого влияния можно найти в истории Авимелеха, царя Герарского. Авраам пришел пожить в Гераре и, боясь, что его убьют из-за его жены, повелел ей выдать себя за его сестру. Считая ее незамужней женщиной, Авимелех послал за Саррой и взял ее к себе. Мы узнаем, что после этого Бог явил Свою силу, чтобы защитить честь Сарры: «И сказал ему Бог во сне: и Я знаю, что ты сделал сие в простоте сердца твоего, и *удержал тебя* от греха предо Мною, потому и не допустил тебя прикоснуться к ней» (Быт. 20:6). Если бы Бог не вмешался, Авимелех бы нанес Сарре тяжкое оскорбление, но Господь сдержал его и не позволил ему исполнить желания своего сердца.

Похожий случай можно найти в жизни Иосифа — в рассказе о том, как обошлись с ним братья. Видя, что Иаков любит Иосифа больше других сыновей, они возненавидели его, и, когда он был, как им казалось, в их власти, «стали умышлять против него, чтобы *убить* его» (Быт. 37:18). Но Бог не позволил им исполнить их злые замыслы. Сначала Он побудил Рувима избавить Иосифа из их рук, а затем побудил Иуду выступить с предложением: продать Иосифа измаильтянам, идущим в Египет. То, что именно Бог оказывал на них сдерживающее воздействие,

---

[41] Nathan Lewis Rice (1807–1877), *God Sovereign and Man Free: or the Doctrine of Divine Foreordination and Man's Free Agency, Stated, Illustrated and Proved from the Scriptures* (Presbyterian Board of Publication: Philadelphia, 1850).

очевидно, так как Иосиф, открывшись братьям, сказал: «Итак, не вы послали меня сюда, но Бог» (Быт. 45:8)!

Сдерживающее влияние, которое Бог оказывает на нечестивых, удивительным образом показано в истории Валаама — пророка, которого царь Валак нанял, чтобы проклясть израильтян. При чтении этого богодухновенного повествования невозможно не заметить, что, если бы Валаам был предоставлен самому себе, он бы сразу и без колебаний принял предложение Валака. То, что Бог явным образом сдержал побуждения его сердца, видно из его собственного признания: «Как прокляну я? Бог не проклинает его. Как изреку зло? Господь не изрекает на него зла... Вот, благословлять начал я, ибо Он благословил, и *я не могу изменить* сего» (Чис. 23:8, 20).

Бог оказывает сдерживающее влияние не только на нечестивых людей, но и на целые народы. Замечательный пример можно найти в Исходе 34:24: «...Ибо Я прогоню народы от лица твоего и распространю пределы твои, и никто не пожелает земли твоей, если ты будешь являться пред лице Господа Бога твоего три раза в году». Три раза в год каждый израильтянин, следуя Божьей заповеди, покидал свой дом, свое наследие и шел в Иерусалим на праздник Господа. Из приведенной здесь цитаты мы узнаем о Божьем обещании: пока мужчины поклоняются Богу в Иерусалиме, Он позаботится об их домах, оставшихся без защиты; для этого Он будет сдерживать жадность соседей-язычников.

2. Смягчающее воздействие

Бог оказывает на нечестивых и смягчающее воздействие: Он дает им желание делать то, что, противореча их естественным склонностям, способствует исполнению Его замысла. Мы уже ссылались на историю Иосифа — пример того, как Бог оказывает на нечестивых сдерживающее влияние. Жизнь Иосифа в Египте подтверждает и то, о чём мы говорим теперь: Бог оказывает на нечестивых смягчающее влияние. Когда описывается служение Иосифа в доме Потифара, сказано: «И был Господь с Иосифом... И увидел господин его, что Господь с ним...» Поэтому «снискал Иосиф благоволение в очах его... И он поставил его над домом своим...» (Быт. 39:2–4). Затем, когда Иосиф брошен в тюрьму по несправедливому обвинению, сказано: «И Господь был с Иосифом, и простёр к нему милость, и даровал ему благоволение в очах начальника темницы» (Быт. 39:21), в результате чего этот начальник проявлял необычайную доброту к Иосифу и относился к нему с великим уважением. Наконец, из Деяний 7:10 мы узнаём, что, когда Иосиф был освобождён из тюрьмы, Господь «*даровал мудрость ему* и *благоволение* царя Египетского фараона, который и поставил его начальником над Египтом и над всем домом своим».

Такой же удивительный пример Божьей силы, размягчающей сердца Его врагов, можно увидеть и в том, как дочь фараона отнеслась к младенцу Моисею. Эта история хорошо известна. Фараон издал указ, требующий убивать всех еврейских детей мужского пола. У некого левита родился сын, которого мать три месяца скрывала. Когда младенца Моисея уже нельзя было скрывать, она положила его в корзину, сплетённую из тростника, и оставила у берега реки. Эта корзина была найдена не кем-нибудь, а дочерью фараона, спустившейся к реке для купания. Но вместо того, чтобы подчиниться безбожному указу отца и бросить ребёнка в реку, она «сжалилась над ним» (Исх. 2:6)! Жизнь младенца была спасена, и впоследствии принцесса усыновила Моисея!

Бог имеет доступ к сердцам всех людей, и Он смягчает или ожесточает эти сердца в соответствии со Своим всевластным замыслом. Нечестивый Исав поклялся отомстить брату, обманувшему отца, но, когда в следующий раз встретился с Иаковом, вместо того, чтобы убить его, он «пал на шею его и целовал его» (Быт. 33:4)! Ахав, слабый и развращенный супруг Иезавели, был разъярен, когда пророк Илия запер небо на три с половиной года. Ахав был настолько рассержен на этого человека, которого считал своим врагом, что искал его во всех народах и царствах, а когда не мог найти, «брал клятву» с каждого из царств (3 Цар. 18:10). Но при встрече с Илией Ахав, вместо того чтобы убить пророка, смиренно исполнил его требование: «И послал Ахав ко всем сынам Израилевым и собрал всех пророков на гору Кармил» (ст. 20). Другой пример: Есфирь, бедная еврейка, собирается войти в присутствие августейшего персидского монарха, «хотя это против закона» (Есф. 4:16). Она готова была «погибнуть», но «нашла милость в глазах [царя]. И простер царь к Есфири золотой скипетр, который был в руке его» (5:2). А вот другой пример: юный Даниил оказался пленником при дворе чужого царя. Этот царь «назначил» ежедневную порцию еды и вина для Даниила и его друзей. Но Даниил решил в сердце своем, что не будет оскверняться этой едой, о чем и сообщил начальнику евнухов. Что же произошло? Этот начальник был язычником и боялся царя. Но стал ли он ругать Даниила и гневно требовать, чтобы приказ был в точности выполнен? Нет, мы читаем: «Бог даровал Даниилу милость и благорасположение начальника евнухов» (Дан. 1:9)!

«Сердце царя — в руке Господа, как потоки вод: куда захочет, Он направляет его» (Прит. 21:1). Замечательный пример — Кир, языческий царь Персии. Народ Божий был в плену, но предсказанный конец плена должен был вот-вот наступить. В те времена иерусалимский храм лежал в руинах, а евреи, как уже упоминалось, были пленниками в далекой стране. Можно ли было надеяться на то, что дом Господень будет отстроен? Смотрите же, что делает Бог:

> В первый год Кира, царя Персидского, во исполнение слова Господня из уст Иеремии, возбудил Господь дух Кира, царя Персидского, и он повелел объявить по всему царству своему, словесно и письменно: так говорит Кир, царь Персидский: все царства земли дал мне Господь Бог небесный, и Он повелел мне построить Ему дом в Иерусалиме, что в Иудее (Езд. 1:1–2).

Следует помнить, что Кир был язычником и, как свидетельствует секулярная история, человеком очень злым. Но Господь побудил Кира издать указ, чтобы исполнилось Его слово, сказанное через Иеремию за семьдесят лет до этого. Другой, похожий пример можно найти в Ездры 7:27: Ездра благодарит Бога, побудившего царя Артаксеркса завершить и украсить дом, построить который повелел Кир: «Благословен Господь, Бог отцов наших, вложивший в сердце царя — украсить дом Господень, который в Иерусалиме» (Езд. 7:27).

3. Направляющее влияние

Бог оказывает на нечестивых направляющее влияние таким образом, что их злые намерения приводят к добру. Снова вернемся к истории Иосифа, чтобы объяснить это утверждение. Продавая Иосифа измаильтянам, братья руководствовались жестокими намерениями и проявляли бессердечность. Их цель была — избавиться от него, и появление странствующих торговцев показалось им легким выходом. Само действие для них было всего лишь порабощением благородного юноши ради наживы.

Но посмотрим, как Бог тайным образом переиначивает результаты их злых поступков. Провидение устроило все так, что именно в это время появились измаильтяне, благодаря чему было предотвращено убийство Иосифа, потому что братья уже приняли совместное решение — предать его смерти. Кроме того, измаильтяне шли в Египет — именно в ту страну, в которую Бог замыслил отправить Иосифа, и Он *постановил*, что эти измаильтяне купят Иосифа, — именно это они и сделали. В этом событии была рука Божья; произошло нечто большее, чем просто счастливое совпадение; это видно из тех слов, которые впоследствии скажет братьям Иосиф: «*Бог* послал меня перед вами, чтобы оставить вас на земле и сохранить вашу жизнь великим избавлением» (Быт. 45:7).

Другой, не менее удивительный пример того, как Бог направляет нечестивых, содержится в Исаии 10:5—7: «О, Ассур, жезл гнева Моего! И бич в руке его — Мое негодование! Я пошлю его против народа нечестивого и против народа гнева Моего, дам ему повеление ограбить грабежом и добыть добычу и попирать его, как грязь на улицах. *Но он не так подумает* и не так помыслит сердце его; у него будет на сердце — разорить и истребить немало народов». Ассирийский царь решил завоевать весь мир — «разорить и истребить немало народов». Но Бог направлял и контролировал эту жажду завоеваний и амбициозность и побудил его сосредоточиться на завоевании незначительного народа — Израиля. В сердце царя не было такого намерения — «он так не подумает», но Бог дал ему такое намерение, и царь не мог его не исполнить (см. Суд. 7:22).

Величайший пример такого контролирующего, направляющего влияния, которое Бог оказывает на нечестивых, — распятие Христа и все сопутствующие обстоятельства. Здесь как нигде можно увидеть всеобъемлющее

Божье провидение. От вечности Бог предопределил каждую подробность этого величайшего из событий. Ничто не было случайным, ничто не зависело от человеческих капризов. Бог определил, где и когда Его возлюбленному Сыну надлежит умереть. Многое из того, что Он определил относительно распятия, было открыто в ветхозаветных пророчествах; и точное, буквальное исполнение этих пророчеств становится для нас убедительным доказательством, очевидным проявлением контролирующего и направляющего влияния, которое Бог оказывает на нечестивых. Не было ничего, что произошло бы не так, как определил Бог, и все, что Он определил, произошло в точности так, как было в Его замысле. Было определено (и открыто в Писании), что Спасителя предаст один из Его собственных учеников — Его близкий друг (см. Пс. 40:10; ср. Мф. 26:50), и действительно — апостол Иуда стал предателем. Было определено, что предатель получит за свое коварство тридцать сребреников, и действительно — священники ощутили побуждение предложить Иуде именно эту сумму. Было определено, что деньги, полученные за предательство, будут использованы конкретным образом — для покупки поля горшечника, и действительно — рука Божья направляет Иуду таким образом, что он возвращает деньги первосвященникам, а затем направляет их «совещание» (Мф. 27:7), и они делают именно такую покупку. Было определено, что против Господа выступят «свидетели неправедные» (Пс. 34:11), и действительно — появились лжесвидетели. Было определено, что Божья слава будет оплевана и подвергнется бичеванию (Ис. 50:6), и действительно — не было недостатка в людях, достаточно жестоких для такого дела. Было определено, что Спаситель будет «к злодеям причтен», и действительно — Пилат, сам этого не осознавая, был направлен Богом дать приказ, чтобы

Иисуса распяли с двумя разбойниками. Было определено, что на кресте Ему дадут пить уксус и желчь (Ин. 19:29), и это Божье определение исполнилось буквально. Было определено, что бессердечные люди разделят Его одежды, бросая жребий, и действительно — именно это они и сделали (Мф. 27:35). Было определено, что ни одна из костей Его не сокрушится (Пс. 33:21), и действительно — контролирующая Божья рука, которая позволила римскому солдату сломать ноги разбойникам, не разрешила ему сделать то же с Господом (Ин. 19:32–33). Все солдаты во всех римских легионах, все бесы во всей иерархии сатаны не смогли сломать ни одной кости Христа! Почему? Потому что Всевластный Бог повелел: ни одна из Его костей не сокрушится. Нужно ли продолжать этот параграф? Разве точное, буквальное исполнение всего, что предсказало Писание в связи с распятием, не доказывает вне всякого сомнения, что Всемогущая сила направляла и усматривала все, что происходило в этот величайший из дней?

4. Ожесточающее влияние

Бог также ожесточает сердца нечестивых, ослепляет их разум. Кто-то, возможно, воскликнет: «Бог ожесточает сердца людей? Бог ослепляет человеческий разум? [Как такое может быть?]» Да, Писание представляет Его таким. Развивая тему Божьего всевластия, мы видим, что подошли теперь к самому суровому ее аспекту, и здесь нам нужно с особой точностью следовать словам Священного Писания. Да не позволит нам Бог зайти хотя бы немного дальше, чем идет Его Слово, но да будет дана нам Его благодать, чтобы зайти настолько далеко, насколько заходит Его Слово. Действительно, сокрытое принадлежит Господу, но верно также и то, что открытое в Писании принадлежит нам и детям нашим (Втор. 29:29).

а) Фараон

«Возбудил в сердце их ненависть против народа Его и ухищрение против рабов Его» (Пс. 104:25). Речь здесь идет о временном пребывании потомков Иакова в Египте, когда после смерти фараона, радушно принявшего патриарха и его семью, «восстал в Египте новый царь, который не знал Иосифа» (Исх. 1:8); в его дни сыны Израиля «расплодились и размножились» — их стало больше, чем египтян. И тогда Бог обратил сердца египтян к ненависти против Его народа.

Последствия этой ненависти египтян хорошо известны: израильтяне были жестоко порабощены. Над ними поставили суровых надсмотрщиков, их жизнь стала невыносимой. Беспомощные и измученные, израильтяне возопили к Иегове, и в ответ Бог воздвиг им освободителя — Моисея. Бог явил себя Своему избранному рабу, дал ему несколько чудесных знамений, которые следовало показать при египетском дворе. После этого Моисей потребовал, чтобы израильтян отпустили на три дня в пустыню — для поклонения Господу. Но еще до того, как Моисей отправился в путь, Бог предупредил его о фараоне: «Я ожесточу сердце его, и он не отпустит народа» (Исх. 4:21). Возможно, кто-то спросит: «Для чего Бог ожесточил сердце фараона?» На этот вопрос Писание отвечает: чтобы Бог показал на нем свою силу (Рим. 9:17). Иными словами, Господь желал показать, что уничтожить этого высокомерного и могущественного монарха для Него — так же легко, как раздавить червяка. Если кто-то задаст следующий вопрос: «Почему Бог избрал именно такой метод для демонстрации Своей силы?», то ответ будет таким: всевластный Бог оставляет за собой право действовать *по Своему благоволению*.

Бог ожесточил сердце фараона не только для того, чтобы тот не отпускал израильтян. Даже после того, как

его страна была разорена суровыми казнями, и он не-
охотно согласился отпустить народ (с некоторыми ого-
ворками), Бог сказал Моисею: «Я же ожесточу сердце
Египтян, и они пойдут вслед за ними; и покажу славу
Мою на фараоне и на всем войске его, на колесницах его
и на всадниках его; и узнают Египтяне, что Я Господь,
когда покажу славу Мою на фараоне, на колесницах его
и на всадниках его» (Исх. 14:17–18).

б) Хананеи

Такое же действие Бога мы видим и в истории Сиго-
на, царя Есевонского, через территорию которого Израилю нужно было пройти на пути в землю обетованную.
Вспоминая историю, Моисей сказал народу: «Но Сигон,
царь Есевонский, не согласился позволить пройти нам
через свою землю, потому что Господь, Бог твой, ожесточил дух его и сердце его сделал упорным, чтобы предать его в руку твою, как это видно ныне» (Втор. 2:30)!

Нечто подобное происходило и после того, как Израиль вошел в Ханаан. Мы читаем: «Не было города, который заключил бы мир с сынами Израилевыми, кроме евеев... все взяли они войною; ибо от Господа было
то, что они ожесточили сердце свое и войною встречали Израиля — для того, чтобы преданы были заклятию
и чтобы не было им помилования, но чтобы истреблены
были так, как повелел Господь Моисею» (Нав. 11:19–20).
Из других Писаний мы знаем, что Бог решил окончательно уничтожить хананеев; причиной было их ужасающее развращение.

в) Новый Завет

Эта суровая истина открывается не только в Ветхом
Завете. В Иоанна 12:37–40 мы читаем:

После того, как Он столько знамений сотворил перед ними, они не верили в Него, дабы исполнилось слово Исаии пророка, которое он сказал: Господи, кто поверил слышанному от нас, и рука Господня кому открылась? Они потому не могли верить, что еще сказал Исаия: Он ослепил их глаза и сделал жестким их сердце, чтобы не увидели они глазами и не поняли сердцем, и не обратились (пер. Кассиана).

Следует отметить: те, кому Бог «ослепил» глаза и «сделал жестким» сердце, — это те самые люди, которые преднамеренно отвергли Свет и пренебрегли свидетельством самого Сына Божьего.

И в 2 Фессалоникийцам 2:11–12 мы читаем: «И за сие пошлет им Бог действие заблуждения, так что они будут верить лжи, да будут осуждены все, не веровавшие истине, но возлюбившие неправду». То, что Бог сделал в древности с иудеями, произойдет и с христианской цивилизацией. Иудеи, жившие во времена Христа, презрели Его свидетельство и в результате были ослеплены; так и христианская цивилизация, виновная в отвержении истины, еще примет от Бога «действие заблуждения», чтобы поверить лжи.

Г. Заключение

Действительно ли Бог управляет миром? Осуществляет ли Он Свою власть над человечеством? Каким образом Его власть распространяется на человечество? В какой мере и какими средствами контролирует Он сынов человеческих? Каким образом влияет Бог на нечестивых, в сердце которых вражда против Него? Это некоторые из вопросов, ответы на которые мы пытались найти в предыдущих разделах этой главы, изучая

Писание. На избранников Своих Бог оказывает животворящее, укрепляющее, направляющее и охранитель-
ное воздействие. На нечестивых Бог оказывает сдерживающее, смягчающее, направляющее, ожесточающее
и ослепляющее воздействие — в соответствии с Его бесконечной мудростью и для осуществления Его вечного
замысла. Совет Божий исполняется. То, что Он предопределил, совершается. Нечестие человека ограничено.
Предел злодеяний для беззаконников определен Богом,
и они не могут выйти за эти рамки. Хотя многие этого не
осознают, все люди — и добрые и злые — находятся под
юрисдикцией и под абсолютной властью Всевышнего
Всевластного Бога. «Аллилуйя! Ибо воцарился Господь
Бог Вседержитель» (Откр. 19:6)[42].

---

[42] Вопросы для индивидуального изучения и обсуждения
в группе приводятся в конце главы 7.

Божье всевластие и воля человека

> Бог производит в вас и хотение, и действие по Своему благоволению (Флп. 2:13).

А. Введение

Тема природы и силы воли падшего человека сегодня часто оказывается очень запутанной, и даже некоторые из детей Божьих высказывают по ней глубоко ошибочные взгляды. Широко распространено мнение, которое проповедуют и с подавляющего множества церковных кафедр, что у человека есть «свободная воля», то есть сила выбирать добро, и что спасение приходит к грешнику через сотрудничество со Святым Духом. Те, кто отрицают так называемую «свободную волю» человека, — то есть его силу выбирать добро, его врожденную способность принять Христа, — сразу же сталкиваются с неодобрением даже в кругах христиан, считающих себя ортодоксальными. Но Писание ясно говорит: «Итак, помилование зависит не от желающего и не от подвизающегося, но от Бога милующего» (Рим. 9:16). Кому мы будем верить: Богу или проповедникам?

Возможно, кто-то возразит: «Но разве Иисус Навин не говорил Израилю: „Изберите себе ныне, кому служить“»? Да, он говорил такие слова, но почему бы не привести эту цитату целиком: «...Изберите себе ныне, кому служить, богам *ли*, которым служили отцы ваши, бывшие за рекою, *или* богам аморреев, в земле которых живете» (Нав. 24:15). Зачем противопоставлять Писание Писанию? Бог никогда не противоречит Своему Слову, а Слово не оставляет никаких сомнений: «...*никто* не ищет Бога» (Рим. 3:11). Разве Христос не говорил Своим современникам: «...вы *не хотите* прийти ко Мне, чтобы иметь жизнь»? Да, и лишь *некоторые* «пришли» к Нему, лишь некоторые приняли Его. И кто были эти люди? В Иоанна 1:12–13 нам сказано: «А тем, которые приняли Его, верующим во имя Его, *дал* власть быть чадами Божиими, которые ни от крови, ни от хотения плоти, *ни от хотения мужа*, но от Бога родились»!

Но разве в Писании не сказано: «Жаждущий пусть приходит, и желающий пусть берет воду жизни даром» (Откр. 22:17)? Да, сказано, но означает ли это, что все люди — «желающие»? Что можно сказать о «нежелающих»? Эти слова вовсе не означают, что падший человек имеет (сам по себе) силу прийти ко Христу, точно так же, как слова «протяни руку твою» не означают, что человек с иссохшей рукой способен (сам по себе) исполнить повеление (Мк. 3:5). Сам по себе невозрожденный человек имеет силу *отвергнуть* Христа, но силы *принять* Христа он сам по себе не имеет. Почему? Потому что его мысли «суть вражда против Бога» (Рим. 8:7), потому что сердце его ненавидит Христа (Ин. 15:18). Человек избирает то, что соответствует его природе, поэтому прежде, чем он когда-либо сможет избрать или предпочесть Божье и духовное, ему должна быть дана новая природа; иными словами, он должен пережить новое рождение.

Задают и такой вопрос: но разве Святой Дух не преодолевает человеческую враждебность и ненависть, когда убеждает грешника в его греховности и показывает ему его потребность во Христе? И разве Святой Дух не производит такого убеждения во многих погибающих? Такие выражения свидетельствуют о нелогичном мышлении: если бы такая враждебность человека действительно была «преодолена», он бы *захотел* обратиться ко Христу. То, что Он не приходит к Спасителю, свидетельствует о том, что враждебность еще не преодолена. Но многие из тех, кто через проповедь Слова обличен Святым Духом, все же умирают в неверии. Такова суровая истина. И факт, о котором не стоит забывать: в жизни каждого из Божьих избранников Святой Дух делает нечто большее, чем в жизни других: в избранных Он «производит... и хотение, и действие по Своему благоволению» (Флп. 2:13).

Отвечая на вышесказанное, арминиане бы возразили: нет, действие Духа, обличающего в грехе, одинаково и в обращенных, и в необращенных; отличие же в том, что первые подчиняются Ему, а вторые — противятся. Но в таком случае у христиан была бы причина хвалиться и прославлять себя из-за такого сотрудничества со Святым Духом; однако это полностью противоречило бы Ефесянам 2:8: «Ибо благодатью вы спасены через веру, и сие *не от вас*, Божий дар».

Обратимся непосредственно к опыту читателя-христианина. Не было ли такого времени (пусть эти воспоминания заставят каждого из нас повергнуться в прах), когда вы не хотели прийти ко Христу? Было. Но потом вы пришли к Нему. Готовы ли вы воздать Ему всю славу за это (Пс. 113:9)? Признаёте ли вы, что пришли ко Христу потому, что Святой Дух заменил ваше нежелание на желание? Да, признаёте. Тогда не очевидно ли, что Святой Дух не сделал во многих других того, что сделал в вас? Ведь многие другие услышали Евангелие, получили возможность увидеть свою потребность во Христе и все равно не желают прийти к Нему. Итак, в вас Он сделал намного больше, чем в них. Возможно, вы ответите: «Но я помню время, когда мне показали этот вопрос величайшей важности, и моя совесть свидетельствует о том, что *моя воля* действовала, и я покорился требованиям Христа». Да, это так. Но до того, как вы «покорились», Святой Дух преодолел врожденную враждебность вашего разума по отношению к Богу, и эту «враждебность» Он преодолевает не во всех. Кто-то, может, скажет: «Все потому, что они не хотят, чтобы их враждебность была преодолена». Но дело в том, что никто из нас не «хочет», пока Бог не явит Свое всемогущество и не совершит в человеческом сердце чудо благодати!

Б. Природа воли

1. Определение

Но зададим теперь вопрос: что есть воля человека? Является ли она самоопределяющейся или определяется чем-то другим? Кто она: хозяйка или служанка? Действительно ли воля выше всех других наших способностей и потому управляет ими? Или же она движима их импульсами и подвластна их благоволению? Управляет ли воля разумом, или же разум контролирует волю? Свободна ли воля делать все, как ей хочется, или же на ней лежит долг послушания чему-то внешнему по отношению к ней?

Отделяется ли воля от других способностей или сил души — как некий человек внутри человека, способный изменить направление движения человека и разделить его на сегменты, подобно тому, как разделяется на части ящерица? Или же воля соединена с другими способностями — как хвост змеи соединен с ее телом, а через тело с головой, и потому куда направляется голова, туда ползет и вся змея? «...Каковы мысли в душе [человека], таков и он» (Прит. 23:7). Сначала мысль, затем сердце (желание или отвращение), а затем действие. Не эта ли последовательность присутствует тогда, когда собака виляет хвостом? Или же наоборот: воля, то есть хвост, виляет собакой? Является ли воля первым и высшим началом в человеке, или же она находится на последнем месте и должна подчиняться другим способностям? Не содержится ли подлинная философия нравственного действия и сопутствующего ему процесса в Бытии 3:6: «И увидела жена, что дерево хорошо для пищи [чувственное восприятие, разум], и что оно приятно для глаз [желания] и вожделенно [склонности], потому что дает знание; и взяла плодов его и ела [воля]»? (Джордж Бишоп)

Эти вопросы вызывают не просто научный интерес. Они имеют и практическую значимость. Полагаю, мы не зайдем слишком далеко, утверждая, что этот вопрос представляет собой основополагающую проверку на доктринальную здравость[43].

---

[43] После того как был написан этот отрывок, мы прочитали статью покойного Дж. Дарби, которая называлась «Так называемая свободная воля человека». Статья начинается такими словами: «Возвращение доктрины свободной воли означает попытки обосновать претензии плотского человека, который считает себя не до конца падшим, потому что эта доктрина имеет свойство обосновывать такие утверждения. Все, кто никогда не был глубоко обличен в грехе, все, в ком такое обличение основывается на тяжких внешних грехах, верят — кто-то больше, кто-то меньше — в свободную волю. — А. П.

Что есть воля? Мы отвечаем: воля — это способность делать выбор, непосредственная причина всех действий. Выбор неизбежно подразумевает отказ от одного и принятие чего-то другого. Там, где нет предпочтений, а есть только полное равнодушие, нет и способности принимать осознанные решения. Иметь волю означает делать выбор, а выбор означает предпочтение, отдаваемое одной из двух или более альтернатив. Но есть нечто, *влияющее* на выбор, — нечто, определяющее решение. Поэтому воля не может быть независимой; она — служанка, над которой господствует это «нечто». Воля не может быть одновременно госпожой и служанкой. Не может быть одновременно и причиной, и следствием. Причиной она не является, потому что, как уже выяснилось, нечто иное побуждает ее сделать выбор. Значит, это нечто иное должно быть причиной, вызывающей действие. На сам выбор влияют определенные условия; выбор определяется влиянием, которое различные источники оказывают на самого человека.

Таким образом, способность принимать решения — результат этих факторов и этого влияния. Если речь идет об их результате, то воля и их служанка, а если воля — служанка, то она не может быть независимой. А если воля не является независимой, мы, конечно, не можем быть уверены в ее абсолютной «свободе». Действия воли не могут происходить сами по себе. Утверждать обратное означает постулировать беспричинное следствие. *Ex nihilo nihil fit* — ничто не происходит из ничего.

2. Свобода воли?

Однако во все века были те, кто настаивал на абсолютной свободе, или независимости, человеческой воли. Люди утверждают, что воля обладает силой самоопределения. Говорят, например, что я могу посмотреть вверх или вниз, а разуму все равно, что я сделаю: решать должна воля. Но это утверждение содержит противоречие. Предполагается, что я выбираю одно из двух, находясь в состоянии совершенного равнодушия. Очевидно, что избрать обе альтернативы невозможно. Но можно возразить следующим образом: разуму было все равно до тех пор, пока у меня не появилось предпочтение. Именно так: в то время [когда разум был равнодушен] воля тоже была пассивной! Но в тот момент, когда равнодушие прошло, был сделан выбор; и то, что равнодушие сменилось предпочтением, служит опровержением аргумента о том, что воля способна выбирать между двумя равноценными альтернативами. Как уже говорилось, выбор подразумевает принятие одной альтернативы и отвержение другой (или других).

Начало, определяющее волю, — то, которое побуждает ее делать выбор. Если воля определяема, то должно быть и определяющее начало. Что же это за начало, определяющее волю? Мы отвечаем: это самый сильный из мотивов, оказывающих на нее влияние. В разных случаях эти мотивы будут разными. В одном случае это может быть логика, разум, в другом — голос совести, в третьем — эмоциональный импульс или шепот искусителя, или сила Святого Духа. Тот фактор, который дает самый сильный мотив и оказывает самое сильное влияние на самого человека и оказывается фактором, который побуждает волю к действию. Иными словами, действия воли определяются тем, какое состояние разума (на который влияют мир, плоть, дьявол, но также и Бог) обладает наибольшей силой воздействия на волеизъявление.

Чтобы проиллюстрировать вышесказанное, приведем всего один пример. В воскресный день после обеда один из наших друзей страдал от сильной головной боли. Он очень хотел навестить больных, но боялся, что если сделает это, его собственное состояние ухудшится, и тогда он не сможет вечером проповедовать Евангелие. У него были две альтернативы: навестить больных, рискуя заболеть самому, или отдохнуть (а больных навестить уже в понедельник), укрепиться для вечернего богослужения. Итак, что же именно позволило нашему другу выбрать одну из двух альтернатив? Воля? Вовсе нет. Да, в самом конце воля действительно сделала выбор, но сделать этот выбор саму волю побудило нечто иное. В этом сценарии присутствовали важные мотивы в пользу и того решения, и другого. Взвесил эти факторы сам человек, то есть его разум и сердце. Поскольку одна из альтернатив поддерживалась более сильными мотивами, было принято соответствующее решение, и затем *воля* совершила свое действие. С одной стороны, чувство долга побуждало нашего друга посетить больных; он был движим состраданием, и потому в его разуме присутствовал сильный мотив. С другой стороны, разум подсказал ему, что и сам его обладатель нездоров; он срочно нуждался в отдыхе, и если бы он посетил больных, его собственное состояние сильно бы ухудшилось, и тогда он не смог бы проповедовать в тот вечер. Кроме того, он знал, что сможет посетить больных и на следующий день, если будет на то Божья воля, поэтому решил в тот день отдохнуть. Итак, перед нашим братом были две альтернативы: с одной стороны чувство долга в сочетании с состраданием, а с другой стороны — осознание собственных потребностей в сочетании с подлинным стремлением к Божьей славе, потому что он считал, что действительно должен был проповедовать в тот вечер. Вторая альтернатива оказалась сильнее. Духовные категории перевесили чувство долга. Когда было принято это решение, воля поступила в соответствии с ним, и человек пошел отдыхать. Приведенный выше анализ показывает, что на разум, способность рассуждать оказывали влияние духовные категории; разум направлял и контролировал волю. Поэтому мы говорим: если воля контролируется, она не всевластна и не свободна; она — служанка разума.

Только когда мы видим подлинную природу свободы и замечаем, что воля подчинена мотивам, оказывающим на нее влияние, мы начинаем понимать, что нет никакого конфликта между двумя фразами в Писании, где речь идет о благословенном Господе нашем. В Матфея 4:1 мы читаем: «Тогда Иисус возведен был Духом в пустыню, для искушения от диавола», а в Марка 1:12–13 сказано: «И тотчас Дух гонит Его в пустыню, и пробыл Он в пустыне сорок дней, принимая искушение от сатаны» (пер. С. Аверинцева). Невозможно совместить эти две фразы, если придерживаться арминианской концепции воли. Но на самом деле нет здесь никакого затруднения. То, что Дух «гнал» Христа, подразумевает некое насильственное перемещение или мощный импульс, которому невозможно противиться или ответить отказом; а то, что Он был «возведен», подразумевает Его свободу — Он пошел добровольно. Если совместить эти фразы, то получается, что Он был гоним добровольно. Итак, свобода человеческой воли и победоносная действенность Божьей благодати объединены: грешник может быть «привлечен» ко Христу, но «приходит» к Нему (Ин. 6:44). «Привлечение» становится для него непреодолимым мотивом, а «приход» означает ответ его воли — подобно тому, как Христос был и «гоним» и «возведен» Духом в пустыню.

3. «Сердце»

Человеческая философия учит нас, что человеком управляет воля, но Божье Слово учит нас, что центр, доминирующий в нашей жизни, — сердце. Можно было бы процитировать множество отрывков из Писания, позволяющих обосновать это утверждение: «Больше всего

хранимого храни сердце твое, потому что из него источники жизни» (Прит. 4:23). «Ибо извнутрь, из сердца человеческого, исходят злые помыслы, прелюбодеяния,
любодеяния, убийства...» (Мк. 7:21). Здесь Господь указывает на источник греховных поступков и объясняет,
что исходят они из «сердца», а не из воли! И в другом
месте сказано: «Приближаются ко Мне люди сии устами
своими, и чтут Меня языком, сердце же их далеко отсто-
ит от Меня» (Мф. 15:8). Если бы нужны были дальней-
шие доказательства, можно было бы отметить, что слово
«сердце» встречается в Библии в три раза чаще, чем слово «воля», хотя почти в половине всех случаев употребления второго слова речь идет о *Божьей* воле!

Когда мы признаём, что человеком управляет сердце,
а не воля, мы не просто придираемся к словам, но настаиваем на крайне важном различии. Вот человек, перед которым две альтернативы: что он выберет? Мы отвечаем:
ту, которая ближе ему самому, то есть его «сердцу» — самой сокровенной части его бытия. Грешнику предложена
жизнь добродетели и послушания и жизнь потакания греху: что он примет? Второй вариант. Почему? Потому, что
таков его выбор. Но доказывает ли это, что воля независи-
ма? Вовсе нет. Будем рассуждать от следствия к причине.
Почему грешник избирает жизнь потакания греху? Потому что он ее предпочитает, и, сколько бы это ни оспарива-
лось, таковы его предпочтения, хотя последствия, к которым приводит такая жизнь, ему, конечно, не доставляют
радости. А почему он ее предпочитает? Потому что сердце
его греховно. Такие же альтернативы предлагаются и хри-
стианину, и он выбирает жизнь добродетели и послушания, стремится к такой жизни. Почему? Потому, что Бог
дал ему новое сердце, новую природу. Поэтому мы говорим, что ко всем призывам «оставить свой путь» грешник становится невосприимчивым не из-за воли, но из-за

179

своего злого и развращенного сердца. Он не приходит ко Христу, потому, что не хочет, а не хочет потому, что сердце его ненавидит Христа и любит грех (см. Иер. 17:9)!

Формулируя определение воли, мы объясняли выше: «Воля — это способность делать выбор, непосредственная причина всех действий». Эту причину мы называем *непосредственной*, потому что воля не является первопричиной каких-либо действий, как не может быть первопричиной действия рука. Рука контролируется мышцами и нервами, а те, в свою очередь, мозгом; так и воля — служанка разума, а разум, в свою очередь, испытывает влияние и воздействие различных факторов и мотивов. Но, возможно, кто-то спросит: разве Писание не апеллирует к воле человека? Разве не написано: «Жаждущий пусть приходит, и желающий пусть берет воду жизни даром» (Откр. 22:17)? И разве Господь не говорил: «Но вы не хотите прийти ко Мне, чтобы иметь жизнь» (Ин. 5:40)? Мы отвечаем: Писание не всегда апеллирует к воле человека; оно обращается и к другим его составляющим, например: «Кто имеет уши слышать, да слышит!» «...Послушайте, и жива будет душа ваша». «Ко Мне обратитесь, и будете спасены». «Веруй в Господа Иисуса Христа, и спасешься ты и весь дом твой». «Тогда придите — и рассудим». «Сердцем веруют к праведности». Таких цитат можно привести очень много.

В. Рабство человеческой воли

1. Воля в трех аспектах

В любом трактате, затрагивающем тему человеческой воли, ее природы и функций, следует проводить различие между тремя людьми: Адамом до грехопадения, грешником и Господом Иисусом Христом. У Адама до грехопадения воля была свободной — свободной в обоих направлениях: и в направлении добра, и в направлении зла. Сразу после сотворения Адам находился в состоянии невинности, но не в состоянии святости, как предполагают и утверждают многие. Воля Адама находилась в нравственном равновесии; это значит, что он не имел в себе склонности ни к добру, ни к злу. Этим Адам радикально отличался от всех своих потомков, а также от «человека Христа Иисуса» (1 Тим. 2:5). Но с грешником все обстоит иначе. Грешник от рождения имеет волю, которая не находится в состоянии морального равновесия, потому что сердце его «лукаво... более всего и крайне испорчено» (Иер. 17:9), а такое сердце означает склонность к злу.

С Господом Иисусом все тоже совершенно иначе: Он тоже радикально отличался от того, кем был Адам до грехопадения. Господь Иисус Христос не мог согрешить, потому что был «Святым Божьим». Еще до Его рождения Марии было сказано: «Дух Святой найдет на Тебя, и сила Всевышнего осенит Тебя; посему и рождаемое Святое наречется Сыном Божиим» (Лк. 1:35). Итак, скажем с благоговением: воля Сына Божьего не находилась в состоянии нравственного равновесия, то есть не была одинаково способна обратиться и к добру, и к злу. Воля Господа Иисуса имела склонность к добру, потому что Его безгрешная, святая, совершенная человеческая природа сочеталась с Его вечной Божественной природой.

В отличие от воли Господа Иисуса, которая была склонна к добру, и в отличие от воли Адама, которая до грехопадения находилась в состоянии нравственного равновесия, воля грешника склонна к злу и потому свободна лишь в одном направлении — в направлении к греху. Воля грешника порабощена и служит развращенному сердцу[44].

---

[44] Эта тема раскрывается в книге Мартина Лютера (1483–1546) «О рабстве воли».

2. Свобода грешника

В чем заключается свобода грешника? Этот вопрос естественным образом следует из того, о чем шла речь выше. Грешник «свободен» в том смысле, что на него не оказывается воздействие извне. Бог никогда не заставляет грешника грешить. Но грешник не свободен в выборе между добром и злом, потому что злое сердце всегда склоняет его к греху. Объясним эту мысль на таком примере. Я держу в руке книгу. Затем я ее отпускаю. Что происходит? Она падает. В каком направлении? Вниз, всегда вниз. Почему? Потому что в соответствии с законом всемирного тяготения она падает из-за собственного веса. Если я решу поднять ее на высоту одного метра — что тогда? Я должен буду ее поднять; на книгу должна оказать воздействие внешняя сила. Таков и грешник по отношению к Богу. Когда Божья сила его удерживает, она не позволяет ему погрузиться еще глубже в грех; но стоит этой силе удалиться, и он падает — его собственный вес (вес греха) тянет его вниз. Бог не подталкивает его — как и я не подталкиваю эту книгу. Если Он снимет все ограничения, каждый человек может стать — и станет — таким, как Каин, фараон, Иуда. Как же тогда грешнику отправиться по направлению к небу? Усилием собственной воли? Нет. Внешняя сила должна за него взяться и поднимать его на каждом сантиметре этого пути. Грешник свободен, но только в одном направлении: он свободен падать, свободен грешить. Как сказано в Слове: «Ибо, когда вы были рабами греха, тогда были свободны от праведности» (Рим. 6:20). Грешник свободен поступать так, как ему нравится, всегда так, как ему нравится (за исключением тех случаев, когда его сдерживает Бог), но нравится ему грех.

Г. Бессилие человеческой воли

1. Испорченность человека

В первом параграфе этой главы мы утверждали, что правильное понимание природы и функции человеческой воли имеет и практическое значение; оно представляет собой важнейший тест на богословскую ортодоксию или доктринальную здравость. Теперь мы хотели бы развить это утверждение; постараемся также доказать его. Свобода или рабство воли — в этом вопросе проходит разделение между доктринами Августина [45] и Пелагия [46], а в новое время — между кальвинизмом и арминианством [47]. Проще говоря, это различие сводится к принятию или отвержению учения о полной испорченности человека.

Принимая это учение, мы рассмотрим теперь бессилие человеческой воли. Действительно ли во власти человеческой воли принять или отвергнуть Господа Иисуса Христа как Спасителя? Если грешнику проповедуется Евангелие, и Святой Дух убеждает его в том, что он находится в состоянии погибели, то в конечном счете

---

[45] Августин Гиппонский (354–430) — богослов ранней эпохи, живший в Северной Африке. Августин учил, что человек полностью испорчен грехом и что спасение полностью зависит от Божьей благодати.

[46] Пелагий (ок. 354 — ок. 420) — британский монах, утверждавший, что воля человека совершенно свободна для добрых дел. С его точки зрения, Божья благодать давалась в ответ на заслуги человека. Взгляды Пелагия были осуждены на Эфесском соборе (431).

[47] Арминианство — доктринальная система, которой придерживался Якоб Арминий (1560–1609), нидерландский богослов. Он отверг присущее реформаторам понимание предопределения и учил, что Божье предопределение индивидов основывается на предузнании того, примут или отвергнут они Христа собственной свободной волей.

действительно ли во власти грешника *противиться* или *подчиняться* Богу? Ответ на этот вопрос определяет наше понимание человеческой греховности[48]. То, что человек — существо падшее, признают все, называющие себя христианами, но что именно подразумевают многие из них под словом «падший», определить не всегда легко. Обычно в это слово вкладывают такое значение: теперь человек смертен, теперь он не в том состоянии, в котором вышел из-под руки Творца, теперь он подвержен болезням, теперь он имеет склонность ко злу — но при этом, если как следует напряжет свои силы, в конце каким-то образом будет счастлив. О, как далеки эти представления от печальной истины! Немощи, болезни и даже телесная смерть — мелочи по сравнению с нравственными и духовными последствиями грехопадения! Только Священное Писание позволяет нам увидеть масштаб этой ужасающей катастрофы.

Когда мы говорим, что человек полностью испорчен, мы подразумеваем, что грех, войдя в человека, затронул каждую его составляющую. Полная испорченность означает, что человек — духом, душой и телом — раб греха и пленник дьявола; он живет «по обычаю мира сего, по воле князя, господствующего в воздухе, духа, действующего ныне в сынах противления» (Еф. 2:2). Это утверждение не нуждается в доказательстве; упоминается просто факт, обычный для человеческой жизни. Человек не в состоянии достичь собственных устремлений и идеалов. Он не может делать то, что хотел бы. Какое-то нравственное бессилие его парализует. Это убедительное доказательство того, что он не свободный, а раб греха и сатаны. «Ваш отец диавол; и вы хотите исполнять похоти отца вашего» (Ин. 8:44).

---

[48] См. A. W. Pink, *The Doctrine of Human Depravity*.

Грех — это не просто поступок или серия поступков. Грех — это то, что кроется за поступками и оказывается их причиной. Грех проник во все, что составляет человека. Грех ослепил его разум, испортил его сердце и произвел в его мыслях отчуждение от Бога. И воля *не избегла* этой испорченности. Воля находится под властью греха и сатаны, поэтому она не свободна. Проще говоря, то, что человек любит, то, к чему он склонен, и то, что выбирает его воля, обусловлено состоянием его *сердца*, и, поскольку лукаво сердце человеческое более всего, «никто не ищет Бога» (Рим. 3:11).

2. Сила воли грешника

Повторим наш вопрос: действительно ли во власти грешника покориться Богу? Чтобы ответить, попробуем задать еще несколько вопросов. Может ли вода (сама по себе) подняться выше собственного уровня? Может ли чистое произойти от нечистого? Может ли воля обратить вспять все склонности, присущие человеческой природе? Может ли то, что находится под властью греха, породить нечто чистое и святое? Конечно, нет.

Если воля падшего и испорченного существа когда-либо и направляется к Богу, на нее должна оказать воздействие Божья сила, которая преодолеет влияние греха и устремит эту волю в противоположном направлении. Это лишь перефразирование слов: «Никто не может прийти ко Мне, если не привлечет его Отец, пославший Меня» (Ин. 6:44). В день силы Его народ Его должен быть готов (Пс. 109:3). Как объяснял Дарби, если Христос пришел спасти погибших, для свободной воли места не остается. Бог не препятствует людям принять Христа, вовсе нет. Но даже, когда Бог использует все возможные средства убеждения, все, что может повлиять на сердце человека, выявляется лишь то, что человек ничего этого не хочет; его сердце настолько развращено, а его воля настолько твердо решила не подчиняться Богу (каким бы при этом ни было действие дьявола, поощряющего грех), ничто не побудит его принять Господа и оставить грех. Если слова «свобода человека» означают, что никто не заставляет его отвергать Господа, то эта свобода существует во всей полноте. Но если сказано, что из-за господства греха, который его поработил (и рабство это добровольное), он не может избежать этого состояния и сделать выбор в пользу добра — даже если признаёт добро таковым и одобряет его — *то нет у него никакой свободы* [курсив добавлен]. Он не подчиняется закону, да и не может, посему живущие по плоти Богу угодить не могут (Рим. 8:7–8).

Воля не всевластна; она — служанка, подверженная влиянию и контролю других составляющих человека. Грешник не свободен, потому что порабощён грехом — это ясно подразумевается в словах Господа: «Итак, если Сын освободит вас, то истинно свободны будете» (Ин. 8:36). Человек — существо разумное и потому несёт перед Богом ответственность, но называть его нравственно свободным — все равно что отвергать его полную греховность, ведь воля его греховна, как и все остальное, что в нем. Поскольку воля человека направляется разумом и сердцем, и поскольку грех испортил разум и сердце, лишил их силы, то получается, что для какого-либо движения по направлению к Богу необходимо, чтобы сам Бог производил в нем «и хотение, и действие по Своему благоволению» (Флп. 2:13). Свобода, которой так гордится человек, на самом деле оказывается узами тления; человек — раб «похотей и различных удовольствий» (Тит. 3:3). Служитель Божий, глубоко постигший Его учение, сказал:

Воля человека бессильна. У него нет воли, которая была бы расположена к Богу; у него есть воля, свободная *действовать лишь в соответствии с его природой* [курсив добавлен]. У голубя нет воли, которая была бы расположена есть падаль, а ворон не станет есть чистую пищу голубей. Дайте ворону голубиную природу, и он будет есть пищу голубей. У сатаны не может быть воли, стремящейся к святости. Скажем с благоговением: у Бога не может быть воли, стремящейся к злу. У грешника в его греховной природе никогда не может быть воли, стремящейся к Богу. Поэтому надлежит нам родиться свыше (Денэм Смит).

Именно это мы и утверждали в данной главе: воля направляется природой.

3. Учение римского католицизма

Среди «постановлений» Тридентского собора (1563), ставших основой учения папизма, мы находим следующее:

Если кто-то станет утверждать, что свободная воля человека, движимая и возгреваемая Богом, не сотрудничает добровольно с Богом, осуществляющем это движение и возгревание, — так, чтобы приготовиться к оправданию и достичь оного, и более того, если кто-то скажет, что воля человека, если того пожелает, не может отказаться от сотрудничества, но не действует и просто пассивна, — да будет анафема.

Если кто-то станет утверждать, что после грехопадения Адама воля человека утеряна, что она угасла или просто стала таковой лишь по

имени — просто названием, не отражающем дей-
ствительности, — или она есть лишь вымысел,
который принес в Церковь сатана, — да будет
анафема.

Поэтому те, кто сегодня настаивают на свободе воли
невозрожденного человека, в точности верят тому, чему
учит Рим! Римокатолики и арминиане идут рука об
руку, что видно и из других постановлений Тридентского собора:

> Если кто-то станет утверждать, что возрожден-
> ный и оправданный человек должен верить, что
> он непременно относится к числу избранных
> [именно этому ясно учит 1 Фес. 1:4–5 — А. П.], —
> да будет анафема.
>
> Если кто-то станет утверждать с полной, абсо-
> лютной уверенностью, что непременно сохранит
> до конца дар постоянства [именно это гарантиру-
> ет Ин. 10:28–30. — А. П.], — да будет анафема.

4. Приглашение к спасению?

Для того чтобы кто-либо из грешников мог спастись,
необходимы три действия: Бог Отец должен замыслить
его спасение, Бог Сын должен его осуществить, Бог Святой Дух должен его применить. Бог не просто «делает
нам предложение»; если бы Он только «приглашал», все
мы погибли бы. Яркую иллюстрацию этого принципа
можно найти в Ветхом Завете. В Ездры 1:1–3 мы читаем:

> В первый год Кира, царя Персидского, во ис-
> полнение слова Господня из уст Иеремии, воз-
> будил Господь дух Кира, царя Персидского, и он

повелел объявить по всему царству своему, словесно и письменно: так говорит Кир, царь Персидский: все царства земли дал мне Господь Бог небесный, и Он повелел мне построить Ему дом в Иерусалиме, что в Иудее. Кто есть из вас, из всего народа Его, — да будет Бог его с ним, — и пусть он идет в Иерусалим, что в Иудее, и строит дом Господа Бога Израилева, Того Бога, который в Иерусалиме.

Народу, живущему в плену, было сделано «предложение». Иудеям дали возможность вернуться в Иерусалим — туда, где пребывает Бог. Принял ли *весь* Израиль это предложение? Нет. Подавляющее большинство израильтян были довольны своей жизнью во вражеской стране. Лишь небольшой «остаток» принял эту милость! Почему? Послушаем ответ, который дает Писание: «И поднялись главы поколений Иудиных и Вениаминовых, и священники и левиты, всякий, в ком *возбудил Бог дух его*, чтобы пойти строить дом Господень, который в Иерусалиме» (Езд. 1:5). Подобным образом Бог «возбуждает дух» каждого из Своих избранников, когда к ним приходит Его действенный призыв, и пока этого не произойдет, они не будут иметь никакого желания ответить на Божий призыв.

5. Неправильная проповедь

Поверхностность, присущая работе многих профессиональных евангелистов последние пятьдесят лет, стала одной из главных причин того, что сегодня так распространились ошибочные взгляды на рабство плотского человека. Эти неправильные взгляды поощряются и ленью слушателей, которые не спешат следовать совету: «Все испытывайте, хорошего держитесь» (1 Фес. 5:21).

Большинство евангельских проповедников подают все так, что кажется, будто решение принять или отвергнуть спасение полностью зависит от грешника. Говорят: «Бог сделал то, что зависит от Него, теперь люди должны сделать то, что зависит от них». Увы! Что *может* сделать человек, в котором нет жизни, ведь он мертв «по преступлениям и грехам» своим (Еф. 2:1)? Если бы в эту истину действительно верили, то было бы больше зависимости от Святого Духа, приходящего с чудотворной силой, и меньше уверенности в *нашей* собственной способности «завоевывать людей для Христа».

Обращаясь к неспасенным, проповедники часто используют такую аналогию: Бог посылает грешнику Евангелие, а грешник похож на больного, рядом с постелью которого лежит спасительное лекарство. Нужно лишь протянуть руку и взять его. Но для того, чтобы эта иллюстрация хоть как-то соответствовала представленной в Писании картине человеческой греховности, нужно внести такие уточнения: больной, который лежит в постели, слеп (Еф. 4:18) и не видит лекарства, его рука парализована (Рим. 5:6), и он не может это лекарство взять, а в сердце его нет никакой веры в действенность лекарства — есть только ненависть по отношению к врачу (Ин. 15:18). О, какие поверхностные представления о бедственном положении человека пропагандируются сейчас! Христос пришел не для того, чтобы помочь людям, которые помогали себе сами, а для того, чтобы сделать для них то, на что они сами были неспособны, — «чтобы открыть глаза слепых, чтобы узников вывести из заключения и сидящих во тьме — из темницы» (Ис. 42:7)[49].

---

[49] См. книгу Сперджена (1834–1892) «Беспомощность человека»: Charles Spurgeon, *Human Inability*.

6. Возражение: зачем тогда проповедовать?

Теперь, в заключение, рассмотрим и опровергнем неизбежное в таких случаях возражение: зачем проповедовать Евангелие, если человек бессилен на него ответить? И почему грешники приходят ко Христу, если грех настолько поработил их, что у них нет для этого сил? Ответ: мы проповедуем Евангелие не потому, что верим, будто люди обладают нравственной свободой, которая делала бы их способными принять Христа. Мы проповедуем потому, что нам дано такое повеление (Мк. 16:15). Для погибающих эта проповедь — безумие, «а для нас, спасаемых, — сила Божия» (1 Кор. 1:18). «...Немудрое Божие премудрее человеков, и немощное Божие сильнее человеков» (1 Кор. 1:25). Грешник мертв «по преступлениям и грехам» своим (Еф. 2:1), а мертвый ничего не может желать, «посему живущие по плоти Богу угодить не могут» (Рим. 8:8).

Мирская мудрость считает, что проповедовать мертвым — тем, кто ничего не может сделать для себя сам, — верх глупости. Но Божьи пути — не наши. «...Благоугодно было Богу юродством проповеди спасти верующих» (1 Кор. 1:21). Человек думает, что глупо проповедовать «мертвым костям» и говорить им: «Кости сухие! Слушайте слово Господне!» (Иез. 37:4). Но это слово *Господне*, и слова, которые Он говорит, — «дух и жизнь» (Ин. 6:63). Мудрецы, стоявшие у могилы Лазаря, могли бы счесть признаком безумия те слова, которые произнес Господь: «Лазарь! Иди вон». Но это сказал Тот, кто сам есть воскресение и жизнь, и по Его слову даже мертвые оживают! Итак, мы выходим на проповедь Евангелия не потому, что верим, будто грешники имеют в себе силу принять Спасителя, но потому, что само Евангелие есть сила Божья ко спасению всякому верующему (Рим. 1:16), и потому, что мы знаем: «все, которые были предуставлены к вечной жизни» (Деян. 13:48), *будут* веровать (Ин. 6:37; 10:16 — обратите внимание на то, что здесь используется будущее время), когда наступит установленное Богом время, ибо написано: «В день силы *Твоей* народ Твой готов» (Пс. 109:3).

Д. Заключение

То, что изложено в этой главе, нельзя назвать произведением «современного мышления»; напротив, это учение в корне противоречит современному образу мысли. Дело в том, что в предыдущих поколениях многие далеко ушли от учения своих отцов, наставленных в Писании. В Тридцати девяти статьях[50] англиканского вероисповедания мы читаем:

> Состояние человека после грехопадения Адама таково, что своей природной волей и делами он не может обратиться к вере в Бога или приготовиться к ней, призвав Бога. Поэтому у нас нет силы делать добрые дела, приятные и угодные Богу, если Божья благодать во Христе не будет нам предшествовать, чтобы у нас была добрая воля, и содействовать нам, когда такая добрая воля у нас будет (Статья 10).

В Полном Вестминстерском катехизисе (1647), принятом у пресвитериан, мы читаем:

---

[50] Тридцать девять статей — вероисповедание англиканской и епископальной церквей, сформулированное на соборе в Кентербери в 1563 году. Все служители англиканской церкви должны были принять эти статьи, в противном случае им грозили наказания, вплоть до тюремного заключения.

Греховность того состояния, до которого довело людей грехопадение, заключается в ответственности за первый грех Адама; в утрате первозданной праведности; в том, что вся их природа повреждена, из-за чего они совершенно не расположены к добру, противятся ему и не способны ни на что доброе, и это проявляется всегда и во всем (ответ на вопрос 25).

В баптистском Филадельфийском вероисповедании (1742) мы читаем:

Человек пал, и находясь в состоянии греха, полностью утратил всякую волевую способность делать какое-либо добро, которым сопровождается спасение; поэтому плотской человек, полностью отвращающийся от блага и мертвый во грехе, неспособен собственной силой обратить себя самого или приготовиться к такому обращению (глава 9).

Вопросы для индивидуального изучения и обсуждения в группе

Приведенные ниже вопросы предназначены для того, чтобы углубить понимание материала и помочь читателю применить его к собственной жизни.

Глава 6

1. Объясните значение слова «предуставить». Объясните значение слова «пророчество».

2. В чем заключается Божий замысел относительно мира?

3. Что значит «родиться от духа» (см. Ин. 3:3, 6; 5:24; 2 Пет. 1:4; Кол. 1:13)? Опишите все действия, которые совершает Бог при возрождении человека.

Глава 7

4. Опишите «свободную волю» человека. Включите в описание такие понятия, как «альтернативы» и «предпочтения».

5. В чем заключаются главные мысли Рим. 3:11; 8:7; Ин. 1:12–13; 5:40?

6. Что определяет волю? Укажите непосредственные причины и главную причину.

7. В чем заключается свобода грешника? В чем он не свободен?

8. Что такое грех? Каковы его последствия в жизни человека?

Божье всевластие
и ответственность человека

Итак, каждый из нас за себя даст отчет Богу (Рим. 14:12).

А. Введение

Обзор

В предыдущей главе мы долго рассматривали спорный и трудный вопрос человеческой воли. Мы показали, что волю человека нельзя назвать независимой или свободной; напротив, воля — служанка и рабыня. Мы утверждали, что правильное понимание воли грешника — воли порабощенной — необходимо для точного определения его бедственного, гибельного состояния. Полная испорченность, деградация человеческой природы — истина, которую человек ненавидит; он ее не признаёт, и он будет яростно ее оспаривать — до тех пор, пока не будет «научен Богом». Многие, очень многие доктринальные заблуждения, которые мы слышим сегодня отовсюду, представляют собой неизбежное, логичное последствие отвержения той оценки, которую Бог дает человеческой греховности. Человек говорит о себе: «Я богат, разбогател и ни в чем не имею нужды», и не знает, что на самом деле он «несчастен, и жалок, и нищ, и слеп, и наг»

(Откр. 3:17). Люди без конца говорят о «Восхождении человека»[51] и отрицают его грехопадение. Тьму называют светом, а свет — тьмою (Ис. 5:20). Они хвалятся «нравственной свободой человека», когда на самом деле человек порабощен грехом и сатаной, «который уловил их в свою волю» (2 Тим. 2:26). Но если плотский человек не обладает «нравственной свободой», то не следует ли из этого, что он не несет ответственности?

«Нравственная свобода» — это выражение, придуманное людьми. И, как уже упоминалось, разговоры о свободе плотского человека подразумевают полное отрицание его духовной погибели. Писание нигде не говорит о свободе или нравственных способностях грешника; наоборот, Писание подчеркивает его нравственную и духовную беспомощность.

Следует признать, что это самая трудная тема нашего исследования. Все, кто посвятил ей множество времени, признают, что гармонизация Божьего всевластия и ответственности человека — гордиев узел[52] богословия.

Главное затруднение возникает тогда, когда мы пытаемся описать отношение между Божьим всевластием и человеческой ответственностью. Пытаясь избавиться от этой трудности, многие полностью отрицали ее существование. Некоторые богословы, желая сохранить ответственность человека, преувеличили ее и утратили

---

[51] «Восхождение человека» *(The Ascent of Man)* — название книги Генри Друммонда (1851–1897), опубликованной в 1894 году. Автор утверждал, что человек, развивая свои врожденные способности, будет достигать все большего процветания.

[52] Гордиев узел — древнегреческая легенда гласила, что этот узел был завязан фригийским царем Гордием. Оракул предсказал, что развязать этот узел сможет только будущий правитель Малой Азии. Александр Македонский, когда не смог развязать этот узел, взял меч и разрубил его. Выражение «гордиев узел» с тех пор стало означать запутанную проблему.

масштаб — в результате чего Божье всевластие отодвигалось на задний план, а во многих случаях просто отрицалось. Другие признают, что Писание учит и Божьему всевластию и человеческой ответственности, но при этом делают оговорку: учитывая нынешнее наше ограниченное состояние и скудость нашего знания, мы не можем совместить эти две истины, хотя долг каждого верующего — принимать обе[53].

Автор этой книги считает, что многие богословы спешат предположить, будто само Писание не содержит ничего, что указывало бы на совмещение Божьего всевластия с ответственностью человека. И хотя Божье Слово не открывает эту тайну полностью (скажем это с благоговением), оно все же проливает свет на многие ее аспекты, поэтому мы считаем, что более уважительный подход к Богу и Его Слову включает молитвенное исследование Писания в поисках решения проблемы во всей ее полноте. Даже если исследования, проводившиеся другими, были напрасны, этот результат должен лишь повергать нас на колени — все больше и больше. В прошлом столетии Богу угодно было открыть в Своем Слове многое из того, что раньше было сокрыто для исследователей. Кто же тогда посмеет утверждать, что в вопросах, относящихся к нашему исследованию, ничего нового узнать невозможно?

Как уже упоминалось, главная трудность заключается в том, чтобы найти точку соприкосновения между Божьим всевластием и ответственностью человека. Многим кажется, что если Бог, утверждая Свое всевластие, являет Свою силу и оказывает непосредственное влияние на человека, а не просто предупреждает или приглашает, то это должно ограничивать свободу человека,

---

[53] См. книгу Дж. Пакера «Проповедь Евангелия и всевластие Бога»: J. I. Packer, *Evangelism and Sovereignty of God*.

уничтожать его ответственность и превращать его в какую-то машину. Печально, что даже такой автор, как покойный А. Т. Пирсон[54], чьи труды, как правило, основаны на Писании и содержат много полезных наставлений, утверждал: «Трепещу при мысли о том, что сам Бог не может контролировать мое нравственное состояние или ограничивать мой нравственный выбор. Он не может запретить, чтобы я бросал Ему вызов и отрекался от Него, и Он не стал бы применять Свою силу в этой области моей жизни, если бы мог; и если бы захотел, то не смог бы» («Духовная клиника»). Печально и то, что многие другие уважаемые и возлюбленные братья выражают похожие мысли, — печально, потому что такие высказывания явно противоречат Священному Писанию.

Мы желаем честно взглянуть на имеющиеся трудности и тщательно изучить их в свете того, что Бог открыл нам по Своему благоволению. Главную трудность можно обосновать следующим образом: во-первых, может ли Божья сила воздействовать на людей, препятствуя им делать, что им хочется, и побуждая их делать то, чего им не хочется, — но таким образом, что они несут ответственность за свои действия? Во-вторых: как может грешник нести ответственность за то, что он не в силах исполнить? И может ли быть справедливым его осуждение за неисполнение того, чего он сделать и не смог бы? В-третьих, как может Бог *предрешать*, чтобы люди совершили определенные грехи, привлекать их к ответственности за эти грехи и объявлять их виновными? В-четвертых: может ли грешник быть ответственным за принятие Христа и быть

---

[54] Артур Таппан Пирсон (1837–1911) — американский пресвитерианский пастор, автор множества проповедей и публикаций. Дружил со Скоуфилдом, Муди, Джорджем Мюллером и Спердженом, став преемником последнего в лондонской церкви «Метрополитан табернакл».

проклят за отвержение Христа, если Бог предопределил его к осуждению? Ответим на эти вопросы в том порядке, в котором они здесь приведены. Да будет Дух Святой нашим учителем, чтобы в свете Его мы увидели свет (Пс. 35:10).

Б. Ответственность человека не отменяется

Может ли Божья сила воздействовать на людей, препятствуя им делать то, что им хочется, и побуждая их делать то, чего им не хочется, — но таким образом, чтобы они несли ответственность за свои действия? Может показаться, что, если Бог явит Свою силу и окажет непосредственное влияние на людей, это будет ограничивать их свободу. И если Бог не будет довольствоваться предупреждениями и приглашениями, это будет уменьшать их ответственность. Нам говорят, что Бог не будет человека принуждать и тем более побуждать к чему-либо, иначе человек будет как машина. Такие рассуждения могут показаться вполне реалистичными: хорошая философия, основанная на, казалось бы, правильных выводах. Они почти повсеместно принимаются как аксиома в этике, но Писание их опровергает!

1. Бог не позволяет согрешить

а) Авимелех

Обратимся сначала к Бытию 20:6: «И сказал ему [Авимелеху] Бог во сне: и Я знаю, что ты сделал сие в простоте сердца твоего, и *удержал тебя от греха предо Мною*, потому и не допустил тебя прикоснуться к ней». Почти все утверждают, что Бог не должен ограничивать свободу человека, не должен его ни к чему принуждать или побуждать, иначе человек будет как машина. Но приведенная здесь цитата из Писания убедительно доказывает, что Божья сила может воздействовать на человека, не отменяя его ответственности. В этом случае Бог действительно явил Свою силу, ограничил свободу человека и не позволил ему сделать то, что он намеревался.

б) Адам

Прежде чем перейти к следующему отрывку, обратим внимание на то, как предыдущий отрывок позволяет нам понять, что произошло с первым человеком. Любители философии, пытающиеся мудрствовать сверх написанного, утверждали, что Бог не мог бы предотвратить грехопадение Адама, не превратив последнего в некий автомат. Они постоянно внушают нам, что Бог не должен принуждать или побуждать сотворенных существ к чему-либо, иначе это лишило бы их ответственности. Но в ответ на все это философствование мы скажем, что Писание упоминает множество случаев, где прямо сказано, что Бог удерживал некоторых людей, не позволял им согрешать против Него самого и против Его народа; в свете этих упоминаний все человеческие рассуждения не имеют никакого значения. Если Бог мог удержать Авимелеха от греха против Него, то почему же Он не мог сделать этого и с Адамом? И если кто-то спросит: «Почему же тогда Бог этого не сделал?», мы ответим вопросом на вопрос: «Почему Бог не удержал сатану от грехопадения?» Или: «Почему Бог не удержал кайзера от объявления войны?»[55] Как уже упоминалось, на такие вопросы обычно отвечают: Бог не мог сделать этого, не нарушив «свободу» человека и превратив его в машину. Но случай Авимелеха показывает, что такой ответ несостоятельный, ошибочный и — можно даже добавить — нечестивый

---

[55] 1 августа 1914 года немецкий кайзер Вильгельм II объявил войну России, что означало серьезную эскалацию конфликта на Балканах и начало Первой мировой войны.

и богохульный, ибо кто мы такие, чтобы ограничивать Всевышнего? Как смеет ограниченное сотворенное существо говорить, *что* Всевышнему можно, а чего нельзя?

Если же потребуется объяснить, почему Бог отказался явить Свою силу и предотвратить грехопадение Адама, мы скажем: потому что грехопадение Адама лучше служило Его мудрой и благословенной цели. Грехопадение дало, помимо прочего, возможность показать, что, «когда умножился грех, стала преизобиловать благодать» (Рим. 5:20). Но мы могли бы задать и другой вопрос: почему Бог поместил в Эдемском саду дерево познания добра и зла, ведь Он предвидел, что человек ослушается Его повеления и съест от этого дерева? Отметим, что дерево это создал Бог, а не сатана. И если кто-то спросит: «Что же тогда? Бог был автором греха?», нам снова придется ответить вопросом на вопрос: «Что значит „автор"?» Очевидно, была воля Бога на то, чтобы грех вошел в мир; иначе грех не вошел бы, ведь ничто не происходит без вечного Божьего постановления. Кроме того, было дано не просто разрешение, ведь Бог разрешает только то, что предназначил. Но тему происхождения греха мы закроем, отметив лишь снова, что Бог мог бы удержать Адама от греха, не отменяя его ответственности.

в) Валаам

Случай с Авимелехом нельзя назвать исключительным. Другую иллюстрацию этого же принципа можно найти в истории Валаама. В предыдущей главе она уже упоминалась, но теперь следует добавить пояснение. Валак Моавитянин послал за языческим пророком, чтобы тот «проклял» Израиль. За эту услугу ему была обещана щедрая награда, и при внимательном прочтении Чисел 22–24 становится ясно, что Валаам хотел, очень хотел принять предложение Валака — и таким образом согрешить против Бога и Его народа. Но Божья сила удержала Валаама. Прочитаем его собственное признание: «И сказал Валаам Валаку: вот, я и пришел к тебе, но могу ли я что от себя сказать? Что вложит Бог в уста мои, то и буду говорить» (Чис. 22:38). А когда Валак стал его упрекать, Валаам ответил: «Не должен ли я в точности сказать то, что влагает Господь в уста мои?.. Вот, благословлять начал я, ибо Он благословил, и я не могу изменить сего». Эти стихи, конечно же, показывают силу Бога и бессилие человека: воля человека не сбылась, а воля Бога исполнилась. Но была ли уничтожена «свобода» или ответственность Валаама? Конечно, нет, и мы еще постараемся это доказать.

г) Соседние царства

Еще один пример: «И был страх Господень на всех царствах земель, которые вокруг Иудеи, и не воевали с Иосафатом» (2 Пар. 17:10). Значение этих слов очевидно. Если бы «страх Господень» не овладел этими царствами, они бы воевали с Иудой. Удержала их только Божья сила. Если бы их собственной воле было разрешено исполниться, они бы «воевали». Итак, мы видим: Писание учит, что Бог удерживает не только индивидов, но и народы — и когда Ему угодно, Он вмешивается и предотвращает войну. См. также Бытие 35:5.

2. Человек все равно несет ответственность

Теперь следует ответить на такой вопрос: «Как может Бог удерживать людей от греха и при этом не нарушать их свободу и ответственность»? Многие считают, что в нашем нынешнем ограниченном состоянии эта задача неразрешима. Необходимо спросить: «В чем заключается нравственная свобода, подлинная нравственная свобода»? Отвечаем: «Она заключается в избавлении из рабства греха». Чем больше душа освобождается от рабства греха, тем глубже входит она в состояние свободы: «Итак, если Сын освободит вас, то истинно свободны будете» (Ин. 8:36). В приведенных выше отрывках Бог удерживал Авимелеха, Валаама и языческие царства от греха, и потому мы утверждаем, что Он ни в коей мере не нарушил их подлинную свободу. Чем ближе душа к безгрешности, тем ближе она к Божьей святости. Писание говорит нам, что Бог не может изменить Своему слову (Тит. 1:2) и не может быть искушен (Иак. 1:13), но уменьшается ли Его свобода оттого, что Он не может делать зло? Конечно нет. Разве не очевидно тогда, что чем ближе человек к Богу и чем сильнее он удерживается Богом от греха, тем больше его подлинная свобода! Замечательный пример того, как Божье всевластие соприкасается с ответственностью человека, и это соприкосновение связано с вопросом нравственной свободы, — то, как нам было дано Священное Писание. Когда Бог сообщал нам Свое Слово, Ему было угодно использовать в качестве инструментов людей, и Он использовал их не просто как стенографистов: «...зная прежде всего то, что никакого пророчества в Писании нельзя разрешить самому. Ибо никогда пророчество не было произносимо по воле человеческой, но изрекали его святые Божии человеки, будучи движимы Духом Святым» (2 Пет. 1:20—21). Ответственность человека и Божье всевластие идут здесь рука об руку. Эти святые люди были «движимы» (буквальный перевод с греческого: «носимы») Святым Духом, но их нравственная ответственность не уменьшалась, а их «свобода» не нарушалась. Бог просветил их разум, согрел их сердце, открыл им истину и контролировал их таким образом, что какая-либо ошибка для них стала невозможной, когда они сообщали людям Его мысли и Его волю. Но что могло бы стать причиной ошибки, если бы Бог не осуществлял такого контроля над используемыми инструментами? Ответ: грех — грех, живущий в них. Но, как мы видели, сдерживая грех, не позволяя плотскому разуму действовать в этих «святых человеках», Бог не уничтожал их свободу; напротив, Он вводил их в подлинную свободу.

В заключение следует сказать несколько слов о природе подлинной свободы. Есть три вещи, в отношении которых люди обычно заблуждаются: счастье и несчастье, мудрость и глупость, свобода и рабство. Мир считает несчастными только тех, кто страдает, а счастливыми — только тех, кто процветает, потому что мир смотрит только на нынешнее процветание плоти. И мир вполне устраивают демонстрация ложной мудрости (которая есть «безумие пред Богом» — 1 Кор. 3:19) и нерадение о том, что умудряет во спасение (2 Тим. 3:15). Что касается свободы, то люди стремятся жить так, как им нравится. Они думают, будто свобода возможна лишь в том, чтобы не подчиняться никому и ничему, кроме себя самих, и следовать своему сердцу. Но это — худшая разновидность рабства.

Свобода — это сила, позволяющая жить не так, как нам нравится, а так, как нужно жить! Поэтому из всех, кто ходил по этой земле после грехопадения Адама, только один человек наслаждался подлинной свободой — Иисус Христос, Святой Раб Божий; Его пищей всегда было творить волю Отца (Ин. 4:34).

В. Справедливое осуждение

Рассмотрим теперь вопрос: как может грешник нести ответственность за то, чего сделать не в силах? И может ли быть справедливым его осуждение за то, чего он не мог делать? Человек — существо сотворенное, и его ответственность заключается в том, чтобы любить Бога, быть Ему послушным и служить Ему. Человек — существо грешное, и его ответственность заключается в том, чтобы покаяться и уверовать в Евангелие. Но уже изначально мы видим, что плотской человек не способен любить Бога и служить Ему, и что грешник сам по себе неспособен покаяться и уверовать.

1. Что значит «прийти ко Христу»

Сначала обоснуем предыдущее утверждение. Прежде всего процитируем и проанализируем Иоанна 6:44: «Никто не может прийти ко Мне, если не привлечет его Отец, пославший Меня». Сердце плотского (то есть каждого) человека настолько лукаво, что, если бы он был предоставлен самому себе, он никогда бы не пришел ко Христу. Это утверждение никто бы не стал подвергать сомнению, если бы была раскрыта полнота значения слов «прийти ко Христу». Поэтому сделаем небольшое отступление и определим, что именно означают слова «никто не может прийти ко Мне» — ср. Иоанна 5:40: «Но вы не хотите прийти ко Мне, чтобы иметь жизнь».

Для грешника прийти ко Христу, чтобы иметь жизнь, означает осознать весь ужас своей ситуации: увидеть, что меч Божьего правосудия занесен над его головой, проснуться и осознать, что от смерти его отделяет лишь один шаг, и что после смерти будет суд (Евр. 9:27). В результате такого открытия он искренне желает спастись, искренне стремится избежать грядущего гнева, упрашивает Бога о милости, изо всех сил старается «войти сквозь тесные врата» (Лк. 13:24).

Прийти ко Христу, чтобы иметь жизнь, — для грешника это означает осознание, признание того, что он ничего не может требовать от Бога; он видит себя «немощным» (Рим. 5:6), потерянным и погибающим; он признаёт, что не заслуживает ничего, кроме вечной смерти. Таким образом, он становится на сторону Бога против самого себя.

Он повергается в прах перед Богом и смиренно просит Его о пощаде.

Прийти ко Христу, чтобы иметь жизнь, — для грешника это значит отвергнуть собственную праведность и быть готовым принять праведность Божью во Христе; отвергнуть собственную мудрость и руководствоваться Его мудростью, отвергнуть собственную волю и направляться Его волей; принять Господа Иисуса своим Господом и Спасителем — без всяких оговорок, принять Его как все во всем.

2. Желание «прийти ко Христу»

Таково краткое значение выражения «прийти ко Христу». Но готов ли грешник занять такое положение перед Богом? Нет, потому что, во-первых, он не понимает серьезности ситуации, а значит, не искренен в своих поисках спасения. Наоборот, люди чаще всего чувствуют себя в безопасности, и — если только не подействует Святой Дух — при угрызениях совести или ударах судьбы ищут убежище, где угодно, но только не во Христе. Во-вторых, они не признают, что их праведность — как запачканная одежда, но, подобно фарисею, они благодарят Бога за то, что не такие, как мытарь (Лк. 18:10–14). В-третьих, они не готовы принять Христа своим Господом и Спасителем, потому что не желают расстаться со своими идолами; они скорее подвергнут опасности вечную участь своей души, чем откажутся от идолов. Поэтому мы и говорим: предоставленный самому себе человек настолько развращен в своем сердце, что не может прийти ко Христу.

Слова Господа, приведенные выше, — далеко не единственная цитата на эту тему. Великое множество других отрывков раскрывают нравственную и духовную беспомощность плотского человека. В Иисуса Навина 24:19 мы читаем: «Не возможете служить Господу, ибо Он

Бог святый». А Христос говорит фарисеям: «Почему вы не понимаете речи Моей? Потому что не можете слышать слова Моего» (Ин. 8:43). И в другом месте написано: «...Плотские помышления суть вражда против Бога; ибо закону Божию не покоряются, да и не могут. Посему живущие по плоти Богу угодить не могут» (Рим. 8:7–8).

3. Неспособность «прийти ко Христу»

Но теперь мы возвращаемся к вопросу: «Как может Бог привлекать грешников к ответственности за то, что они не могут сделать?» Для ответа нам понадобится точное определение терминов. Что именно подразумевают слова «неспособны» и «не могут»?

Следует хорошо понимать: когда мы говорим о неспособности «грешников», мы не имеем в виду, что, если бы люди хотели прийти ко Христу, у них не было бы силы для исполнения своего желания. Нет, неспособность грешника, отсутствие силы, сами по себе вызваны нежеланием прийти ко Христу, а это нежелание — плод испорченного сердца. Крайне важно проводить различие между природной неспособностью и неспособностью нравственной, или духовной. Мы читаем, к примеру: «Ахия уже *не мог видеть*, ибо глаза его сделались неподвижны от старости» (3 Цар. 14:4); или: «Но эти люди начали усиленно грести, чтобы пристать к земле, но *не могли*, потому что море все продолжало бушевать против них» (Ион. 1:13). В обоих этих отрывках слова «не мог» («не могли») подразумевают природную неспособность. Но когда мы читаем: «И увидели братья его, что отец их любит его более всех братьев его; и возненавидели его и *не могли говорить с ним дружелюбно*» (Быт. 37:4), очевидно, что речь идет о нравственной неспособности. Они не страдали от природной неспособности говорить с ним, ведь они не были немыми. Почему же тогда они «не могли говорить с ним дружелюбно»? Ответ дается в том же стихе: потому что они «возненавидели его». А в 2 Петра 2:14 мы читаем о некой разновидности нечестивых: «Глаза у них исполнены любострастия и непрестанного греха» (в английском переводе: «не могут перестать грешить» — *cannot cease from sin. — Прим. пер.*). Здесь тоже подразумевается нравственная неспособность. Почему эти люди не могут перестать грешить? Ответ: потому что глаза у них исполнены любострастия. В Римлянам 8:8 сказано: «Посему живущие по плоти Богу угодить не могут» (Рим. 8:8), — здесь тоже говорится о духовной неспособности. Почему живущие по плоти «Богу угодить не могут»? Потому что они «*отчуждены от жизни Божией*» (Еф. 4:18). Никто из людей не может избрать то, что противно его сердцу: «Порождения ехиднины! Как *вы* можете говорить доброе, будучи злы?» (Мф. 12:34). «Никто *не может* прийти ко Мне, если не привлечет его Отец, пославший Меня» (Ин. 6:44). Мы снова видим, что речь идет о нравственной и духовной неспособности. Почему грешник не может прийти ко Христу, если только Отец его не «привлечет»? Ответ: потому что нечестивое сердце любит грех и ненавидит Христа. Мы полагаем, что объяснили достаточно четко: Писание проводит резкое различие между природной способностью и нравственной, или духовной, неспособностью. Конечно, все могут увидеть различие между слепотой Вартимея, который уже страстно желал прозреть, и слепотой фарисеев, которые «глаза свои сомкнули, да не увидят глазами и не услышат ушами, и не уразумеют сердцем, и да не обратятся» (Мф. 13:15). Но если кто-то скажет: «Плотский человек мог бы прийти ко Христу, если бы захотел», то мы ответим: все дело в этом «если». Неспособность грешника заключается в отсутствии нравственной силы, которая производила бы желание совершить само действие.

4. Ответственность «прийти ко Христу»

То, что мы рассматривали выше, имеет первостепенное значение. Ответственность грешника основывается на различии между его природной способностью и его нравственной и духовной неспособностью. Испорченность человеческого сердца не отменяет его ответственности перед Богом; напротив, именно эта нравственная неспособность грешника *увеличивает* его вину. Это утверждение легко доказать ссылкой на Писания, которые цитировались выше. Мы читаем, что братья Иосифа «не могли говорить с ним дружелюбно», а почему? Потому что «возненавидели его». Но могла ли эта нравственная неспособность послужить оправданием? Конечно нет: именно из-за этой нравственной неспособности их грех и был таким тяжким. И о тех, кто не может перестать грешить, сказано: «Глаза у них исполнены любострастия и непрестанного греха» (2 Пет. 2:14). Почему их грех непрестанный? Потому что «глаза у них исполнены любострастия», но их грех из-за этого становится только хуже. Они не могли перестать грешить, это факт, но факт, который их не извиняет, а наоборот, лишь отягощает их вину.

Если кто-то из грешников станет возражать: «Я не по своему желанию родился в этом мире с испорченной природой, и потому я не несу ответственности за свою нравственную и духовную неспособность, вызванную этой природой», то ответ будет таким: ответственность и виновность связаны с *потаканием* греховным наклонностям, в *свободном* следовании этим наклонностям, потому что Бог никого не принуждает к греху. Люди, возможно, пожалеют меня — но, конечно, не извинят, — если я дам выход своему гневу, а потом попытаюсь оправдать его, объяснив, что такой темперамент достался мне в наследство от родителей. У окружающих будет достаточно здравого смысла, чтобы принять правильное решение в таком случае. Они скажут, что моя ответственность — в том, чтобы сдерживать мой гнев. Зачем тогда искать лазейки, которые позволяли бы избегнуть этого принципа в вышеприведенном случае? «Твоими устами буду судить тебя, лукавый раб!» Этот принцип применим, конечно, и здесь (Лк. 19:22). Что бы сказал читатель вору, который ограбил его, а потом сказал бы в свою защиту: «Не могу не воровать, такова моя природа!» Ответ, конечно, будет: такому человеку место в тюрьме. Что же тогда можно сказать о том, кто утверждает, что не может не следовать склонности своего греховного сердца? Конечно, такой человек должен быть брошен в огненное озеро. Был ли когда-нибудь такой убийца, который пытался бы оправдаться тем, что *не мог* пройти мимо своей жертвы, не убив ее? Разве от таких слов его преступление не стало бы еще более тяжким? Что тогда можно сказать о человеке, который настолько любит грех, что враждует с Богом?

5. Человеческая способность

Человеческая ответственность — это факт, признаваемый почти всеми. Эта ответственность заложена в нравственную природу человека. Не только Писание учит этой ответственности: о ней может свидетельствовать и совесть по природе. Основание человеческой ответственности — человеческая способность. Теперь следует определить, что именно означает довольно широкий термин «способность». Возможно, конкретный пример для большинства читателей будет более понятным, чем абстрактный аргумент.

Представим, что какой-то человек должен мне сто долларов, и на развлечения у него деньги есть, а на выплату долга — нет; и при этом он утверждает, что не в состоянии расплатиться со мной. Что я ему скажу? Я скажу, что единственная способность, которой у него нет, — это честное сердце! Но разве не будут мои слова искажены, если кто-то из друзей этого нечестного должника скажет, будто я утверждал следующее: честное сердце — вот в чем заключается *способность* выплатить долг? Я бы ответил, что это не так: способность должника заключается в том, что он может своей рукой выписать чек, и *такая способность у него есть*, а недостает ему лишь *честности и порядочности*. Именно возможность выписать чек накладывает на него ответственность, и то, что у него нет честного сердца, не отменяет его ответственности[56].

Так и грешник, полностью лишенный нравственной и духовной способности, обладает тем не менее природной способностью, и именно эта способность делает его ответственным перед Богом. У людей есть те же природные способности, позволяющие любить Бога, которые позволяют и ненавидеть Его; то же сердце, позволяющее верить Богу, которое позволяет и ненавидеть Его, — и именно это нежелание любить и верить делает их виновными. Идиот или младенец не несут личной ответственности перед Богом, потому что у них нет природной способности. Но нормальный человек, наделенный разумом и совестью, которая способна отличать добро от зла, и умеющий рассуждать о вопросах вечного значения, *несет* ответственность — именно потому, что он обладает этими способностями, ему придется дать за себя отчет Богу (Рим. 14:12).

Мы снова говорим, что приведенное выше различие между природной способностью и нравственной и духовной неспособностью грешника имеет первостепенное

---

[56] Используемые в этом примере термины заимствованы из иллюстрации, которую приводил покойный Эндрю Фуллер (1754–1815), английский служитель-баптист, богослов и энтузиаст, пропагандировавший миссионерскую деятельность. — А. П.

значение. Имея природные способности, он не имеет способности нравственной и духовной. Из-за того, что второй способности у него нет, его ответственность не отменяется, потому что ответственность основывается на первой способности, а она у грешника *есть*. Приведу другую иллюстрацию. Возьмем двух людей, виновных в краже: один из них идиот, а второй — полностью вменяемый отпрыск родителей-уголовников. Справедливый судья никогда не вынесет обвинительный приговор первому, но всякий судья в здравом уме признает виновным второго. Даже если у этого второго вора плохая наследственность, это его не оправдывает — при условии, что он нормальный разумный человек.

Итак, мы видим основание для человеческой ответственности: разум плюс дар совести. Именно потому, что грешник наделен этими способностями, он несет ответственность; а вина его заключается в том, что он использует эти способности не для Божьей славы.

Совместимо ли с Божьей милостью то, что Он требует долг послушания от тех, кто выплатить его не может? В дополнение к сказанному выше следует отметить, что Бог не утратил Свое право, хотя человек утратил свою силу. Бессилие сотворенного существа не отменяет его обязательств. Пьяный слуга остается слугой, и бессмысленно было бы утверждать, что хозяин утратил свои права из-за непригодности слуги. Кроме того, крайне важно учитывать, что Бог заключил договор с нами в Адаме, который был нашим федеральным главой[57] и представителем, и в нем Бог дал нам силу, которую мы утратили

---

[57] Федеральный глава — тот, кто представляет единую с ним группу (например, президент, действующий от имени страны, которая объединена Конституцией). Здесь это выражение используется применительно к Адаму, который был представителем всего человечества и действовал от его имени.

через грехопадение нашего прародителя. Но хотя сила эта утрачена, Бог все еще может по справедливости требовать полагающиеся Ему послушание и служение.

Г. Божье установление, привлечение к ответственности, суд над виновными

Задумаемся теперь над таким вопросом: как может Бог постановить, что человек совершит определенные грехи, привлечь его к ответственности за совершение этих грехов, а затем объявить его виновным?

1. Иуда

Рассмотрим [сначала] особый случай — случай Иуды. Мы утверждаем: Писание ясно учит, что Бог от вечности постановил, что Иуда предаст Господа Иисуса. Если кто-то собирается оспорить это утверждение, мы сошлемся на пророчество Захарии, через которого Бог объявил, что Сын Его будет продан за «тридцать сребренников» (Зах. 11:12). Как уже упоминалось, в пророчествах Бог открывает то, что *будет*. И, открывая то, что будет, Он лишь сообщает о том, что Он *постановил*. То, что именно в Иуде исполнилось пророчество Захарии, в доказательствах не нуждается.

Но теперь перед нами возникает такой вопрос: был ли Иуда ответственным существом, когда исполнял это Божье постановление? Мы отвечаем: да, был. Ответственность связана прежде всего с *мотивами* и намерениями того, кто совершает тот или иной поступок. Это признается повсеместно. Человеческие законы проводят различие между ударом, нанесенным случайно (без злого умысла), и ударом, нанесенным «со злым умыслом». Этот же принцип применим и в случае с Иудой. Каким было состояние его сердца, когда он торговался с первосвященниками? Он явно не имел осознанного намерения исполнять какие-либо Божьи постановления, хотя, сам того не зная, именно это он и делал. Напротив, все его намерения были злыми, и, хотя Бог определил и направил его деяние, злые намерения самого Иуды сделали его виновным по справедливости, что он впоследствии сам и признал: «Согрешил я, предав кровь невинную» (Мф. 27:4).

2. Распятие Христа

Такой же принцип прослеживается и при распятии Христа. Писание ясно учит: Он был предан «по определенному совету и предведению Божию» (Деян. 2:23), и, хотя «восстали цари земные, и князи собрались вместе на Господа и на Христа Его», все это произошло для того, «чтобы сделать то, чему быть *предопределила* рука Твоя и совет Твой» (Деян. 4:26, 28). В этих стихах показано, что Бог не просто дает разрешение: каждая подробность, сопровождавшая распятие, была *предопределена Богом*. Тем не менее Господь был распят и умерщвлен не просто человеческими руками, но «руками беззаконных» (Деян. 2:23) — «беззаконных», потому что все намерения распинавших Его людей были злыми.

3. Мотивы сердца

Но, возможно, кто-то возразит: если Бог повелел, что Иуда должен предать Христа, и что иудеи и язычники Его распнут, то они не могли поступить иначе и, следовательно, они не несли ответственности за свои поступки. Ответ: Бог действительно предопределил, что они совершат эти действия, но само совершение этих действий сделало их виновными по справедливости, потому что их собственные цели при этом были только злыми.

Следует подчеркнуть, что Бог не производит греховной склонности ни в одном из сотворенных Им существ, хотя Он действительно *сдерживает* их и направляет для достижения Своих собственных целей. Поэтому Он не был автором греха, и Он не может одобрять грех.

Августин так говорил об этом различии: «То, что люди грешат, происходит от них самих; то, что, согрешая, они совершают то или иное действие, происходит от силы Бога, разделяющего тьму по Своему благоволению». Поэтому написано: «Сердце человека обдумывает свой путь, но Господь управляет шествием его» (Прит. 16:9). Здесь мы настаиваем на том, что Божьи установления не являются необходимой причиной человеческих грехов, но производят предопределенное и предписанное *ограничение* и направление греховных дел человека. В том, что касается предательства Христа, Бог не повелел, чтобы Он был продан одним из Своих творений; и Бог не брал хорошего человека, вкладывая зло в его сердце и таким образом заставляя его совершить это ужасное дело, чтобы исполнилось Его повеление. Нет, Писание представляет все совсем иначе. Бог повелел, чтобы действие было совершено, и Он избрал того, кому надлежало это действие совершить, но Бог не делал его для этого злым. Наоборот, предатель был «дьяволом» еще тогда, когда Господь Иисус избрал его одним из двенадцати (Ин. 6:70); когда Иуда осуществлял свои замыслы и проявлял свою дьявольскую природу, Бог просто направлял его действия — действия, полностью соответствующие порочному сердцу предателя и совершаемые с самыми злобными намерениями. То же происходило и при распятии.

Д. Ответственные за то, чтобы принять Христа, но предопределенные к осуждению

Как может грешник быть ответственным за то, чтобы принять Христа (и быть проклятым за Его отвержение), если Бог предопределил его к осуждению? Этот вопрос уже рассматривался при изучении других тем, но для пользы тех, кто им интересуется, приведем отдельно ответ, хоть и краткий. При рассмотрении вышеупомянутых трудностей следует внимательно изучить следующие утверждения.

1. Никто из грешников не знает в точности, что осужден

Во-первых отметим, что никто из грешников, пока находится в этом мире, не знает и не может в точности знать, что *он* — один из «сосудов гнева, готовых к погибели» (Рим. 9:22). Это знание относится к тайным советам Божьим, к которым у нас нет доступа. Тайная Божья воля — не наше дело; критерий человеческой ответственности — *открытая* (в Слове) Божья воля. И открытая Божья воля понятна: каждый грешник — один из тех людей, которым Бог велит покаяться (Деян. 17:30). Каждому грешнику, слышавшему Евангелие, дается повеление верить (2 Ин. 3:23). И все, кто подлинно кается и верит, — спасены. Поэтому каждый грешник несет ответственность за то, чтобы покаяться и уверовать.

2. Каждый грешник ответственен за то, чтобы исследовать Писания

Во-вторых, у каждого грешника есть обязанность — исследовать Писания, «которые могут умудрить... во спасение» (2 Тим. 3:15). Обязанность — потому что Божий Сын повелел: «Исследуйте Писания» (Ин. 5:39). Если он исследует Писания с сердцем, которое ищет Бога, то он помещает себя в то место, где Бог обычно встречается с грешниками. На эту тему пуританин Томас Мэнтон [58] дал очень полезный комментарий:

---

[58] Томас Мэнтон (1620–1677) — пуританский проповедник-нонкомформист. Выпускник Оксфордского университета, проповедовал до принятия Акта о единообразии 1662 года. С 1662 по

Я не могу безошибочно сказать тому, кто пашет, что у него будет хороший урожай, но я могу сказать ему: обычно Бог благословляет трудолюбивых и предусмотрительных. Я не могу сказать каждому, кто желает потомства: женись, и у тебя будут дети. Не могу безошибочно сказать каждому, идущему в битву за благо своей страны, что у него будут победа и успех. Но могу сказать, как Иоав: «Будь мужествен, и будем твердо стоять за народ наш и за города Бога нашего, — и Господь пусть сделает, что ему угодно» (1 Пар. 19:13). Не могу безошибочно сказать, что у вас будет благодать, но могу сказать: пусть каждый использует имеющиеся средства, а успех своего пути и свое спасение пусть доверит воле и благоволению Божьему. Не могу сказать безошибочно, потому что Бог не связан обязательствами. И все же труд этот есть плод Божьей воли и просто произвольного решения: «Восхотев, родил Он нас словом истины, чтобы нам быть некоторым начатком Его созданий» (Иак. 1:18). Будет делать то, что заповедал Бог, а Бог пусть делает то, что *Он* пожелает. И мне не нужно этого говорить, ведь целый мир во всех своих действиях направляется и должен направляться этим принципом. Будем исполнять свой долг, а успех относить к Богу, обычно встречающему существо, которое Его ищет, — и Он уже с нами, эта серьезная настойчивость в использовании средств происходит от серьезного воздействия Его благодати. И, поскольку Он был с нами и раньше и не выказывал нежелания делать нам

1670 год проповедовал в собственном доме, но в итого был арестован и на полгода заключен в тюрьму. Джеймс Ашер назвал его «одним из лучших проповедников в Англии».

добро, у нас нет причины отчаиваться в Его благости и милости, но стоит надеяться на лучшее[59].

Бог благоволил дать людям Священные Писания, которые «свидетельствуют» о Спасителе и открывают путь спасения. Каждый грешник обладает природными способностями как для чтения Библии, так и для чтения газеты. Если он неграмотный или слепой, то у него есть язык, чтобы попросить друга почитать ему Библию, — так же как просит он его о других вещах. Итак, если Бог дал людям Свое слово и в этом Слове открыл путь спасения, и если всем людям повелевается исследовать Писания, которые могут умудрить во спасение (2 Тим. 3:15), но люди отказываются это делать, то очевидно, что наказание заслужено, и кровь их — на их собственных головах, а Бог справедливо может ввергнуть их в огненное озеро.

3. Неспособность тех, кто не избран

В-третьих, кто-то может возразить: даже если мы согласимся с приведенными выше утверждениями, разве не факт то, что все, не принадлежащие к числу избранных, не способны покаяться и уверовать? Ответ: да, это факт — ни один из грешников сам по себе не может прийти ко Христу. И в том, что касается Бога, это «не может» иметь абсолютного значения. Но сейчас мы рассматриваем тему ответственности грешника (грешника, предопределенного к осуждению, хотя он этого не знает). И в том, что касается человека, неспособность грешника — *нравственная*, как уже объяснялось.

Кроме того, следует учитывать, что, помимо нравственной неспособности грешника, есть еще и добровольная

---

[59] *The Complete Works of Thomas Manton*, Vol. XXI; 312.

неспособность. Стоит помнить, что грешник не только бессилен делать добро, но и *наслаждается злом*. В том, что касается человека, «не может» означать «не хочет»; это бессилие — *добровольное*. Бессилие человека заключается в его упрямстве. Поэтому все «безответны», а Бог — «чист в суде» Своем (Пс. 50:6); Он праведен в Своем осуждении всех людей, которые «более *возлюбили* тьму, нежели свет» (Ин. 3:19).

Бог требует того, на что мы своими силами неспособны, и это ясно из многих Писаний. На Синае Бог дал Израилю закон и потребовал полного соблюдения этого закона, дав суровые предупреждения о том, какими будут последствия непослушания (см. Втор. 28). Но может ли хоть кто-то из читателей быть настолько неразумным, чтобы утверждать, будто Израиль был в состоянии полностью исполнять закон? Если бы кто-то так и думал, то можно было бы процитировать Римлянам 8:3, где прямо сказано: «Как закон, ослабленный плотию, был бессилен, то Бог послал Сына Своего в подобии плоти греховной в жертву за грех и осудил грех во плоти».

Перейдем теперь к Новому Завету. Возьмем такой отрывок, как Матфея 5:48: «Итак, будьте совершенны, как совершен Отец ваш Небесный». Или 1 Коринфянам 15:34: «Отрезвитесь, как должно, и не грешите». Или 2 Иоанна 2:1: «Дети мои! Сие пишу вам, чтобы вы не согрешали». Скажет ли кто-то из читателей, что способен исполнить эти требования Бога? Если скажет, то спорить с ним бесполезно.

4. Справедливые требования Бога и ответственность человека

Но теперь возникает вопрос: почему же Бог потребовал от человека то, что человек исполнить не в силах?

а) Потому что Бог отказывается снижать Свои стандарты

Первый ответ: потому что Бог отказывается снижать Свои стандарты до уровня наших греховных немощей. Совершенный Бог должен устанавливать для нас совершенный стандарт.

б) Потому что человек ответственен за то, чтобы просить Бога о помощи

И все же мы должны спросить: если человек не в силах соответствовать Божьему стандарту, в чем тогда заключается ответственность человека? Какой бы трудной ни казалась эта проблема, у нее все же есть простое и удовлетворительное решение.

Человек ответственен за то, чтобы (во-первых) признать перед Богом свою неспособность и (во-вторых) воззвать к нему, прося об укрепляющей благодати. С этим, конечно, согласится любой читатель-христианин. Моя обязанность — признать перед Богом свое невежество, слабость, греховность, бессилие, не позволяющие исполнять Его святые и справедливые требования. Другая моя обязанность, а также благословенная привилегия — искренне умолять Бога о мудрости, силе, благодати, которыми я смог бы делать то, что угодно Ему, — просить, чтобы *Он* производил во мне «и хотение, и действие по Своему благоволению» (Флп. 2:13).

в) Потому что человек ответственен за то, чтобы призвать Господа

Схожим образом грешник — любой грешник — несет ответственность за то, чтобы призвать Господа. Сам по себе грешник не может ни покаяться, ни уверовать. Не может ни прийти ко Христу, ни отвратиться от грехов. Бог повелевает ему это сделать, и первая его обязанность — «запечатлеть, что Бог истинен» (Ин. 3:33). Вторая его обязанность — воззвать к Богу, умоляя дать силу, просить, чтобы по милости Своей Бог преодолел присущую грешнику вражду и «привлек» его ко Христу, чтобы наделил его дарами покаяния и веры. Если он так сделает — искренне, от всего сердца, — Бог, конечно же, ответит на его просьбу, написано ведь: «Ибо всякий, кто призовет имя Господне, спасется» (Рим. 10:13).

Представим, что поздно ночью я поскользнулся на обледеневшем тротуаре и сломал бедро. Я не могу встать, а если останусь лежать, замерзну насмерть. Что же мне делать? Если я твердо решил умереть, то мне нужно лежать молча, и виновен в своей смерти буду я сам. Но если я действительно хочу, чтобы меня спасли, мне нужно громко взывать о помощи. Итак, грешник, хотя и не может встать и сделать первый шаг ко Христу, ответственен за то, чтобы взывать к Богу. И если он это делает (от всего сердца), то Избавитель окажется рядом. Бог — «недалеко от каждого из нас» (Деян. 17:27), Он «скорый помощник в бедах» (Пс. 45:2). Но если грешник отказывается взывать к Богу, если он решил погибнуть, то его кровь на его голове, «праведен суд на таковых» (Рим. 3:8).

5. Мера человеческой ответственности

Теперь добавим несколько слов о мере человеческой ответственности. Очевидно, что эта мера в разных случаях будет разной; у некоторых людей больше, у некоторых меньше. Стандарт, которым она определяется, был дан в словах Спасителя: «И от всякого, кому дано много, много и потребуется» (Лк. 12:48). Конечно, от людей, живших в ветхозаветные времена, Бог требовал не так много, как от тех, кто родился во время христианской диспенсации. Конечно, от людей, живших в «темные века», когда Писание было доступно лишь немногим,

Бог требовал не так много, как от современного поколения в стране, где почти каждая семья имеет собственный экземпляр Его Слова.

И от язычников Бог будет требовать не так много, как от представителей христианской цивилизации. Язычники [никогда не слышавшие Евангелие] погибнут не потому, что не верили во Христа, а потому что не жили в соответствии с тем светом, который у них был, — со свидетельством о Боге, которое дано в природе и совести.

6. Заключение

а) Краткие выводы

Подведем итог: ответственность человека основывается на его природной способности; об этом факте свидетельствует совесть, и он утверждается во всем Писании. Основание ответственности человека — в том, что он разумное существо, которое способно рассматривать вопросы вечной значимости, и что он обладает письменным Божьим откровением, которое четко определяет его отношения с Творцом и обязанности по отношению к Нему. Мера ответственности у разных людей разная; она определяется тем, сколько света от Бога было у того или иного человека. Проблема человеческой ответственности находит по крайней мере частичное решение в Священном Писании, и наша великая обязанность, а также привилегия — молитвенно изучать Писание в поисках большего света и просить, чтобы Святой Дух наставил нас «на всякую истину» (Ин. 16:13). Написано: «направляет кротких к правде, и научает кротких путям Своим» (Пс. 25:9).

б) Ответственность человека: использовать средства, данные Богом

В заключение следует отметить, что каждый человек ответственен за то, чтобы использовать средства, которые Бог сделал для него доступными. Фатализм и инертность — «я ведь знаю, что Бог определил все, чему должно произойти, и отменить ничего нельзя», — это греховное злоупотребление тем учением, которое Бог открыл для утешения наших сердец. Тот же Бог, который объявил, что та или иная цель будет достигнута, определил и то, что эта цель будет достигнута теми средствами, которые Он сам и назначил. Бог не гнушается использованием этих средств, значит, и я не должен считать их ниже своего достоинства. Например, Бог постановил, что «во все дни земли сеяние и жатва... не прекратятся» (Быт. 8:22), но это не значит, что человеку не нужно распахивать и засеивать землю. Напротив, Бог побуждает людей к такому труду, благословляет его и таким образом исполняет Свое постановление. И схожим образом Бог от начала избрал определенных людей к спасению, но это не значит, что проповедники не должны благовествовать, а грешники не должны верить в Евангелие, — именно такими средствами исполняются Его предвечные советы. Утверждать, что, поскольку Бог безоговорочно определил вечную участь каждого человека, мы освобождены от какой-либо ответственности за свои собственные души или от усердного использования средств спасения, — все равно что отказываться от исполнения своих ежедневных обязанностей на основании того, что Бог определил мою земную участь, — а то, что Он ее *действительно* определил, ясно следует из Деяний 17:26, Иова 7:1, 14:15 и пр. Если же Божье предопределение может включать соответствующие действия человека, направленные на удовлетворение его нынешних нужд, то почему так не может быть и в будущем? Не нам разделять то, что Бог соединил! Независимо от того, видим ли мы связь между тем и другим, наша обязанность определена четко: «Сокрытое принадлежит Господу Богу нашему, а открытое — нам и сынам нашим до века, *чтобы мы исполняли* все слова закона сего» (Втор. 29:29).

В Деяниях 27:22 Бог открыл, что предопределил временно сохранить всех, кто находится с Павлом на корабле, но апостол, не колеблясь, утверждает: «Если они не останутся на корабле, то вы не можете спастись» (ст. 31). Бог определил средства исполнения того, что Он повелел. Из 4 Царств 20 мы знаем, что Божье намерение добавить пятнадцать лет к жизни Езекии было абсолютным, но к нарыву нужно было приложить пласт смокв! Павел знал, что имеет вечную гарантию в руке Христа (Ин. 10:28), но «усмирял и порабощал тело свое» (1 Кор. 9:27). Апостол Иоанн заверял своих адресатов, что они пребудут во Христе, но уже в следующем стихе призывает их: «Итак, дети, *пребывайте* в Нем» (2 Ин. 2:27–28). Только принимая этот жизненно важный принцип, — мы несем ответственность за использование назначенных Богом средств, — мы сможем сохранить баланс истины и избежать парализующего фатализма.

Вопросы для индивидуального изучения и обсуждения в группе

Приведенные ниже вопросы предназначены для того, чтобы углубить понимание материала и помочь читателю применить его к собственной жизни.

1. Каковы главные мысли Быт. 20:6 и 2 Пар. 17:10?

2. В чем заключается подлинная нравственная свобода? Почему?

3. Что значит для грешника прийти ко Христу и иметь жизнь?

4. Что делает людей ответственными перед Богом? Почему?

5. Почему люди виновны, и это осуждение справедливо, хотя Бог и предопределил все?

6. Почему погибнут язычники, никогда не слышавшие о Христе?

9

Божье всевластие
и молитва

...Когда просим чего по воле Его, Он слушает нас (2 Ин. 5:14).

А. Современная проблема

На протяжении всей этой книги нашей главной целью было возвеличить Творца и унизить творение. Сейчас почти везде наблюдается противоположная тенденция: превозносить человека и бесславить, или принижать, Бога. Везде мы видим, что при обсуждении духовных тем человеческая сторона вопроса акцентируется, а сторона Бога, если не игнорируется полностью, отодвигается на задний план. Сказанное относится и к значительной части современного учения о молитве. В подавляющем большинстве книг и проповедей на эту тему почти все внимание уделяется человеческому элементу: говорят об условиях, которые *мы* должны выполнить, обещаниях, которые мы должны «провозгласить», действиях, которые нужно выполнить, чтобы наши просьбы были выполнены, а на требования Бога, Его права и славу внимания не обращают.

1. Статья о молитве

В качестве примера, дающего реалистичное представление о том, чему учат сегодня, приведем несколько цитат из статьи, опубликованной в одном из популярных религиозных журналов. Статья называется «Молитва или судьба?».

Бог в Своем всевластии установил, что участь человека будет меняться и определяться волей человека. Этот принцип — в сердце истины о том, что молитва меняет ход событий: Бог меняет обстоятельства, когда люди молятся. Некто выразил эту мысль таким удивительным образом: «Есть такие события, которые произойдут в жизни человека независимо от того, молится он или нет. Есть другие события, которые произойдут, если он будет молиться, и не произойдут, если он молиться не будет». На одного христианина эти слова произвели сильное впечатление, и, идя на работу, он молился о том, чтобы Бог дал ему возможность поговорить с кем-нибудь о Христе. Он размышлял о том, как его молитва повлияет на ход событий, потом стал думать о других вещах. Затем он зашел в офис одного бизнесмена, и такая возможность появилась, но он о ней уже забыл. И только когда он уже выходил из офиса, вспомнил о молитве, произнесенной за полчаса до этого, и о Божьем ответе. Он сразу же вернулся и поговорил с этим бизнесменом, который всю жизнь был членом церкви, но никто никогда не спрашивал его, спасен ли он. Посвятим же себя молитве и дадим Богу возможность менять обстоятельства.

Будем остерегаться, чтобы нам не уподобиться фаталистам, которые не исполняют в молитве желаний, приходящих от Бога.

Эта цитата иллюстрирует то, чему учат на тему молитвы, и прискорбно, что почти никто не протестует против такого учения. Высказывания типа: «участь человека будет меняться и определяться волей человека», — это явное неверие, другое слово здесь и не подойдет. Если кто-то подвергнет сомнению такую классификацию, мы спросим такого собеседника, сможет ли он найти где-нибудь хотя бы одного неверного, который не согласился бы с процитированным утверждением, и мы уверены, что найти такого не удастся. «Бог в Своем всевластии установил, что участь человека будет меняться и определяться волей человека», — высказывание, совершенно не соответствующее истине. «Участь человека» определяется волей не человека, но Бога. Участь человека зависит от того, был ли он рожден свыше, ибо написано: «Если кто не родится свыше, не может увидеть Царствия Божия». А на вопрос о том, чья воля — Божья или человеческая — отвечает за рождение свыше, в Иоанна 1:13 дается однозначный ответ: «...которые ни от крови, ни от хотения плоти, ни от хотения мужа, но от Бога родились». Те, кто говорит, что «участь человека» может меняться по воле человека, делают волю сотворенного существа высшим началом — по сути, низвергают Бога с престола. Но что говорит Писание? Пусть ответит сама Книга: «Господь умерщвляет и оживляет, низводит в преисподнюю и возводит; Господь делает нищим и обогащает, унижает и возвышает. Из праха подъемлет Он бедного, из брения возвышает нищего, посаждая с вельможами, и престол славы дает им в наследие; ибо у Господа основания земли, и Он утвердил на них вселенную» (1 Цар. 2:6–8).

Вернемся к статье и процитируем следующее утверждение: «Этот принцип — в сердце истины о том, что молитва меняет ход событий: Бог меняет обстоятельства, когда люди молятся». Сегодня почти везде можно увидеть наклейки с девизом: «Молитва меняет ход событий». Значение этих слов можно узнать из современной литературы, посвященной молитве: мы должны убеждать Бога, чтобы Он изменил Свое намерение. Наш анализ этой идеи будет приведен ниже.

Далее автор статьи сообщает: «Некто выразил эту мысль таким удивительным образом: „Есть такие события, которые произойдут в жизни человека независимо от того, молится он или нет. Есть другие события, которые произойдут, если он будет молиться, и не произойдут, если он молиться не будет“». То, что некоторые события происходят независимо от того, молится ли человек, подтверждается каждый день в жизни невозрожденных, большинство из которых не молятся вообще. Но формулировка «другие события, которые произойдут, если он будет молиться», нуждается в уточнении. Если христианин молится с верой и просит того, что соответствует Божьей воле, он непременно получит то, о чем просил. Когда говорят, что другие события произойдут, если он будет молиться, тоже верно — в том, что относится к субъективной пользе, получаемой от молитвы: Бог станет для него более реальным, а Его обещания — еще более ценными. То, что некоторые события «не произойдут, если он молиться не будет», тоже верно — в том, что касается его собственной жизни: жизнь без молитвы — это жизнь без общения с Богом со всеми вытекающими отсюда последствиями. Но утверждение о том, что Бог не станет исполнять или не сможет исполнять Свой вечный замысел, *если мы не* будет молиться, — глубоко ошибочно, потому что Тот же Бог, который предопределил Свою цель, предопределил также, что эта цель будет достигнута через назначенные Им средства, и одно из них — молитва. Бог, который определил дать благословение, дает и молитвенный дух, который ищет этого благословения.

Приведенный в статье пример — история христианина и бизнесмена — очень неудачный (мягко говоря), потому что, если следовать условиям, описанным в самой истории, Бог никак не ответил на молитву этого христианина — очевидно, что возможность поговорить о душе бизнесмена не открылась. Но когда этот христианин, выходя из офиса, вспомнил о своей молитве, он решил (возможно, полагаясь на энергию плоти) самостоятельно ответить на собственную молитву и, вместо того, чтобы идти путем, который открыл Господь, взял все в свои руки.

2. Книга о молитве

Приведем теперь цитату из одной опубликованной недавно книге на тему молитвы. Автор утверждает: «Возможности молитвы и ее необходимость, ее сила и результаты проявляются в приостановке и отмене Божьих замыслов, в явлении Его силы». Ужасно звучит такое утверждение о свойствах Бога Всевышнего, который «по воле Своей... действует как в небесном воинстве, так и у живущих на земле; *и нет никого, кто мог бы противиться руке Его* и сказать Ему: „Что Ты сделал?"» (Дан. 4:32). Богу вообще не нужно изменять Свои замыслы и цели — по той достаточной причине, что они были сформулированы под влиянием совершенной благости и безошибочной мудрости. У людей бывают ситуации, когда им приходится менять планы, потому что по ограниченности своей при составлении этих планов они не могут предвидеть будущего. Но с Богом все иначе: уже с самого начала Он знает конец. Утверждать, что

Бог меняет Свою цель, — все равно что отрицать Его благость или вечную мудрость!

В этой же книге мы читаем: «Молитвы святых Божьих — это небесный капитал, посредством которого Христос совершает Свое дело на земле. Великие потрясения и конвульсии на земле — результат этих молитв. Земля переживает революционные перемены, крылья ангелов становятся мощнее и быстрее, а Божий замысел приобретает очертания по мере того, как молитвы становятся все более многочисленными и действенными». Наверное, эта формулировка еще хуже (если такое возможно), и мы без колебаний называем ее богохульной. Во-первых, она полностью противоречит Ефесянам 3:11, где говорится о Божьем «предвечном определении». Если Божье определение вечно, то сегодня Его замысел *не* приобретает очертания. Во-вторых, эта формулировка противоречит Ефесянам 1:11, где ясно сказано, что Бог совершает «все по изволению воли *Своей*», из чего следует, что Божий замысел не «приобретает очертания» в результате молитв человека. В-третьих, такая формулировка делает волю творения высшим началом, ведь если Божий замысел «приобретает очертания» под воздействием наших молитв, то Всевышний оказывается подчинен земным червям. Неудивительно, что Святой Дух спрашивает через апостола: «Ибо кто познал ум Господень? Или кто был советником Ему?» (Рим. 11:34).

Рассуждения о молитве, подобные тем, что приведены выше, происходят от неадекватных представлений о самом Боге. Должно быть очевидно, что нет почти никакого, или совсем никакого, утешения от молитвы, обращенной к богу, который, словно хамелеон, каждый день меняет цвет. Какой смысл возносить сердца к богу, который сегодня планирует одно, а завтра другое? Стали бы мы упрашивать земного монарха, если бы знали,

что он переменчив и сегодня может принять прошение, а завтра отвергнуть? Ведь сама неизменная природа Бога и дает нам величайшее ободрение для *молитвы*,
разве не так? У него «нет изменения и ни тени перемены» (Иак. 1:17), и потому мы уверены, что, если просим
что по воле Его, наши молитвы, конечно же, услышаны
(2 Ин. 5:14). Хорошо сказал Лютер: «Молитва — это не
преодоление Божьего нежелания, но приобщение к Его
желанию».

Б. Почему Бог повелевает нам молиться

И теперь следует привести небольшой комментарий
о предназначении молитвы. Почему Бог постановил,
что нам необходима молитва? Подавляющее большинство людей ответят: чтобы мы могли получать от Бога то,
что нам нужно. Хотя у молитвы действительно есть такое
предназначение, оно вовсе не главное. Кроме того, молитва в таких случаях рассматривается исключительно
с человеческой точки зрения, а о том, как выглядит она
в глазах Бога, к сожалению, умалчивают. Рассмотрим теперь некоторые другие причины, по которым Бог повелевает нам молиться.

1. Почитание Бога

Во-первых, молитва была учреждена для того, чтобы почитали самого Господа Бога. Бог требует, чтобы
мы признавали Его таким, какой Он есть: Он «Высокий
и Превознесенный, вечно Живущий» (Ис. 57:15). Бог требует, чтобы мы признавали Его *всемирное господство*.
Прося Бога о дожде, Илия лишь признавал Его власть
над природой (3 Цар. 18:36). Когда мы молимся о том,
чтобы Бог избавил бедного грешника от грядущего гнева, мы признаём, что «у Господа спасение» (Ион. 2:10).
Молясь о том, чтобы благословение Его Евангелия

дошло до краев земли, мы провозглашаем Его всемирное правление.

Отметим также: Бог требует, чтобы мы Ему *поклонялись*, а молитва, подлинная молитва, есть акт поклонения. Молитва — такой же акт поклонения, как и повергание души перед Ним, призывание Его великого и святого имени, признание Его благости, силы, неизменности и благодати, признание Его всевластия, выражающееся в подчинении Его воле. Крайне важно в связи с этим подчеркнуть, что Христос называл храм не домом жертвы, а «домом молитвы» (Мф. 21:13).

Отметим также: молитва возвращается к Божьей *славе*, потому что в молитве мы всего лишь признаём свою зависимость от Него. Когда мы смиренно упрашиваем Бога, мы предаем себя Его силе и милосердию. Когда мы ищем Божьего благословения, мы признаём, что Он — источник всякого дара благого и совершенного. То, что молитва приносит Богу славу, видно и из того, что молитва ведет к осуществлению веры; и ничем мы не можем почтить Его и угодить Ему так, как уверенностью сердца.

2. Духовные благословения

Во-вторых, молитва назначена Богом для нашего духовного благословения — как средство нашего возрастания в благодати. Когда мы желаем понять назначение молитвы, в первую очередь следует рассматривать молитву в этом аспекте, а не как какой-то способ удовлетворения наших повседневных нужд. Молитва задумана Богом для того, чтобы мы *смирялись*. Молитва, подлинная молитва означает, что мы входим в Божье присутствие, и ощущение Его грозного величия должно приводить нас к осознанию нашего собственного ничтожества и недостоинства.

Отметим также, что молитва задумана Богом *для осуществления нашей веры*. Вера зарождается в Слове (Рим. 10:8), но осуществляется в молитве; поэтому мы читаем о «молитве веры» (Иак. 5:15).

Отметим также, что молитва призывает к действию *любовь*. Когда речь идет о лицемере, спрашивают: «Будет ли он утешаться Вседержителем и призывать Бога во всякое время?» (Иов. 27:10). Но те, кто любит Господа, не могут долго быть без Него, потому что радуются, когда сбрасывают перед ним свое бремя. Молитва не только призывает к действию любовь; наша любовь к Богу усиливается через дарованные нам непосредственные ответы на молитвы: «Я люблю Господа; слышит Он мой крик, моленья мои» (Пс. 114:1; пер. РБО).

Отметим также, что молитва задумана Богом для того, чтобы мы узнали *ценность тех благословений*, которых ищем от Него; и молитва учит нас радоваться еще больше, когда Он изливает на нас то, о чем мы просим.

3. Наши потребности

В-третьих, молитва задумана Богом для того, чтобы мы искали у Него удовлетворения своих нужд. Но тем, кто внимательно читал предыдущие главы, может показаться, что здесь есть определенная трудность. Если Бог еще до сотворения мира предопределил все, что произойдет во времени, то какая польза от молитвы? Если действительно «все из Него, Им и к Нему» (Рим. 11:36), то зачем молиться? Прежде чем перейти непосредственно к ответам на эти вопросы, отметим, что точно так же можно спросить: «Зачем мне приходить к Богу и говорить Ему то, что Он и так знает? Зачем мне открывать перед Ним свои нужды, если они Ему и так известны?» За этими возражениями кроются те же причины, которые побуждают людей спрашивать: «Зачем молиться о чем-либо, если все предопределено Богом?» Цель молитвы — не в том, чтобы проинформировать Бога — так, словно бы Он чего-то не знал (Спаситель утверждал во всеуслышание: «...ибо знает Отец ваш, в чем вы имеете нужду, прежде вашего прошения у Него», Мф. 6:8), но в том, чтобы признать: *да*, Ему известно, в чем мы нуждаемся. Молитва установлена не для того, чтобы передавать Богу знание о наших нуждах, а для исповедания перед Ним нашей *зависимости*. В этом аспекте, как и во всех других, Его мысли — не наши мысли. Бог требует, чтобы мы искали Его дары. Он желает, чтобы мы чтили Его прошениями, — точно так же, как Он желает, чтобы мы благодарили Его после того, как Он излил на нас Свои благословения.

В. Предопределение и молитва

Но нам по-прежнему необходимо ответить на вопрос: если Бог предопределяет все, что происходит, и контролирует все события, то разве молитва — не бессмысленное занятие? На это достаточно ответить, что Бог повелевает нам молиться: «Непрестанно молитесь» (1 Фес. 5:17). И в другом месте сказано: «...должно всегда молиться и не унывать» (Лк. 18:1). Писание объявляет также: «И молитва веры исцелит болящего» и еще: «много может усиленная молитва праведного» (Иак. 5:15–16). И Господь Иисус Христос, наш совершенный пример во всем, был человеком молитвы как никто другой. Очевидно же, что молитва не лишена ни смысла, ни ценности.

Но трудность все еще не устранена, и мы еще не ответили на вопрос, с которого начали. Как соотносятся между собой Божье всевластие и христианская молитва?

Прежде всего подчеркнем, что молитва предназначена не для того, чтобы изменить Божий замысел, и не для того, чтобы побудить Его к каким-то новым замыслам. Бог постановил, что некоторые события произойдут при использовании средств, которые Он установил. Бог избрал некоторых людей к спасению, но Он же постановил, что спасены они будут через проповедь Евангелия. Итак, Евангелие — назначенное Богом средство для исполнения вечного Божьего совета; а молитва — другое такое средство. Бог определил и средства, и цели, и одно из этих средств — молитва. Даже молитвы Его народа включены в Его вечные постановления. Поэтому молитвы не бессмысленны; напротив, они относятся к средствам, которыми Бог исполняет Свои установления. «Если бы все действительно происходило в результате слепой случайности или фатальной необходимости, молитвы не имели бы никакой нравственной значимости и были бы бесполезны; но поскольку они направляются Божьей мудростью, молитвы играют свою роль в порядке событий» (Р. Халдейн, 1764–1842).

Писание ясно учит: молитвы об исполнении именно того, что определил Бог, не бессмысленны. Илия знал, что Бог вот-вот пошлет дождь, но это не помешало ему приступить к молитве (Иак. 5:17–18). Даниил «сообразил по книгам» пророков, что плен будет длиться всего семьдесят лет, но, когда эти семьдесят лет близились к завершению, он «обратил лицо... к Господу Богу с молитвою и молением, в посте и вретище и пепле» (Дан. 9:2–3). Бог сказал пророку Иеремии: «Ибо только Я знаю намерения, какие имею о вас, говорит Господь, намерения во благо, а не на зло, чтобы дать вам будущность и надежду». Но вместо того, чтобы добавить: «Поэтому не нужно вам просить Меня обо всем этом», Он говорит: «И воззовете ко Мне, и пойдете и помолитесь Мне, и Я услышу вас» (Иер. 29:11–12). Здесь мы видим предназначение молитвы: не для того, чтобы изменить волю Бога, а для того, чтобы *исполнить* ее — в то время благоприятное и тем способом, которые назначил Он. Именно потому, что Бог дал нам обещания, мы можем с полной верой просить об обещанном. Бог постановил, что Его воля будет исполняться Им же назначенными способами, и что Он может творить добро для народа Своего на Своих собственных условиях, а эти «способы» и «условия» — молитва и прошение. Разве Сын Божий не знал в точности, что после смерти и воскресения будет прославлен Отцом? Конечно, знал. Но мы видим, что именно об этом Он просит: «И ныне прославь Меня Ты, Отче, у Тебя самого славой, которую Я имел у Тебя прежде бытия мира» (Ин. 17:5)! Разве Он не знал, что никто из Его последователей не погибнет? И все же Он просил Отца: «Соблюди их» (Ин. 17:11)!

Наконец, следует отметить, что Божья воля неизменна, и ее нельзя изменить нашими возгласами. Если Бог не желает преклониться к людям, чтобы делать им добро, Его нельзя преклонить даже самой искренней и упорной молитвой самых преданных служителей: «И сказал мне Господь: хотя бы предстали пред лице Мое Моисей и Самуил, *душа Моя не приклонится* к народу сему; отгони их от лица Моего, пусть они отойдут» (Иер. 15:1). Молитва Моисея, который просил о возможности войти в землю обетованную, — другой такой случай, с которым можно провести параллели.

Наши представления о молитве следует пересмотреть и согласовать с тем, чему учит на эту тему Писание. Наиболее популярны такие взгляды: я прихожу к Богу и прошу Его о том, что хочу, и ожидаю, что Он даст мне то, о чем я прошу. Но такие представления о молитве порочат и бесславят Бога. Это расхожее мнение низводит Бога до уровня слуги, нашего слуги: Он выполняет наши приказания, угождает нашим прихотям, исполняет наши желания. Нет, в молитве мы приходим к Богу, сообщаем ему о нашей нужде, предаем в Его руки Свой путь и предоставляем Ему действовать так, как Он сочтет нужным. Тогда моя воля подчиняется Его воле; а в вышеописанном случае все наоборот — я пытаюсь подчинить Его волю своей. Богу угодна только та молитва, которая приносится в духе «*не Моя воля*, но Твоя да будет» (Лк. 22:42).

Когда Бог изливает благословения на молящихся людей, это происходит не ради их молитв — так, словно бы ими люди могли склонить Бога на свою сторону, — но ради Него самого, ради Его всевластной воли и благоволения. Если кто-то спросит: в чем же тогда цель молитвы? Ответ будет таким: молитва — это средство, которое Бог установил для того, чтобы сообщать благословения Своей благости Своему народу. И хотя Он замыслил, дал и пообещал эти благословения, Он желает, чтобы Его искали те, кому Он их дает, и для нас такое прошение — и обязанность, и привилегия. Когда мы благословлены духом молитвы, это хорошее предзнаменование, и складывается впечатление, что Бог намеревался излить на нас те блага, о которых мы просим; и просить о них следует в покорности Божьей воле, говоря: «не моя воля, но Твоя да будет» (Джон Гилл) [60].

Объяснявшееся здесь различие крайне важно для нашего душевного покоя. Наверное, ничто другое не удручает христиан так, как молитва, оставшаяся без ответа. Они просили Бога о чем-то; просили, насколько они

---

[60] Джон Гилл (1697–1771) — английский служитель-баптист, богослов и библеист. Автор книг «Полное учение о доктринальном и практическом благочестии», «Дело Бога и истины», а также девятитомного комментария к Ветхому и Новому Заветам.

могли судить, с верой, ожидали получить от Господа просимое; и они просили искренне, много раз — но ответа не было. Во многих случаях это приводит к тому, что вера в действенность молитвы ослабевает, пока надежда не сменится отчаянием, и тогда дисциплину молитвы оставляют вообще. Разве не так?

Г. Ответ на молитву

А удивятся ли читатели, если мы скажем, что на каждую подлинную молитву веры, когда-либо возносившуюся к Богу, *был дан ответ*? Да, мы утверждаем это не колеблясь. Но сначала необходимо вернуться к тому определению молитвы, которое уже предлагалось. Повторим его. В молитве мы приходим к Богу, сообщаем Ему о своей нужде (или нуждах других людей), предаем Господу свой путь, а затем предоставляем Ему действовать так, как Он сочтет нужным. Тогда Бог может дать на молитву любой ответ, который для Него лучший. И часто Его ответ оказывается прямо противоположным тому, который был бы наиболее приемлемым для плоти; но, если мы действительно предали Свою нужду в Его руки, это все же будет Его ответом. Рассмотрим два примера.

В Иоанна 11 мы читаем о болезни Лазаря. Господь «любил» его, но Его не было в Вифании. Сестры отправили посланника, который известил Господа о состоянии их брата. И обратим особое внимание на то, какие слова использованы в этой просьбе: «Господи! вот, кого Ты любишь, болен». И все. Они не просили Его исцелить Лазаря. Не настаивали на том, чтобы Он сразу отправился в Вифанию. Они просто открыли перед Ним свою нужду, предали все происходящее в Его руки и предоставили Ему действовать так, как решит Он сам! И каким был ответ Господа? Отозвался ли Он на их невысказанное прошение? Да, конечно, хотя, возможно, и не так, как они надеялись. В ответ Он «пробыл два дня на том месте, где находился» (Ин. 11:6) и позволил Лазарю умереть! Но это был еще не конец истории. Через некоторое время Он пришел в Вифанию и воскресил Лазаря из мертвых. Мы ссылаемся здесь на этот случай для того, чтобы показать, каким должно быть правильное отношение верующего к Богу во время тяжелого испытания. А следующий пример покажет, каким методом Бог отвечает на нужды Своих детей.

Обратимся к 2 Коринфянам 12. Апостолу Павлу была дана неслыханная привилегия: он вознесся в рай. Его уши слышали, а глаза видели то, что недоступно никому из людей по эту сторону смерти. Это удивительное откровение было слишком велико для апостола. Ему грозила опасность: он мог бы возгордиться. И потому ему было дано жало в плоть, вестник сатаны — для измождения плоти, дабы он не превозносился. И апостол открывает перед Господом свою нужду — трижды просит Его забрать это жало. Ответил ли Бог на эту молитву? Да, конечно, хотя и не так, как Павлу хотелось. «Жало» осталось, но была дана благодать, позволяющая терпеть. Он не был избавлен от бремени, но получил силу, чтобы нести его.

Возможно, кто-то возразит, утверждая, что наша привилегия — не только открывать перед Богом свои нужды? Напоминают ли нам, что Бог дал «незаполненный чек» и позволил нам самим вписать нужную сумму? Говорят ли, что в Божьих обетованиях «все включено», и мы можем просить Бога обо всем, чего захотим? В таком случае подчеркнем: Писание следует сравнивать с Писанием, если хотим узнать Божью волю о каком-либо предмете. И если мы будем так поступать, то обнаружим, что Бог определил границы Своих обещаний для молящихся, сказав: «...когда просим чего *по воле Его*, Он слушает нас» (2 Ин. 5:14). Подлинная молитва — это общение с Богом, поэтому у нас с Богом должны появляться похожие мысли. Нужно, чтобы наши сердца наполнились Его мыслями, и тогда наши желания будут становиться Его желаниями, возвращающимися к Нему же (Пс. 36:4). Итак, вот где Божье всевластие встречается с христианской молитвой: когда просим чего по воле Его, Он слушает нас, а когда просим не по воле Его — не слушает, как и говорит апостол Иаков: «Просите, и не получаете, потому что просите не на добро, а чтобы употребить для ваших вожделений» (Иак. 4:3).

Но разве Иисус не говорил ученикам: «Истинно, истинно говорю вам: о чем ни попросите Отца во имя Мое, даст вам» (Ин. 16:23)? Говорил, но это обещание не дает молящимся карт-бланш. Эти слова Господа находятся в совершенном согласии со словами апостола Иоанна: «Когда просим чего по воле Его, Он слушает нас». Чтобы просить Бога о чем-нибудь во имя Христа, прошение должно соответствовать тому, кто Христос есть! Просить Бога о чем-либо во имя Христа — значит молиться так, словно бы просил сам Христос. Мы можем просить Бога лишь о том, о чем просил бы Христос. Таким образом, просить во имя Христа означает отвергнуть собственную волю, принимая волю Божью!

Д. Определение молитвы

Расширим теперь наше определение молитвы. Что такое молитва? Молитва — это не столько действие, сколько душевное расположение, подразумевающее зависимость от Бога. Молитва — это признание нашей тварной немощи, беспомощности. Молитва — это признание нашей нужды перед Богом.

Мы не говорим, что молитва сводится лишь к этому; в ней есть и другие элементы, но этот — основной, первичный. Мы с готовностью признаём, что не можем дать полное определение молитвы, которое умещалось бы в одно предложение или в какое-либо число слов. Молитва — это и расположение, и действие, действие человека; есть в ней и Божественный элемент, и именно он делает полный анализ невозможным, да и сама попытка была бы непочтительной по отношению к Богу. Признавая это, мы все же настаиваем на том, что по сути своей молитва — это осознание зависимости от Бога. Поэтому молитва полностью противоположна попыткам навязать Богу свою волю. Так как молитва подразумевает зависимость, молящийся смиряется перед Божьей волей, а смирение перед Божьей волей означает довольство тем, что Господь восполняет наши нужды в соответствии со Своим всевластным благоволением. Поэтому на каждую молитву, вознесенную к Богу в таком духе, Он непременно ответит.

Е. Заключение

Таков наш ответ на вопрос, с которого начиналась эта глава, и таково решение, которое предлагается в Писании для возникающей кажущейся трудности. В молитве мы не просим, чтобы Бог изменил Свой замысел или создал какой-то новый замысел. Молитва — это осознание зависимости от Бога, исповедание перед Ним нашей нужды, прошение о том, что соответствует Его воле. Поэтому нет никакого противоречия между Божьим всевластием и христианской молитвой. Эту главу мы завершим небольшим предупреждением, чтобы никто из читателей не сделал ложных выводов из ее содержания. Здесь мы не пытались подытожить все учение Писания о молитве, не пытались мы даже описать в общих чертах проблему молитвы. Вместо этого мы пытались сосредоточиться на изучении отношения между Божьим всевластием и христианской молитвой. То, что мы здесь написали, было задумано прежде всего как протест против широко распространенного современного учения, в котором акцентируется человеческая составляющая молитвы, а Божья составляющая оказывается полностью забытой. В Иеремии 10:23 нам сказано: «...не в воле человека путь его» (ср. Прит. 16:9). Но во многих молитвах человек склонен к попыткам диктовать Богу свою волю, указывать, что, Бог должен сделать. При этом даже подразумевается, что, если бы только человеку было дано управлять делами церкви и мира, в скором времени все бы сильно изменилось. Отрицать эту тенденцию невозможно, и всякий, у кого есть хотя бы немного духовной проницательности, не может не заметить, что этот дух часто присутствует на современных молитвенных собраниях, где правит плоть. Как тяжело дается нам этот урок: горделивому сотворенному существу нужно встать на колени и смириться в прахе! И именно *для такого положения нужна молитва как действие.* Но человек (со свойственной ему испорченностью) превращает подножие в трон, с которого пытается командовать Всемогущим! И тогда у наблюдателей складывается впечатление, что если бы Бог был хотя бы наполовину таким же сострадательным, как люди приносящие молитву (если можно так назвать это действие), то все быстро бы исправилось! Такова гордыня ветхой природы, присутствующая даже в детях Божьих.

В этой главе нашей основной целью было показать, что в молитве следует подчинять нашу волю Божьей. Но следует также добавить, что молитва — это не просто благочестивое занятие; и, конечно, молитва не имеет ничего общего с механическим повторением заученных фраз. Молитва — это действительно назначенное Богом средство, через которое мы получаем от Бога просимое, при условии, что просим по воле Его. Эти страницы были написаны напрасно, если не вызовут и у автора, и у читателя отклик: «Господи! Научи нас молиться» (Лк. 11:1).

Вопросы для индивидуального изучения и обсуждения в группе

Приведенные ниже вопросы предназначены для того, чтобы углубить понимание материала и помочь читателю применить его к собственной жизни.

1. Как Божьи деяния зависят от молитв людей?

2. В каком смысле молитва оказывается актом поклонения?

3. Объясните правильное толкование 2 Ин. 5:14 и Ин. 16:23.

4. Что такое молитва?

5. Если Бог предопределил все, то зачем молиться?

6. Чего мы достигаем в молитве?

7. Почему мы можем быть уверены в том, что на каждую молитву дается ответ?

8. Откуда у нас может быть уверенность в том, что на нашу молитву будет дан положительный ответ?

9. Почему между Божьим всевластием и христианской молитвой нет никакого противоречия?

10

Наше отношение
к Божьему всевластию

Ей, Отче! Ибо таково было Твое благоволение
(Мф. 11:26).

А. Введение

В этой главе мы рассмотрим, хотя и кратко, практическое значение той великой истины, которую подробно изучали в предыдущих главах. В двенадцатой главе мы поговорим подробнее о ценности этой доктрины, а здесь постараемся определить лишь то, каким должно быть наше отношение к Божьему всевластию.

Каждая истина, открытая нам в Божьем Слове, несет нам не только информацию, но и *вдохновение*. Библия дана нам не для удовлетворения праздного любопытства, а для наставления душ читателей. Божье всевластие — нечто большее, чем абстрактный принцип, объясняющий разумность Божьего правления; учение о Божьем всевластии должно внушать нам страх Господень и способствовать праведной жизни. Оно открыто для того, чтобы наши мятежные сердца смирялись перед Ним. Подлинное признание Божьего всевластия смиряет как ничто другое, оно побуждает сердце смиренно подчиниться Богу, отказаться от собственной воли и радоваться, когда мы понимаем и исполняем волю Божью.

Когда мы говорим о Божьем всевластии, мы подразумеваем не просто осуществление Божьего правления, хотя, конечно, этот аспект тоже присутствует. Как уже упоминалось в одной из предыдущих глав, Божье всевластие означает, что Бог есть Бог. В полноте своего глубочайшего значения название этой книги указывает на свойство и сущность Того, чья воля исполняется по Его же желанию. Итак, чтобы подлинно признать Божье всевластие, мы должны взглянуть на самого Всевышнего. Нужно войти в присутствие «величия на высоте» (Евр. 1:3). Взглянуть на Трисвятого Бога в Его невыразимой славе. О том, как это зрелище влияет на человека, можно узнать из Писания, где рассказывается об опыте людей, видевших Господа Бога.

Изучим опыт *Иова* — того, о ком сам Господь сказал: «Нет такого, как он, на земле: человек непорочный, справедливый, богобоязненный и удаляющийся от зла» (Иов. 1:8). В конце книги, названной его именем, Иов находится в присутствии Бога. И как он себя ведет, оказавшись лицом к лицу с Иеговой? Послушаем его слова: «Я слышал о Тебе слухом уха; теперь же мои глаза видят Тебя; поэтому я отрекаюсь и раскаиваюсь в прахе и пепле» (Иов. 42:5–6). Увидев Бога, явившего себя в славном величии, Иов почувствовал отвращение к самому себе и желание унизиться перед Всемогущим. Обратимся теперь к опыту *Исаии*. В шестой главе его пророчеств описывается сцена, которая уникальна даже для Писания. Пророк видит Господа на престоле, престоле «высоком и превознесенном». Над этим престолом стояли серафимы с закрытыми лицами и взывали: «Свят, Свят, Свят Господь Саваоф!» Как отреагировал пророк на увиденное? Мы читаем его слова: «И сказал я: горе мне! Погиб я! Ибо я человек с нечистыми устами... и глаза мои видели Царя, Господа Саваофа» (Ис. 6:5). Увидев

Бога-Царя, Исаия смирился, повергся в прах, потому что осознал собственное ничтожество.

Еще один пример. Посмотрим на пророка *Даниила*. Когда этот человек Божий был в преклонных летах, Он увидел Господа в теофании — богоявлении. Своему слуге Бог явился в образе человека: «муж, облеченный в льняную одежду, и чресла его опоясаны золотом», что символизирует святость и Божью славу. Мы читаем: «Тело его — как топаз, лице его — как вид молнии; очи его — как горящие светильники, руки его и ноги его по виду — как блестящая медь, и глас речей его — как голос множества людей» (Дан. 10:6). Затем Даниил объясняет, как это видение отразилось на нем и на сопровождавших его людях:

> И только один я, Даниил, видел это видение, а бывшие со мною люди не видели этого видения; но сильный страх напал на них и они убежали, чтобы скрыться. И остался я один и смотрел на это великое видение, но *во мне не осталось крепости*, и вид лица моего чрезвычайно изменился, не стало во мне бодрости. И услышал я глас слов его; и как только услышал глас слов его, в оцепенении пал я *на лице мое* и лежал лицом к земле (Дан. 10:7–9).

Мы снова видим, что, оказавшись перед Богом, сотворенное существо становится бессильным и повергается в прах перед Творцом.

Б. Страх Божий

Итак, каким же должно быть наше отношение к Всевышнему? Отвечаем: нашей реакцией должен быть страх Божий. Почему сегодня столько людей совершенно равнодушны к вещам духовным и вечным, почему многие более сластолюбивы, нежели боголюбивы (2 Тим. 3:4)? Почему даже на поле боя многим все равно, что будет с их душой? Почему отвержение небес становится все более открытым, явным и дерзким? Ответ: потому что «нет страха Божия перед глазами их» (Рим. 3:18). И снова спросим: почему в последнее время наблюдается такое печальное принижение авторитета Писания? Почему даже среди тех, кто причисляет себя к народу Господнему, так мало послушания Его Слову, и почему Его заповеди воспринимают так легкомысленно и так быстро отвергают? Да, сегодня нужно подчеркивать, что Бог должен внушать страх.

«Начало мудрости — страх Господень» (Прит. 1:7). Счастлива душа, которой Божье могущество внушило страх, душа, которая видела ужасающее Божье величие, Его невыразимую святость, Его совершенную праведность, Его непреодолимую силу, Его всевластную благодать. Возможно, кто-то скажет: «Но бояться Бога нужно лишь тем, кто не спасен, не принадлежит ко Христу»? Тогда достаточно будет такого ответа: тем, кто во Христе, следует «со страхом и трепетом» совершать свое спасение (Флп. 2:12). Когда-то о верующих говорили как о людях «богобоязненных»; и то, что сейчас такое название почти вымерло, показывает направление, в котором мы дрейфуем. Но написано: «Как отец милует сынов, так милует Господь боящихся Его» (Пс. 102:13). Когда мы говорим о страхе Божьем, мы, конечно, не имеем в виду то боязливое раболепие, которое проявляют язычники по отношению к своим богам. Нет, мы говорим о том духе, который Иегова пообещал благословить, о духе, о котором сказано у пророка: «А вот на кого Я [Господь] призрю: на смиренного и сокрушенного духом и на трепещущего пред словом Моим» (Ис. 66:2). Именно это подразумевал апостол, когда учил: «Всех почитайте, братство любите, Бога бойтесь, царя чтите» (1 Пет. 2:17). И ничто не взращивает этот страх Божий так, как признание всевластного Божьего величия.

В. Подразумеваемое послушание

Каким должно быть наше отношение к Божьему всевластию? Снова ответим: подразумевается, что мы будем послушны Ему. Видя Бога, мы осознаём свою мелочность и ничтожество, свою зависимость от Господа, заставляющую нас полагаться на Него. Или можно сказать так: вид Божьего величия приводит к страху Божьему, который, в свою очередь, ведет к послушанию. Вот Божье противоядие от зла, присущего нашему сердцу. Конечно, человек переполнен чувством собственной важности, своего величия и самодостаточности, то есть гордыней и бунтом. Но, как уже отмечалось, великое средство для исправления — созерцать Всемогущего Бога, потому что только это может подлинно смирить человека. Человек будет прославлять или себя, или Бога. Он будет служить и угождать себе, или он будет служить и угождать Господу. Никто не может служить двум господам.

Непочтительность ведет к непослушанию. Возгордившийся египетский монарх говорил: «Кто такой Господь, чтоб я послушался голоса Его и отпустил Израиля? Я не знаю Господа и Израиля не отпущу» (Исх. 5:2). Для фараона Бог евреев был лишь *одним из многих богов* — бессильным существом, которого не нужно бояться и которому не нужно служить. Какое печальное заблуждение! И какой жуткой была расплата за эту ошибку, что он вскоре и осознал. Но здесь следует подчеркнуть, что горделивый дух фараона был плодом непочтительности, а эта непочтительность была вызвана тем, что он не знал ни величия, ни власти Бога.

И если непочтительность порождает непослушание, то подлинное благоговение произведет и усилит послушание. Когда мы осознаём, что Священное Писание — откровение от Всевышнего — сообщает нам о Его замысле и определяет для нас Его волю, мы делаем первый шаг к богоугодному поведению. Когда мы признаём, что Библия — Божье Слово, и что ее предписания — это предписания Всемогущего Бога, мы начинаем понимать, к каким ужасным последствиям приводит презрительное отношение к Слову, игнорирование этого Слова. Когда мы воспринимаем Библию как обращенную к нашим собственным душам, как дар самого Творца, мы начинаем восклицать с псалмопевцем: «Приклони сердце мое к откровениям Твоим... Утверди стопы мои в слове Твоем» (Пс. 118:36, 133). Когда появляется понимание того, что Автор Слова — всевластен, исчезает избирательное отношение к заповедям и повелениям этого Слова; мы перестаем отбирать лишь то, что одобряем сами. Становится ясно, что долг творения не может быть меньше, чем безоговорочная покорность от всего сердца.

Г. Безоговорочная покорность

Какой должна быть наша реакция на Божье всевластие? Нашей реакцией должна быть безоговорочная покорность. Подлинное признание Божьего всевластия исключает всякий ропот. Этот вывод очевиден, но над ним стоит немного поразмышлять. Роптать перед лицом потерь и неудач — естественная реакция. Наша естественная реакция — жаловаться, когда мы лишены того, к чему привязалось наше сердце. Мы склонны считать, что наше имущество принадлежит нам без каких-либо условий. Нам кажется, что, если мы действуем по плану, проявляем трудолюбие и настойчивость, успех — наш по праву. И когда упорным трудом мы в чем-то достигли «компетентности», нам кажется, что мы заслужили эту привилегию, и никуда она от нас не денется. Нам кажется, что, если мы окружены любящей семьей, никакая сила не вправе разорвать этот волшебный круг и поразить кого-либо из наших родных. И если к нам действительно приходят разочарование, банкротство или чья-то смерть, то извращенный инстинкт побуждает человеческое сердце выступать против Бога. Но в том, кто по благодати познал Божье всевластие, такой ропот затихает, а вместо него появляется желание склониться перед Божьей волей, признание того, что Он поразил нас не так сильно, как мы заслуживаем.

Подлинное осознание Божьего всевластия приведет к признанию того, что Он вправе поступать с нами так, как захочет. Тот, кто склоняется перед Всемогущим, будет признавать Его абсолютное право обращаться с нами так, как Ему заблагорассудится. Если Он пожелает послать нам бедность, болезнь, утрату, то, даже когда сердце будет обливаться кровью, мы сможем сказать: «Судия всей земли поступит ли неправосудно?» (Быт. 18:25). Мы часто будем в борении, потому что плотской разум остается в верующем до конца земного паломничества. Но, даже испытывая внутренний конфликт, он, если действительно покорился благословенной истине, скоро услышит голос, который в древности был обращен к бурному Галилейскому морю, а теперь обращен и к нему: «Умолкни, перестань» (Мк. 4:39). И буря утихнет вместе с волнами, а покорившаяся Богу душа взглянет на небо и, хотя и со слезами на глазах, уверенно скажет: «Да будет воля Твоя» (Лк. 11:2; см. также 22:42).

Потрясающий пример души, склонившейся перед всевластной волей Бога, можно найти в истории Илия, израильского первосвященника. В 1 Царств 3 Бог открыл молодому Самуилу, что вскоре убьет обоих сыновей Илия за их нечестие, и наутро Самуил пересказывает эту весть престарелому священнику. Трудно представить весть, которая глубже ранила бы сердце верующего отца. Для любого родителя при любых обстоятельствах тяжелым испытанием было бы сообщение о том, что сын умрет внезапно. Но узнать, что двое сыновей — в расцвете лет и совершенно не готовые к смерти — будут уничтожены Божьим судом — невыносимо. Какой же была реакция Илия, когда он услышал от Самуила о грядущей трагедии? Каким был его ответ на ужасную новость? «Тогда сказал Илий: Он — Господь; что Ему угодно, то да сотворит» (1 Цар. 3:18). И больше ни слова. Удивительная покорность! Подлинное смирение! Прекрасный пример того, как сила Божьей благодати контролирует самые сильные порывы человеческого сердца и укрощает мятежную волю, приводя ее к безропотному принятию всевластного волеизъявления Иеговы.

Другой, не менее удивительный пример можно увидеть в жизни Иова. Хорошо известно, что Иов боялся Бога и удалялся от зла. Если бы — рассуждая по-человечески — и можно было разумно ожидать, что кому-то из людей улыбнется Божье провидение, то таким человеком был Иов. Но что произошло с ним? Какое-то время межи его проходили по прекрасным местам. Господь наполнил его колчан, дав ему семерых сыновей и трех дочерей. Он процветал в своих временных делах и достиг великого богатства. Но внезапно солнце его жизни скрылось за темными тучами. За один день он потерял не только все свои стада, но и сыновей и дочерей. Пришли известия о том, что скот похитили разбойники, а дети погибли при урагане. И как отреагировал он на эту информацию? Прислушаемся к его возвышенным словам: «Господь дал, Господь и взял» (Иов. 1:21). Он склонился перед всевластной волей Иеговы. Увидел источник своих страданий. Он смотрел не на савеян, угнавших его скот, и не на ураган, убивший его детей: за всем этим он видел *руку Божью*. Иов не только признал Божье всевластие, но и возрадовался в нем. К словам «Господь дал, Господь и взял» он добавил: «Да будет имя Господне *благословенно*!» (Иов. 1:21). Повторим: сладчайшее смирение! Величайшая покорность!

Подлинное признание Божьего всевластия побуждает нас планировать все в ожидании Божьей воли. В памяти автора — случай, который произошел в Англии примерно двадцать лет назад. Умерла королева Виктория, и коронация ее старшего сына Эдуарда была назначена на апрель 1902 года. В разосланных приглашениях отсутствовали две маленькие буквы: D. V. — Deo Volente, «если будет на то воля Божья». Была запланирована самая пышная церемония в истории Англии, и приготовления к ней были завершены. Короли и императоры из всех частей света получили приглашения. Прокламации принца были напечатаны и вывешены на видных местах, но, насколько известно этому автору, ни в одной из них не было букв D. V. Была составлена грандиозная программа; старший сын покойной королевы должен был короноваться как Эдуард VII в Вестминстерском аббатстве в назначенный день и в назначенный час. А затем вмешался Бог, и все планы человека оказались сорваны. Был слышен тихий голос: «В своих замыслах вы не учли Меня», и оказалось, что у принца Эдуарда — аппендицит, из-за которого коронацию пришлось перенести на несколько месяцев!

Как уже упоминалось, подлинное признание Божьего всевластия побуждает нас составлять все наши планы в ожидании Божьей воли. Нам приходится признать, что Божественный Гончар обладает абсолютной властью над глиной и лепит ее по своему всевластному благоволению.

Стоит прислушаться к увещеванию, на которое сейчас, к сожалению, так часто не обращают внимания:

> Теперь послушайте вы, говорящие: «сегодня или завтра отправимся в такой-то город, и проживем там один год, и будем торговать и получать прибыль»; вы, которые не знаете, что случится завтра: ибо что такое жизнь ваша? пар, являющийся на малое время, а потом исчезающий. Вместо того, чтобы вам говорить: «если угодно будет Господу и живы будем, то сделаем то или другое» (Иак. 4:13–15).

Да, нам надлежит склониться перед волей Господа. Он решает, где я буду жить: в Америке или Африке. Он определяет, в каких обстоятельствах я буду жить, в богатстве или бедности, в здравии или болезни. Он говорит, как долго я проживу: буду ли я подрезан в юности как цветок полевой, или же дней жизни моей будет семьдесят. Тот, кто действительно выучил этот урок, перешел в старший класс в школе Бога, и даже если этот урок нам кажется выученным, его много раз приходится повторять.

Д. Глубокая благодарность и радость

Как следует нам реагировать на Божье всевластие? С благодарностью и радостью. Сердце, осознавшее эту благословенную истину, производит нечто, полностью отличающееся от угрюмого преклонения перед неизбежным. Лучшее, на что способна философия этого гибнущего мира, — «мужественно переносить невзгоды». Но у христиан все должно быть иначе. Признание Божьего всевластия не только рождает в нас страх Божий, подразумевает послушание и приводит к полной покорности;

это признание должно побуждать нас говорить вместе с псалмопевцем: «Благослови, душа моя, Господа, и вся внутренность моя — святое имя Его» (Пс. 102:1). Не учит ли апостол «благодарить всегда за все Бога и Отца, во имя Господа нашего Иисуса Христа» (Еф. 5:20)? Именно здесь так часто наши души подвергаются испытаниям. К сожалению, в каждом из нас очень много своеволия. Когда все идет так, как нам хотелось, то мы выглядим благодарными по отношению к Богу. Но что происходит тогда, когда события происходят вопреки нашим планам и желаниям?

Само собой, настоящий христианин, когда едет на поезде, искренне благодарит Бога, достигнув своего места назначения. Эта молитва благодарения подразумевает, конечно, что Бог контролирует все, — иначе нужно было бы благодарить машиниста, кочегара, телеграфистов и многих других. А те, кто занимается торговлей, в конце недели благодарят Бога, от которого исходит всякий дар благой (временный) и совершенный (духовный), и такая молитва подразумевает, что именно Он направляет всех покупателей в ваш магазин. Здесь все понятно. В таких примерах нет ничего сложного. Но представьте противоположную ситуацию. Представим, что мой поезд опоздал на несколько часов; поддался ли я тревоге и раздражительности? Или представим, что мой поезд столкнулся с другим и я ранен. Или представим, что в магазине у меня всю неделю торговля шла хуже некуда, или что в магазин попала молния, из-за которой начался пожар, или что воры украли весь товар: вижу ли я руку Божью и в *таких* событиях?

Вернемся к примеру Иова. Когда беды обрушивались на него одна за другой, что делал он в ответ? Оплакивал свое «невезение»? Проклинал грабителей? Роптал на Бога? Нет, Иов перед ним склонился. Да, уважаемый читатель, ваше бедное сердце не успокоится до тех пор, пока вы не научитесь видеть Божью руку во всем. Но для этого нужно постоянно применять веру. А что такое вера? Слепая наивность? Фаталистическое равнодушие? Нет, вера — это нечто совсем иное. Вера основывается на безошибочном Слове Живого Бога и потому говорит: «...Знаем, что любящим Бога, призванным по Его изволению, все содействует ко благу» (Рим. 8:28). Поэтому вера будет «всегда за все» благодарить (Еф. 5:20). Действенная вера будет радоваться в Господе всегда (Флп. 4:4).

Е. Христос, наш пример

Изучим теперь то, как это признание Божьего всевластия, проявляющееся в Божьем страхе, подразумеваемом послушании, полной покорности и глубокой благодарности и радости, нашло высшее и совершенное выражение в Господе Иисусе Христе.

1. Страх Божий у Христа

Господь Иисус во всем, что делал, оставил нам пример для подражания. Но применимо ли это наблюдение к тому, о чем шла речь выше? Можно ли связать слова «страх Божий» с Его именем, которому нет равных? Будем помнить, что «страх Божий» означает не боязливое раболепие, а сыновнее почтение и послушание. Будем помнить и то, что «начало мудрости — страх Господень» (Прит. 9:10); поэтому странно было бы, если бы ни одно из упоминаний о Божьем страхе не было связано с Тем, кто был воплощенной Мудростью!

Какие удивительные и драгоценные слова записаны в Евреям 5:7: «Он, во дни плоти Своей, с сильным воплем и со слезами принес молитвы и моления Могущему спасти Его от смерти; и услышан был за Свое благоговение» (в Исправленной версии: «за Свой страх Божий», for his godly fear). Разве не страх Божий побудил Господа Иисуса в детские годы быть «в повиновении» у Марии и Иосифа? Разве не страх Божий — сыновнюю покорность и почтительность по отношению к Богу — проявлял Он? Мы читаем: «И пришел в Назарет, где был воспитан, и вошел, *по обыкновению Своему*, в день субботний в синагогу» (Лк. 4:16). Разве не страх Божий побудил воплощенного Сына сказать сатане, который искушал Его и требовал поклонения себе: «Написано: Господу Богу твоему поклоняйся, и Ему одному служи»? Разве не страх Божий подвиг Его сказать очистившемуся прокаженному: «...Пойди, покажи себя священнику и принеси дар, какой повелел Моисей, во свидетельство им» (Мф. 8:4)? Но к чему умножать примеры?[61]

2. Подразумеваемое послушание Христа

Совершенным было послушание, которое Господь Иисус принес Богу Отцу! И, размышляя об этом, не будем забывать об удивительной благодати, которой Он, будучи образом Божьим, уничижил себя самого, приняв образ *раба* (Флп. 2:7), а значит, оказался в том положении, где от Него требовалось послушание. Будучи совершенным Рабом, Он проявил полное послушание Отцу. О том, что Его послушание было абсолютным и безоговорочным, можно узнать из слов: «смирил себя, быв послушным даже до смерти, и смерти крестной» (Флп. 2:8). То, что Его послушание было осознанным и осмысленным, видно и из Его собственных слов: «Потому любит Меня Отец, что Я отдаю жизнь Мою, чтобы опять принять ее. Никто не отнимает ее у Меня, но Я сам отдаю ее.

---

[61] Обратите внимание и на ветхозаветное пророчество: «...И почиет на нем Дух Господень, дух премудрости и разума, дух совета и крепости, дух ведения и благочестия; и *страхом Господним исполнится*» (Ис. 11:2–3). — А. П.

Имею власть отдать ее и власть имею опять принять ее. Сию *заповедь* получил Я от Отца Моего» (Ин. 10:17–18).

3. Безоговорочная покорность Христа

И что можно сказать об абсолютной покорности Сына по отношению к воле Отца? Только одно: между Ними было полное единство. Он сказал: «Ибо Я сошел с небес не для того, чтобы творить волю Мою, но волю пославшего Меня Отца» (Ин. 6:38). И то, что эти слова полностью подтвердились, известно всем, кто внимательно прослеживал Его путь, обозначенный в Писании. Вот Он в Гефсимании! Видит горькую «чашу», которую держит в руке Отец. Обратите внимание на реакцию Христа. Научитесь у Того, кто кроток и смирен сердцем. Помните, что здесь, в саду, мы видим Слово, ставшее плотью, совершенного Человека. Каждый нерв Его тела дрожит при мысли о физическом страдании, которое Его ожидает. Его святая и чувствительная природа трепещет в ожидании ужасного бесчестья, которое Ему уготовано. Сердце Его разрывается от близящегося страшного «посрамления». Дух Его чрезвычайно угнетен, когда Он предвидит яростный конфликт с силами тьмы. Но прежде всего душа Его наполнена ужасом из-за осознания того, что сам Бог Его оставит. И потому Он изливает душу Свою перед Отцом с сильным воплем и слезами, похожими на капли пота. А теперь смотри и слушай: успокой свое сердце и внемли словам, исходящим из Его благословенных уст: «Отче! О, если бы Ты благоволил пронести чашу сию мимо Меня! Впрочем не Моя воля, но Твоя да будет» (Лк. 22:42). Здесь мы видим воплощение покорности, высший пример послушания благоволению всевластного Бога. И Он оставил нам пример, чтобы мы шли по следам Того, кто стал человеком и подобно нам был искушен во всем, кроме греха (Евр. 4:15), чтобы показать нам, как мы должны распоряжаться своей тварной природой.

Мы спрашивали: что можно сказать об абсолютной покорности Сына по отношению к воле Отца? Отвечаем: в этом, как и во всем, Он был уникален; нет Ему равных. У Господа Иисуса не было мятежной воли, которую надлежало сломить. В Его сердце ничего не нужно было покорять. Такова была одна из причин, по которой Он, используя язык пророчества, сказал: «Я же червь, а не человек» (Пс. 21:7), ведь червь не может сопротивляться! Именно потому, что в Нем не было противления, Он мог сказать: «Моя пища есть творить волю Пославшего Меня и совершить дело Его» (Ин. 4:34). Именно потому, что Он был в полном согласии с Отцом во всем, Он и сказал: «Я желаю исполнить волю Твою, Боже мой, и закон Твой у меня в сердце» (Пс. 39:9). Обратите внимание на последнюю фразу в этой цитате и задумайтесь об Его уникальности. Богу пришлось вложить Свои законы в *наш* разум и написать их на наших сердцах (см. Евр. 8:10), но в сердце Христа Его закон уже был изначально!

Удивительный, прекрасный пример присущей Христу благодарности и радости можно увидеть в Матфея 11. В этой главе мы читаем о неудаче, которую потерпела вера Его Предтечи (ст. 2–3). Затем мы читаем о недовольстве людей, которые не принимали ни радостную проповедь Христа, ни суровую проповедь Иоанна (ст. 16–20). В-третьих, мы узнаём о том, как отвергли покаяние те привилегированные города, в которых были явлены величайшие дела Господа (ст. 21–24). А затем мы читаем: «В то время, продолжая речь, Иисус сказал: *славлю Тебя*, Отче, Господи неба и земли, что Ты утаил сие от мудрых и разумных и открыл то младенцам» (ст. 25). Отметим, что в параллельном отрывке (Лк. 10:21) добавлено: «В тот час *возрадовался* духом Иисус и сказал: славлю

Тебя, Отче...» Мы видим покорность в идеальном ее проявлении. Тот, кем был сотворен весь мир, в дни Своего унижения и отвержения, с радостью и благодарностью склоняется перед волей «Господа неба и земли».

Ж. Поклонение и прославление

Какой должна быть наша реакция на Божье всевластие? В заключение скажем: нашей реакцией должно быть поклонение и прославление. По меткому выражению Муди, «подлинное поклонение основывается на признании Божьего величия, а величие видно прежде всего во всевластии, и ни у какого другого подножия трона люди не будут поклоняться по-настоящему». В присутствии Бога-Царя, восседающего на Своем престоле, даже серафимы закрывают лица (Ис. 6:2).

Божье всевластие — не тирания, а исполнение благоволения Того, кто бесконечно мудр и благ! Бог бесконечно мудр, поэтому не может ошибаться; Он бесконечно праведен, поэтому не может делать зло. И вот драгоценная Божья истина: уже сам факт того, что Божья воля непреодолима и непреложна, наполняет меня страхом, но когда я осознаю, что Бог желает только то, что благо, сердце мое радуется. Дадим теперь окончательный ответ на вопрос, сформулированный в этой главе: какой должна быть наша реакция на Божье всевластие? Правильная реакция включает страх Божий, подразумеваемое послушание и безоговорочную покорность, смирение. Но это еще не все: признание Божьего всевластия, осознание того, что всевластный Бог — *мой Отец*, должно переполнять меня и повергать ниц перед Богом в поклонении. Я всегда могу сказать: «Ей, Отче! Ибо таково было Твое благоволение».

Завершим эту главу примером, который хорошо иллюстрирует ее содержание. Примерно двести лет назад подвижница мадам Гийон [62], проведя почти десять лет в глубоком подземелье, где лишь во время еды был свет одной свечи, написала такие слова:

Я птица малая, давно забывшая простор.
Меня Он в клетку заключил под строгий Свой надзор.
Но если это Божья воля,
То буду петь Ему в неволе.

Занятий нет других: пою день ото дня.
Кому хочу я угодить, Тот слушает меня.
Он усмирил моё крыло,
Но мне то благо, а не зло.

Я клеткой окружён, я не могу лететь.
Но не мешает прутьев сталь моему сердцу петь.
Замок тюремный не прервёт
Души ликующей полёт.

Прекрасно воспарить над клеткой, над землёй
К Тому, с кем буду вечно жить, в ком мир найду душой.
И в Его воле видеть вновь
Свободу от земных оков.

---

[62] Мадам Гийон (Жанна-Мария де ля Мот-Гийон, 1648–1717) — французский мистик и одна из главных сторонниц квиетизма, некоторые аспекты которого считаются ересью.

Вопросы для индивидуального изучения и обсуждения в группе

Приведенные ниже вопросы предназначены для того, чтобы углубить понимание материала и помочь читателю применить его к собственной жизни.

1. Опишите, какое действие должно производить — для нас и в нас — понимание доктрины Божьего всевластия.

2. Опишите последствия, к которым приводит отсутствие страха Божьего.

3. Что такое страх Божий?

4. Опишите, к чему приводит подлинное признание Божьего всевластия.

5. а) В какие моменты наши души часто подвергаются испытаниям?

б) Почему?

6. Каковы главные мысли в следующих отрывках:

а) Флп. 2:7;

б) Флп. 2:8;

в) Ин. 10:17–18;

г) Ин. 6:38;

д) Лк. 22:42;

е) Пс. 39:9?

7. Какой должна быть наша реакция на Божье всевластие?

11

Трудности и возражения

Но вы говорите: «Неправ путь Господа!» Послушайте, дом Израилев! Мой ли путь неправ? Не ваши ли пути неправы? (Иез. 18:25)

А. Введение

Здесь стоит рассмотреть подробно некоторые трудности и возражения, которые упоминались на предыдущих страницах. Автор решил, что лучше собрать их вместе, чем отвечать на каждое по мере их появления, потому что тогда потребовалось бы нарушать развитие мысли и терять строгое единство каждой главы или загромождать страницы объемными сносками.

То, что попытки объяснить Божье всевластие связаны с определенными трудностями, мы с готовностью признаём. Труднее всего, наверное, поддерживать равновесие истины; многое зависит от точки зрения наблюдателя. Божье всевластие ясно утверждается в Писании; но так же ясно в Писании говорится и об ответственности человека. Определить отношения между этими двумя истинами, очертить линию разграничения между ними, показать, где именно они соприкасаются, — самое сложное задание. Многие открыто заявляли, что ограниченному разуму согласовать эти истины не под силу. Другие утверждали, что даже стремиться к такому согласованию — не нужно и даже не мудро. Но, как уже отмечалось в одной из предыдущих глав, мы считаем, что приносим Богу больше славы, когда пытаемся найти в Его Слове решения всех проблем. Невозможное человеку возможно Богу (Мф. 19:26), и хотя мы признаём, что ограниченный разум многого постичь не может, мы все же помним: Писание дано нам для того, чтобы «совершен был Божий человек, ко всякому доброму делу приготовлен» (2 Тим. 3:17). И если мы изучаем Писание в духе смирения и ожидания, то по вере нашей да будет нам (Мф. 9:29).

Как уже упоминалось, самое трудное в этом задании — поддерживать равновесие истины, настаивая *и* на Божьем всевластии, *и* на ответственности сотворенного существа. Кому-то из наших читателей может показаться, что, когда Божье всевластие понимается в таком масштабе, как у нас, то человек превращается просто в марионетку. Чтобы избежать такого результата, они меняют свои определения и утверждения, относящиеся к Божьему всевластию, — пытаются таким образом затупить острие, оскорбительное для плотского разума. Другие, отказываясь изучить свидетельства, которыми подкрепляются наши утверждения, могут выдвинуть возражения, которые, по их мнению, достаточны для того, чтобы отмахнуться от всей этой темы. Не будем тратить напрасно время и силы, пытаясь опровергнуть возражения, вызванные желанием придираться и спорить, но мы *действительно* хотим честно изучить трудности, с которыми сталкиваются те, кто стремится к более полному знанию истины. Мы не считаем себя способными дать удовлетворительные и окончательные ответы на любые вопросы, которые только можно было бы задать; как и читатель, автор знает их лишь отчасти и видит как бы сквозь тусклое стекло (1 Кор. 13:12). Все, что мы можем сделать, — изучить эти трудности в том свете, который у нас есть на данный момент, — с осознанием собственной зависимости от Божьего Духа, чтобы мы продолжали возрастать в познании Господа.

Б. Действительно ли Бог определил все (глава 1)?

Вернемся теперь к тому материалу, который уже был изложен, и воспроизведем ход наших рассуждений. Наше «определение» Божьего всевластия включало следующие утверждения. Говоря о Божьем всевластии, мы провозглашаем, что Он — Всемогущий; Он обладает всей властью и на небе, и на земле, поэтому никто не может разрушить Его совет, воспрепятствовать достижению Его цели или противиться Его воле... Божье всевластие — абсолютное, непреодолимое и бесконечное. Приведем теперь самую сильную формулировку. Мы настаиваем на том, что Бог делает все так, *как* Ему угодно, *только* так, как Ему угодно, и *всегда* так, как Ему угодно. И все, что происходит во времени, представляет собой лишь исполнение того, что Он определил в вечности. Эти утверждения доказываются такими отрывками из Писаний: «Бог наш на небесах; творит все, что хочет» (Пс. 113:15). «Ибо Господь Саваоф определил, и кто может отменить это? Рука Его простерта, — и кто отвратит ее?» (Ис. 14:27). «И все, живущие на земле, ничего не значат; по воле Своей Он действует как в небесном воинстве, так и у живущих на земле; и нет никого, кто мог бы противиться руке Его и сказать Ему: „Что Ты сделал?"» (Дан. 4:32). «Ибо все из Него, Им и к Нему. Ему слава во веки, аминь» (Рим. 11:36).

Приведенные выше утверждения настолько ясны, что любые попытки прокомментировать их лишь омрачали бы Провидение словами без смысла (Иов. 38:2). Эти цитаты настолько масштабны и имеют такую догматическую ценность, что всякие споры о затронутых в них темах должны были бы закончиться. Но вместо того, чтобы принимать их такими, какие они есть, плотская изобретательность силится их ослабить.

1. Матфея 6:10

Часто задают, например, такой вопрос: если то, что мы видим сегодня в мире, представляет собой лишь исполнение вечного Божьего замысла, то почему Господь учил Своих последователей молиться: «Да будет воля Твоя и на земле, как на небе» (Мф. 6:10)? Разве эти слова не подразумевают, что сейчас Божья воля на земле не исполняется? Ответ очень прост. В этой цитате логическое ударение делается на слове «как». Божья воля *действительно* исполняется на земле сегодня, в противном случае земля не была бы под Его властью, а если земля не под Его властью, то Он — не «Владыка всей земли» (Нав. 3:13). Но Божья воля исполняется на земле *не так*, как на небе. Как исполняют ее на небе? Осознанно и радостно. Как исполняют ее на земле? Чаще всего — неосознанно и без энтузиазма. На небесах ангелы исполняют повеления своего Творца разумным образом, и при этом они радуются. Но на земле неспасенные среди людей исполняют его волю слепо, не зная, что делают. Уже объяснялось, что, когда Иуда предал Господа, а Пилат приговорил Иисуса к распятию, у них не было осознанного намерения исполнить Божий замысел. Но именно это они и сделали — сами того не понимая!

2. Бытие 6:6

Есть и другое возражение: если все, что происходит на земле, служит исполнением Божьей воли, если Бог предопределил — еще до основания мира — все, что происходит в истории человечества, то почему мы читаем в Бытии 6:6: «И *раскаялся* Господь, что создал человека на земле, и *восскорбел* в сердце Своем»? Разве эти слова не подразумевают, что люди, жившие до потопа, следовали тому жизненному пути, который не был определен их Творцом, и потому Господь пожалел о том, что вообще сотворил таких существ? Прежде чем сделать такой вывод, обратим внимание на то, как к нему приходят. Если слова «раскаялся Господь, что создал человека», понимаются в абсолютном значении, то отрицается Божье всеведение; получалось бы, что в день сотворения человека Бог не мог предвидеть его путь. Значит, для всякой благоговейной души должно быть очевидно, что эти слова имеют здесь какое-то другое значение. Мы утверждаем, что слова «раскаялся Господь» означают, что Бог снисходит к нашему ограниченному разуму; при этом мы не пытаемся избежать трудностей или разрубить узел, не развязывая, но предлагаем толкование, которое совершенным образом сочетается с общей тенденцией Писания, что мы и попытаемся доказать.

Слово Божье обращено к *людям* и потому говорит на языке людей. Поскольку мы не можем подняться на уровень Бога, Он, по благодати Своей, нисходит к нам и в беседе с нами использует наши речевые обороты. Апостол Павел рассказывает, что «был восхищен в рай и слышал неизреченные слова, которых человеку нельзя пересказать» (2 Кор. 12:4). Живущие на земле не могут понять небесного языка. Ограниченные существа не могут понять бесконечное, поэтому Всемогущий соблаговолил облечь откровение в такие слова, которые нам понятны. Именно поэтому Библия содержит так много антропоморфизмов — описаний, наделяющих Бога формой человека. Бог есть Дух, но в Писании о Нем говорится так, словно бы у Него были глаза, уши, ноздри, дыхание, руки и пр. Конечно, эти описания означают лишь то, что Он снисходит к уровню нашего человеческого понимания.

Другой пример. Мы читаем в Бытии 18:20–21: «И сказал Господь: вопль Содомский и Гоморрский, велик он, и грех их, тяжел он весьма; сойду и *посмотрю, точно ли они поступают так*, каков вопль на них, восходящий ко Мне, или нет; узнаю». Очевидно, что это антропоморфизм: Бог говорит на человеческом языке. Бог знал, как живут в Содоме, и глаза Его видели страшные грехи этого города, но Ему угодно было использовать выражения из нашего собственного словарного запаса.

В Бытии 22:12 Бог говорит: «...Не поднимай руки твоей на отрока и не делай над ним ничего, *ибо теперь Я знаю*, что боишься ты Бога и не пожалел сына твоего, единственного твоего, для Меня». Бог и здесь говорит на языке людей, потому что Он «знал» о том, как поступит Авраам, еще до того, как подверг патриарха испытанию. То же самое можно сказать и о выражениях, подразумевающих, будто Бог встает рано утром: такие выражения, часто использующиеся у Иеремии (7:13 и пр.), явно означают, что Бог приспосабливает Свою речь к нашей.

И еще один пример: притча о виноградниках. Сам Христос отождествляет себя с владельцем этого виноградника, когда говорит: «Тогда сказал господин виноградника: что мне делать? Пошлю сына моего возлюбленного; *может быть*, увидев его, постыдятся» (Лк. 20:13). Но нет никакого сомнения в том, что Богу прекрасно было известно, что «виноградари» (иудеи) не «постыдятся» Его Сына, и что Он будет «презрен и умален» (Ис. 53:3), как и сказано в Его же Слове!

В таком же ключе мы понимаем и Бытие 6:6: слова «и *раскаялся* Господь, что создал человека на земле», — Бог снисходит к человеческому разуму. В этом стихе не сказано, что Бог столкнулся с непредвиденной ситуацией и потому пожалел о Своем решении сотворить человека. Нет, здесь выражается отвращение, которое вызывает у Святого Бога испорченность и развращенность падшего человека. Если у читателя остались еще какие-то сомнения в обоснованности и уместности нашего толкования, их сразу же развеет обращение непосредственно к Писанию: «...И не раскается Верный Израилев; ибо не человек Он, чтобы раскаяться Ему» (1 Цар. 15:29). «Всякое даяние доброе и всякий дар совершенный нисходит свыше, от Отца светов, у которого *нет изменения* и ни *тени перемены*» (Иак. 1:17)!

Внимательное изучение этих отрывков прольет свет и на многие другие, которые будут непонятными, если проигнорировать образную речь и не заметить, что Бог применяет к себе выражения, свойственные человеку. После того как мы подробно объяснили Бытие 6:6, уже не нужны долгие комментарии к другим отрывкам, принадлежащим к этой же категории. Но для пользы тех читателей, которые действительно желают изучить еще несколько текстов Писания, приведем один или два.

3. Матфея 23:37

Мы замечали, что при попытках опровергнуть учение, предлагаемое в этой книге, часто цитируют плач Господа над Иерусалимом: «Иерусалим, Иерусалим, избивающий пророков и камнями побивающий посланных к тебе! *Сколько раз хотел Я* собрать детей твоих, как птица собирает птенцов своих под крылья, *и вы не захотели!*» (Мф. 23:37). Задают такой вопрос: разве в этих словах Спаситель не признаёт, что Его миссия потерпела неудачу, ведь еврейский народ отверг Его благодатное предложение? Отвечая на этот вопрос, отметим, что Господь говорит здесь в первую очередь не о Своей миссии: Он упрекает иудеев за то, что во все века они отвергали Его благодать, — это явно следует из того, что Он упоминает «пророков». Ветхий Завет во всей полноте свидетельствует о том, как милостиво и терпеливо обходился Иегова со Своим народом, с каким редкостным упрямством израильтяне отказывались, не желая, чтобы Он их «собрал», и как в итоге Он оставил их ходить их собственными путями. Но в этом же Писании утверждается, что совет Божий не был расстроен их нечестием, потому что так было предсказано (а значит, определено) Им же (см., например, 3 Цар. 8:33).

Матфея 23:37 вполне можно сравнить с Исаии 65:2, где Господь говорит: «Всякий день простирал Я руки Мои к народу непокорному, ходившему путем недобрым, по своим помышлениям». Но можно спросить: пытался ли Бог сделать нечто, противоречащее Его вечному замыслу? В качестве ответа приведем цитату из Кальвина:

> ...Хотя воля Бога нашим чувствам представляется разной, Он не желает того или иного в себе самом, но хочет только поразить наши чувства многообразием своей премудрости, как говорит об этом св. Павел (Эф 3:10), — вплоть до последнего дня, когда нам будет дано понять, как Бог чудесным образом хочет того, что сегодня нам кажется противным его воле (Наставление в христианской вере, 3.24).

Чтобы проиллюстрировать этот же принцип, сошлемся на Исаии 5:1–4.

> Воспою Возлюбленному моему песнь Возлюбленного моего о винограднике Его. У Возлюбленного моего был виноградник на вершине утучненной горы, и Он обнес его оградою, и очистил его от камней, и насадил в нем отборные виноградные лозы, и построил башню посреди его, и выкопал

в нем точило, и *ожидал, что он принесет добрые грозды*, а он принес дикие ягоды. И ныне, жители Иерусалима и мужи Иуды, рассудите Меня с виноградником Моим. *Что еще надлежало бы сделать* для виноградника Моего, чего Я не сделал ему? Почему, когда Я ожидал, что он принесет добрые грозды, он принес дикие ягоды?

Разве не очевидно то, о чем свидетельствуют используемые здесь речевые обороты? Бог считает, что сделал для Израиля достаточно для того, чтобы иметь определенные ожидания на лучшие плоды, — если использовать речевые обороты, которые отражают человеческие категории. Не очевидно ли и то, что, говоря: «ожидал, что он принесет добрые грозды», Иегова снисходит к речи, свойственной ограниченным существам? Поэтому, когда Он говорит: «Что еще надлежало бы сделать для виноградника Моего, чего Я не сделал ему?», следует помнить: в предыдущих стихах, упоминая все благодеяния, оказанные Израилю, — «ограду» и пр., — Он говорит лишь о внешних привилегиях, средствах и возможностях, которые были даны израильтянам, ведь Он, конечно, мог бы забрать у них каменные сердца и дать им новые сердца, сердца из плоти — если бы пожелал.

Возможно, Матфея 23:37 — Христов плач над Иерусалимом — следует читать вместе с другим отрывком, где упоминаются Его слезы, пролитые над городом: «И когда приблизился к городу, то, смотря на него, заплакал о нем» (Лк. 19:41). В следующих стихах мы узнаём о том, что вызвало эти слезы: «И сказал: о, если бы и ты хотя в сей твой день узнал, что служит к миру твоему! Но это сокрыто ныне от глаз твоих, ибо придут на тебя дни, когда враги твои обложат тебя окопами и окружат тебя, и стеснят тебя отовсюду». Христос знал о том, какой ужасный суд грядет. Но означают ли эти слезы, что перед нами — разочарованный Бог? Нет, конечно. Они означают, что перед нами совершенный *человек*. Человек Иисус Христос не был лишен эмоций, Он не был стоиком, но Его сердце было исполнено сострадания (Мф. 14:14 и пр.). Эти слезы выражают безгрешную жалость, свидетельствующую о Его подлинной и чистой человеческой природе. Если бы Он не плакал, Он бы не был полностью человеком. Эти слезы были одним из многих доказательств того, что «Он должен был во всем уподобиться братиям» (Евр. 2:17).

B. Любит ли Бог всех? (глава 2)

1. Суть проблемы

В первой главе мы утверждали, что Бог всевластен в проявлениях Своей любви. Мы полностью осознаём, что у многих это утверждение вызовет стойкую неприязнь. И то, что мы скажем сейчас, повлечет за собой больше критики, чем какое-либо другое утверждение в этой книге. Тем не менее мы должны быть верны учению Священного Писания и можем лишь попросить читателя внимательно изучить в свете Божьего Слова то, что предлагается здесь.

Одно из самых популярных верований сегодня — в то, что Бог любит всех, и уже хотя бы то, что это верование так распространено во всех кругах, должно насторожить подчиняющихся Слову Истины. Божья любовь ко всем Его творениям — основополагающая и любимая доктрина универсалистов, унитариан, теософов, адептов «Христианской науки», спиритуалистов, расселитов и пр. Нам внушают, что, как бы человек ни жил, — даже если он открыто бросает вызов небесам, совершенно не заботится о вечной участи своей души и тем более о Божьей славе, даже если умирает со словами проклятия на устах, — Бог все равно его любит. Эта догма распространилась так широко, и она так приятна для сердца, враждующего с Богом, что мы особо и не надеемся убедить многих в ее ошибочности.

То, что Бог любит всех, — верование, появившееся сравнительно недавно. В трудах отцов церкви, реформаторов или пуритан такой идеи, насколько нам известно, нет, сколько бы мы ни искали.

В прошлом веке покойный Муди[63], на которого повлияла книга Друммонда[64] «Главное в мире», потрудился, наверное, больше всех для популяризации этой идеи. Часто говорят, что Бог любит грешника, хотя ненавидит его грех[65]. Но это различие — бессмысленное. Что еще есть в грешнике, кроме греха? Не сказано ли о нем: «Вся голова в язвах, и все сердце исчахло»? И еще: «От подошвы ноги до темени головы нет у него здорового места» (Ис. 1:5–6). Правда ли, что Бог любит того, кто презирает и отвергает Его благословенного Сына? Бог есть Любовь, но Он же есть и свет (2 Ин. 1:5; 4:8), поэтому Его любовь должна быть святой любовью. Те, кто рассказывают отвергающему Христа, что Бог его любит, прижигают его совесть, а также дают ему ложную уверенность в его грехах.

---

[63] Д. Муди (1837–1899) — американский евангелист и издатель, основал Церковь Муди, Библейский институт Муди и издательство «Муди паблишерс» в Чикаго. Проводил крупные евангелизационные кампании в США и Великобритании.

[64] Генри Друммонд (1851–1897) — шотландский евангелист, писатель и лектор; учился в Эдинбургском университете. Друммонд присоединился к Свободной церкви Шотландии и помогал в евангелизационном служении.

[65] Рим. 5:8 — стих, обращенный к «святым»; местоимение «мы» относится к тем же людям, о которых говорится в 8:29–30. — А. П.

Но на самом деле Божья любовь — истина лишь для святых, а те, кто предлагают эту любовь врагам Бога, отбирают хлеб у детей и бросают его собакам. За исключением Иоанна 3:16, в Евангелиях нет ни одного места, где можно было бы прочитать, как Господь Иисус, совершенный Учитель, говорит грешникам, что Бог их любит! В Деяниях, где описан проповеднический труд апостолов и показано содержание их благой вести, Божья любовь не упоминается вообще! Но когда мы доходим до посланий, адресованных святым, эта драгоценная истина — Божья любовь к Своим — раскрывается во всей полноте. Будем же разделять Слово Божье правильным образом, и тогда не окажется, что истины, которые обращены к верующим, по ошибке применены к неверующим.

Грешникам нужно указывать на невыразимую Божью святость, Его требовательную праведность, бескомпромиссную справедливость и ужасный гнев. Рискуя быть неправильно понятыми, мы все-таки скажем (и жаль, что нас не может услышать каждый евангелист и проповедник в этой стране): грешникам сегодня слишком часто предлагают Христа (причем делают это те, чья вера вполне здрава) и слишком редко объясняют их нужду во Христе, то есть их абсолютно плачевное, гибельное состояние, близкую и ужасную опасность пострадать от грядущего гнева, страшную вину, лежащую на них в присутствии Бога. Нам кажется, что предлагать Христа тем, кто никогда не осознавал свою потребность в Нем, — все равно что метать бисер перед свиньями (Мф. 7:6)[66].

---

[66] Если речь зайдет о богатом юноше, о котором сказано, что Христос его «полюбил» (Мк. 10:21), мы твердо верим, что он был одним из Божьих избранников, и что вскоре после своего разговора с Господом был «спасен». Если кто-то скажет, что это лишь предположение, которое не подтверждается никакими евангельскими текстами, то мы можем ответить, что написано: «приходящего ко Мне

2. Множество Писаний

Если бы Бог действительно любил каждого представителя рода человеческого, почему бы тогда Господь говорил ученикам: «Кто имеет заповеди Мои и соблюдает их, тот любит Меня; а кто любит Меня, тот возлюблен будет Отцом Моим... кто любит Меня, тот соблюдет слово Мое; и Отец Мой возлюбит его» (Ин. 14:21, 23)? Для чего нужны слова: «кто любит Меня, тот возлюблен будет Отцом Моим», если Отец любит всех? Такое же ограничение присутствует в Книге притчей 8:17: «Любящих меня я люблю». И в другом месте мы читаем: «Ты *ненавидишь* всех, делающих беззаконие» (Пс. 5:6)! «Бог, всякий день строго взыскивающий» (в Версии короля Якова: «Бог гневается на нечестивых каждый день», God is angry with the wicked every day; Пс. 7:11/12). «...А не верующий в Сына не увидит жизни, но гнев Божий пребывает на нем» (Ин. 3:36), — причем Божий гнев «пребывает» уже сейчас, а не «будет пребывать». Может ли Бог «любить» того, на ком пребывает Его «гнев»?

Сделаем еще одно наблюдение. Разве не очевидно, что слова «от любви Божией *во Христе Иисусе*» (Рим. 8:39) означают разграничение, указывают и на сферу, и на объекты Его любви? Не очевидно ли и то, что слова «Иакова Я возлюбил, а *Исава возненавидел*» (Рим. 8:39), означают, что Бог любит не всех?

И в другом месте написано: «Ибо Господь, кого любит, того наказывает; бьет же всякого сына, которого принимает» (Евр. 12:6). Разве этот стих не учит тому, что Божья любовь распространяется только на членов Его

___
не изгоню вон», а этот юноша, конечно же, «пришел» к Нему. Сравните его случай с историей Никодима. Тот тоже пришел к Христу, но в Иоанна 3 нигде не сказано, что он был спасен, когда встреча закончилась; однако мы знаем, что он не был «изгнан вон» (Ин. 7:50; 19:39). — А. П.

семьи? Если Он любит всех людей без исключения, то упомянутые здесь различия и ограничения оказываются бессмысленными. Зададим, наконец, такой вопрос: мыслимо ли то, что Бог будет любить про́клятых, когда они будут в огненном озере? Но если Он любит их сейчас, то будет любить их и тогда, ведь Его любовь неизменна: у Него «нет изменения и ни тени перемены» (Иак. 1:17)!

3. Иоанна 3:16

Обратимся теперь к Иоанна 3:16. Из тех отрывков, которые цитировались выше, должно быть ясно, что этот стих не выдержит того бремени, которое на него возлагают. «Ибо так возлюбил Бог *мир*», — многие думают, что речь здесь идет обо всем роде человеческом. Но «все человечество» — это все потомки Адама до конца истории, и в прошлом, и в будущем! Рассмотрим же историю человечества до рождения Христа. Миллионы жили и умерли до того, как Спаситель пришел на землю; они «не имели надежды и были безбожники в мире», а значит, перешли впоследствии в вечные страдания. Если Бог «любил» их, то где хотя бы какое-то доказательство? Писание объявляет, что Бог «в прошедших родах [начиная с вавилонской башни и заканчивая временем после Пятидесятницы] попустил *всем* народам ходить своими путями» (Деян. 14:16). Писание утверждает: «И как они не заботились иметь Бога в разуме, то *предал их* Бог превратному уму — делать непотребства» (Рим. 1:28). Израильтянам Бог сказал: «Только вас признал Я из всех племен земли» (Ам. 3:2). В свете этих вполне понятных отрывков кто может быть настолько глуп, чтобы утверждать, что в прошлом Бог любил все человечество?

Такая же логика применима и в рассуждениях о будущем. Прочитайте Книгу Откровения, обращая особое внимание на главы с 8 по 19: там описываются суды, которые будут изливаться с неба на эту землю. Прочитайте об ужасных бедствиях, страшных казнях, чашах Божьего гнева, которые будут вылиты на нечестивых. Прочитайте, наконец, двадцатую главу Откровения, где описан суд перед великим белым престолом, и скажите, удалось ли вам найти там хотя бы беглое упоминание о любви.

Но те, кто возражает, возвращаются к Иоанна 3:16 и говорят: «Слово „мир" означает мир». Да, это так, но мы показали, что слово «мир» не означает все человечество. Дело в том, что слово «мир» используется в широком значении. Когда братья Христа говорят: «Яви себя миру» (Ин. 7:4), имеют ли они в виду: «Яви себя всему *человечеству*?» Когда фарисеи говорят: «Весь мир идет за Ним» (Ин. 12:19), подразумевают ли они, что «все представители человечества» стали Его последователями? Когда апостол пишет: «Вера ваша возвещается во всем мире» (Рим. 1:8), имеет ли он в виду, что вера римских святых была темой разговоров каждого мужчины, каждой женщины и каждого ребенка на земле? Когда в Откровении 13:3 говорится: «И дивилась вся земля, следя за зверем», должны ли мы понимать, что исключений не будет? Эти и другие отрывки, которые можно было бы процитировать, показывают, что слово «мир» часто используется в относительном, а не абсолютном значении.

Первое, что следует отметить в связи с Иоанна 3:16, — то, что Господь говорит эти слова Никодиму, человеку, верившему, что Божья милость не распространяется за пределы его народа. Христос объявляет здесь, что Божья любовь, отдавшая Сына, имеет больший масштаб: она выйдет за пределы Палестины, достигая дальних стран. Иными словами, Христос объявил, что у Бога есть благодатная цель, связанная не только с иудеями, но и с язычниками. «Ибо так возлюбил Бог мир», — эти слова указывают на распространение Божьей любви между народами. Но означает ли это, что Бог любит каждого язычника? Нет, не обязательно, потому что, как мы видели, слово «мир» используется не в конкретном, а в общем значении, не в абсолютном, а относительном. Само по себе слово «мир» не является убедительным доказательством. Чтобы определить объекты Божьей любви, необходимо изучить другие отрывки, в которых упоминается Его любовь.

В 2 Петра 2:5 упоминается «мир нечестивых». Итак, если есть мир нечестивых, то должен быть и мир праведных. Именно о нем идет речь в отрывках, которые мы сейчас бегло рассмотрим. «Ибо хлеб Божий есть тот, который сходит с небес и дает жизнь миру» (Ин. 6:33). Обратите особое внимание: Христос сказал, что этот хлеб не *предлагает*, а именно «дает жизнь миру». Чем отличаются друг от друга эти два слова? От того, что «предлагают», можно отказаться, а если что-то «дают», то подразумевается принятие. То, что не принято, не дают, а просто *предлагают*. Итак, вот отрывок Писания, где прямо утверждается, что Христос дает жизнь (духовную, вечную жизнь) «миру». Он не *дает* вечную жизнь «миру нечестивых», потому что они не хотят ее принять. Поэтому мы вынуждены сделать вывод, что в Иоанна 6:33 говорится о «мире праведных», то есть Божьего народа.

Еще один пример. В 2 Коринфянам 5:19 мы читаем: «...Бог во Христе примирил с собою *мир*». Значение этих слов раскрывается в продолжении фразы: «не вменяя людям преступлений *их*». И здесь слово «мир» тоже не может означать «мир безбожников», потому что их преступления им *вменяются*, что будет показано на суде перед великим белым престолом (Откр. 20:11). Но в 2 Коринфянам 5:19 ясно сказано, что есть «мир», который «примирен» с Богом, — примирен с Богом, потому что людям, относящимся к этому миру, их грехи *не* вменяются: их взяла на себя заместительная Жертва. Но кто эти люди? Возможен только один ответ: это «мир» Божьего народа!

Поэтому «мир» в Иоанна 3:16 должен означать мир Божьего народа. Мы говорим «должен», потому что альтернативных решений нет. Это слово не может означать весь род человеческий, потому что половина человечества уже была в аду, когда Христос пришел на землю. Несправедливо утверждать, что слово «мир» означает всех людей, живущих сейчас, потому что во всех других отрывках Нового Завета, где упоминается Божья любовь, она ограничивается Его собственным народом, — исследуйте Писания, и вы увидите! В Иоанна 3:16 Божья любовь направлена на тех же, о ком говорится в Иоанна 13:1: «Перед праздником Пасхи Иисус, зная, что пришел час Его перейти от мира сего к Отцу, явил делом, что, возлюбив *Своих* сущих в мире, до конца возлюбил их». Мы признаём, что это толкование Иоанна 3:16 — не изобретенное нами новшество; такого толкования придерживались почти все реформаторы и пуритане, а также многие из живших после них.

Г. Божье всевластие в спасении (глава 3)

Перейдем теперь к третьей главе: «Божье всевластие в спасении». Здесь можно было бы задать бесчисленное множество вопросов. Как ни странно, многие из тех, кто признаёт всевластное Божье правление над материальной сферой, придираются и возражают, когда мы настаиваем на Божьем всевластии и в духовной сфере. Но спорят они с Богом, а не с нами. Мы привели цитаты из Писания для обоснования всего, что утверждалось на этих страницах, и тех читателей, которым этого недостаточно, бесполезно пытаться в чем-то убедить. Мы пишем, обращаясь к тем, кто склоняется перед авторитетом Священного Писания, и для пользы таких читателей мы рассмотрим несколько других отрывков, изучение которых мы специально оставили для этой главы.

1. Ограниченное число избранных

Не медлит Господь [исполнением] обетования, как некоторые почитают то медлением; но долготерпит нас, не желая, чтобы кто погиб, но чтобы все пришли к покаянию (2 Пет. 3:9).

Для тех, кто видел, что Священное Писание — отрывок за отрывком — ясно учит об избрании к спасению ограниченного числа людей, самый трудный отрывок — 2 Петра 3:9: «...не желая, чтобы кто погиб, но чтобы все пришли к покаянию».

Прежде всего, следует отметить, что этот отрывок, как и все другое Писание, следует толковать в контексте. В предыдущем абзаце мы процитировали лишь часть стиха, причем последнюю часть! Конечно, все согласятся с тем, что нужно рассмотреть и первую половину стиха. Чтобы обосновать то неограниченное значение слов «никто» и «кто», которое приписывают им многие, следует показать, что в контексте речь идет обо всем роде человеческом! Если показать это невозможно, если нет обоснованных исходных предпосылок, то и вывод будет необоснованным. Изучим первую часть стиха.

«Не медлит Господь исполнением обетования». Обратите внимание: речь идет не об «обетованиях», а об одном «обетовании». Каком именно? Обетовании спасения? Есть ли во всем Писании хотя бы один отрывок, где Бог обещал бы спасти весь род человеческий? Нет. «Обетование», о котором здесь говорится, относится *не* к спасению. А к чему тогда? Узнать это можно из контекста.

«Прежде всего знайте, что в последние дни явятся наглые ругатели, поступающие по собственным своим похотям и говорящие: *где обетование пришествия Его?*» (ст. 3–4). В контексте говорится о Божьем обещании снова послать Своего возлюбленного Сына. Но прошло много столетий, а обетование еще не исполнилось. Да, нам эта задержка может показаться долгой, но для Бога это лишь краткий промежуток. Доказательством служит напоминание: «у Господа один день, как тысяча лет, и тысяча лет, как один день» (ст. 8). Если считать время так, как считает Бог, то с того момента, когда Он пообещал послать Христа назад на землю, еще и двух дней не прошло!

Кроме того, задержка объясняется не «медлительностью», а долготерпением Бога, пообещавшего послать Своего возлюбленного Сына. Долготерпением по отношению к кому? В стихе, который мы здесь изучаем, сказано: Бог «долготерпит нас». К кому относится местоимение «нас» — ко всему роду человеческому или к народу Божьему? В контексте становится видно, что это не «открытый» вопрос, в отношении которого у каждого из нас может быть свое мнение: ответ определен Святым Духом. В начале главы сказано: «Это уже второе послание пишу к вам, возлюбленные». А в стихе предшествующем анализируемому, содержится призыв: «Одно то не должно быть сокрыто от вас, возлюбленные...» Итак, местоимение «вас» означает «возлюбленных» Божьих. Послание адресовано «принявшим [не «осуществившим», а «принявшим» как дар всевластного Бога] с нами равно драгоценную веру по правде Бога нашего и Спасителя Иисуса Христа» (2 Пет. 1:1). Поэтому мы говорим, что не остается повода для сомнений, придирок или споров: местоимение «нас» относится к Божьим избранникам.

Процитируем теперь этот стих целиком:

Не медлит Господь исполнением обетования, как некоторые почитают то медлением; но *долго-терпит нас,* не желая, чтобы *кто* погиб, но что-бы *все* пришли к покаянию.

Все сказано так, что яснее быть не может. Те, чьей погибели Бог не хочет («кто»), те, кого Бог долготерпит («нас»), — это «возлюбленные», которые упоминались в предыдущем стихе. Итак, в 2 Петра 3:9 сказано, что Бог не пошлет Сына на землю снова до тех пор, пока не «войдет полное число язычников» (Рим. 11:25). Бог не пошлет Сына снова на землю до тех пор, пока не соберет-ся «народ», который Он «составляет» (Деян. 15:14) себе из язычников. Бог не пошлет Сына снова до тех пор, пока тело Христово не достигнет полноты, а это произойдет только тогда, когда к Нему вернутся те, кого Он предо-пределил к спасению в этой диспенсации. Благодаре-ние Богу, за то, что Он «долготерпит нас». Если бы Хри-стос вернулся двадцать лет назад, автор этой книги был бы оставлен погибать в своих грехах. Но такого быть не может, поэтому Бог милостиво отсрочил Второе прише-ствие. По этой же причине отсрочка продолжается до сих пор. Он предопределил, что все Его избранники придут к покаянию, а значит, именно это и произойдет. Ны-нешний период благодати окончится лишь тогда, когда последняя из «других овец» (Ин. 10:16) не будет в без-опасности. И *после этого* придет Христос.

2. Непреодолимая Божья сила, явленная в спасении

Объясняя всевластие Бога Духа в спасении, мы пока-зали, что Его власти невозможно противиться: совершая

Свои дела благодати — внешние и внутренние по отношению к людям, — Он «убеждает» Божьих избранников прийти ко Христу (Лк. 14:23). Всевластие Святого Духа показано не только в Иоанна 3:8, где сказано: «Дух дышит, где хочет... так бывает со всяким, рожденным от Духа». Эта доктрина утверждается и в других отрывках. В 1 Коринфянам 12:11 мы читаем: «Все же сие производит один и тот же Дух, разделяя каждому особо, *как Ему угодно*». И еще: «Пройдя через Фригию и Галатийскую страну, они не были допущены Духом Святым проповедовать слово в Асии. Дойдя до Мисии, предпринимали идти в Вифинию; но *Дух не допустил их*» (Деян. 16:6–7). Итак, мы видим, как всевластная воля Святого Духа оказалась выше намерения апостолов.

Но есть и другое возражение против вывода о том, что воле и силе Святого Духа противиться невозможно. Может показаться, что такому выводу противоречат два отрывка — один из Ветхого Завета, а другой из Нового. В древности Бог сказал: «Не вечно Духу Моему быть пренебрегаемым человеками» (Быт. 6:3). А Стефан объявил иудеям: «Жестоковыйные! Люди с необрезанным сердцем и ушами! *Вы всегда противитесь* Духу Святому, как отцы ваши, так и вы. Кого из пророков не гнали отцы ваши?» (Деян. 7:51–52). Если же иудеи «противились» Святому Духу, то как можно говорить, что Его сила — непреодолима? Ответ — в Неемии 9:30: «Ты медлил многие годы и напоминал им Духом Твоим чрез пророков Твоих, но они не слушали». Израиль «противился» *внешнему* действию Духа. Дух говорил через пророков, которых они «не слушали». Святой Дух не совершал *в них* никакого внутреннего действия, которому можно было бы «противиться»; речь идет о *мотивах, которые были представлены* им в богодухновенных проповедях пророков.

Возможно, читателю будет легче понять нашу мысль, если мы приведем сравнение с Матфея 11:20–24: «Тогда начал Он укорять города, в которых наиболее явлено было сил Его, за то, что они не покаялись: горе тебе, Хоразин!..» Этим городам, отвергнувшим покаяние, Господь возвещает горе из-за того, что они видели «силы» (чудеса), явленные в них, а не из-за какого-либо *внутреннего* действия Его благодати!

Такое же наблюдение можно сделать и относительно Бытия 6:3. При сравнении этого отрывка с 1 Петра 3:18–20 мы увидим, что люди, жившие до потопа, пренебрегали Духом, действовавшим через Ноя. Приведенное выше различие было подытожено Эндрю Фуллером (другой давно умерший автор, у которого нынешнее поколение многому могло бы научиться):

Есть два вида влияния, которое Бог оказывает на человеческий разум. Первый вид — обычный; такое влияние осуществляется обычным использованием мотивов, представленных человеку на рассмотрение. Второй вид — особый и сверхъестественный. В первом тайны не больше, чем при влиянии наших слов и поступков на других людей; второй — настолько таинственен, что о нем мы не знаем ничего, кроме последствий. Первый вид влияния *должен быть* действенным, второй таковым *является*.

Внешнему действию Святого Духа, направленному на людей, они всегда «противятся»; Его действие *внутри* людей всегда успешно. Что говорит Писание? «Начавший в вас доброе дело будет совершать его даже до дня Иисуса Христа» (Флп. 1:6).

3. Проповедовать Евангелие «всей твари»

Следующий вопрос: почему нужно проповедовать Евангелие «всей твари»? Если Бог Отец предопределил к спасению лишь ограниченное число людей, если Бог Сын умер для совершения спасения лишь тех, кого дал Ему Отец, то зачем проповедовать Евангелие всему миру? Уместно ли говорить грешникам: «...дабы *всякий*, верующий в Него, не погиб, но имел жизнь вечную» (Ин. 3:16)?

а) Природа Евангелия

Во-первых, крайне важно понимать природу самого Евангелия. Евангелие — это Божья благая весть о Христе, а не о грешнике: «Павел, раб Иисуса Христа, призванный апостол, избранный к благовестию Божию... *о Сыне*... о Иисусе Христе Господе нашем» (Рим. 1:1, 3–4).

Бог желает, чтобы повсюду провозглашался удивительный факт: Его благословенный Сын «смирил себя, быв послушным даже до смерти, и смерти крестной» (Флп. 2:8). Бесконечной ценности Христа и Его дела должно соответствовать свидетельство вселенского масштаба. Обратите внимание на слово «свидетельство» в Матфея 24:14. Евангелие — это Божье «свидетельство» о совершенстве Его Сына. Обратите внимание на слова апостола: «Ибо мы Христово благоухание Богу в спасаемых и в погибающих» (2 Кор. 2:15)!

В том, что касается характера и содержания Евангелия, сегодня преобладает величайшая неразбериха. Евангелие — это не «предложение», которое навязывают религиозные торгаши. Евангелие — это не просто приглашение, но *провозглашение* — провозглашение, относящееся ко Христу; оно истинно независимо от того, верят в него люди или нет. Никого из людей не нужно просить, чтобы он верил, что Христос умер именно за него. Суть Евангелия такова: Христос умер за грешников, ты грешник; верь во Христа и будешь спасен. В Евангелии Бог просто объявляет условия, на которых люди могут быть спасены (эти условия — покаяние и вера), и всем людям без исключения дается повеление: исполнять эти условия.

б) Проповедь Евангелия всем народам

Во-вторых, покаяние и прощение грехов следует проповедовать во имя Господа Иисуса «во всех народах» (Лк. 24:47), потому что избранники Божьи рассеяны (Ин. 11:52) среди всех народов; через проповедь и слышание Евангелия они призываются из мира. Евангелие — это средство, которое Бог использует для спасения Своих избранников. По природе своей они такие же «чада гнева», как и «прочие»; они — погибающие грешники, которым нужен Спаситель, и без Христа нет для них спасения. Поэтому радоваться прощению своих грехов они смогут только после того, как уверуют в Евангелие. Евангелие — это лопата для веяния зерна; используя ее, Бог отделяет пшеницу от соломы и собирает в Свою житницу (Мф. 3:12).

в) Другие цели Бога

В-третьих, следует отметить, что при проповеди Евангелия Бог достигает и других целей — помимо спасения избранных. Мир существует ради избранных, но и прочие могут пользоваться его благами. Поэтому Слово проповедуется ради избранных, но и другие могут получить пользу от внешнего призыва. Солнце светит, хотя слепые его не видят. Дождь падает на каменистые горы и заброшенные пустыни, а не только на плодовитые долины; и Бог позволяет Евангелию достигать ушей тех, кто принадлежит к числу избранных. Сила Евангелия — один из способов, которыми Бог сдерживает порочность мира. Многие из тех, кто не спасается Евангелием, меняются под его действием; их похоти обуздываются, и им не удается стать хуже. Кроме того, проповедь Евангелия тем, кто не избран, — замечательная проверка для их характера. Становится очевидным то, что их грех упрям, их сердца враждуют против Бога; подтверждается высказыванием Христа: «...Люди более возлюбили тьму, нежели свет, потому что дела их были злы» (Ин. 3:19).

г) Божья заповедь

Наконец, нам достаточно знать, что у нас есть повеление: проповедовать Евангелие «всей твари». Не наше дело рассуждать о том, насколько это повеление согласуется с тем, что «мало избранных»; наше дело — проявлять послушание. Легко задавать вопросы о путях Божьих, которые ограниченный разум познать не в силах. Мы тоже могли бы, в свою очередь, напомнить критикам о том, что Господь объявил: «Истинно говорю вам: будут прощены сынам человеческим все грехи и хуления, какими бы ни хулили; но кто будет хулить Духа Святого, тому не будет прощения вовек, но подлежит он вечному осуждению». И нет сомнения в том, что некоторые иудеи совершили именно этот грех (см. Мф. 12:24 и пр.), поэтому их гибель была неизбежной. Тем не менее не прошло и двух месяцев, как Иисус повелел ученикам проповедовать Евангелие *всей* твари.

Если авторы этого возражения смогу объяснить, почему нет противоречия между двумя фактами — некоторые иудеи совершили грех, который никогда не будет прощен, и Евангелие было проповедано даже им, — то и мы постараемся найти более удовлетворительное решение вышеупомянутой проблемы — проблемы баланса между *вселенским провозглашением* Евангелия и распространением спасительной силы *только на тех*, кого Бог предопределил быть подобными образу Его Сына.

Повторим еще раз: не наше дело *рассуждать* о Евангелии; наше дело — *проповедовать* его. Когда Бог повелел Аврааму принести своего сына в жертву всесожжения (Быт. 22:2), Авраам мог бы возразить, что это повеление противоречит Божьему обещанию: «в Исааке наречется тебе семя» (Быт. 21:12). Но вместо того чтобы спорить, он подчинился и позволил Богу согласовывать Его обещание с Его же повелением. Иеремия мог бы утверждать, что Бог повелел ему нечто бессмысленное: «И когда ты будешь говорить им все эти слова, *они тебя не послушают*; и когда будешь звать их, они тебе не ответят» (Иер. 7:27), но пророк проявил послушание. Иезекииль тоже мог бы пожаловаться, что Бог потребовал от него нечто трудное:

И Он сказал мне: сын человеческий! встань и иди к дому Израилеву, и говори им Моими словами; ибо не к народу с речью невнятною и с непонятным языком ты посылаешься, но к дому Израилеву, не к народам многим с невнятною речью и с непонятным языком, которых слов ты не разумел бы; да если бы Я послал тебя и к ним, то они послушались бы тебя; а дом Израилев *не захочет слушать тебя*; ибо они не хотят слушать Меня, потому что весь дом Израилев с крепким лбом и жестоким сердцем (Иез. 3:4–7).

Душа, доверься Его Слову,
Пока в сомнениях живёшь,
Дождись пришествия Христова,
Настанет день — ты всё поймёшь.

Хорошо сказал Э. Буллингер[67]:

> Евангелие нисколько не утратило силы, что была у него издревле. Сегодня, как и тогда, когда его проповедовали впервые, оно «есть сила Божия ко спасению» (Рим. 1:16). Его не нужно жалеть, ему не нужно помогать или прислуживать. Оно может преодолеть все препятствия и разрушить все барьеры. Не нужны никакие человеческие ухищрения, чтобы подготовить грешника к его принятию, потому что, если Бог его послал, никакая сила не может ему воспрепятствовать, а если Бог его не посылал, никакая сила не может сделать его действенным.

Эту главу можно было бы продолжать до бесконечности, но она и так уже слишком длинная, поэтому в заключение достаточно будет добавить лишь несколько слов. Некоторые из других вопросов будут разбираться в следующей главе. А с теми вопросами, которые мы не затронули, читатель может обратиться к самому Господу, сказавшему: «Если же у кого из вас недостает мудрости, да просит у Бога, дающего всем просто и без упреков, — и дастся ему» (Иак. 1:5).

---

[67] Этельберт Уильям Буллингер (1837–1913) — англиканский клирик, библеист и богослов, придерживавшийся ультрадиспенсационных взглядов.

Вопросы для индивидуального изучения и обсуждения в группе

Приведенные ниже вопросы предназначены для того, чтобы углубить понимание материала и помочь читателю применить его к собственной жизни.

1. Каковы главные мысли следующих отрывков:

а) Пс. 113:1;

б) Ис. 14:27;

в) Дан. 4:32?

2. Исполняется ли Божья воля на земле так же, как на небе? Почему?

3. Почему в некоторых отрывках Писания сказано: «раскаялся Господь...» (Быт. 6:6)?

4. Любит ли Бог всех? Почему?

5. Что может произойти, если людям, бунтующим против Бога, говорить, что Он их любит?

6. Любил ли Бог всех людей в прошлом? Почему? Будет ли Он любить всех в будущем? Почему? Какое значение имеет эта мысль для нас сегодня?

7. Что означает слово «мир» в Ин. 3:16? Почему?

8. Если Бог избрал к спасению только некоторых, стоит ли проповедовать Евангелие всем? Почему?

12

Ценность этой доктрины

Все Писание богодухновенно и полезно для научения, для обличения, для исправления, для наставления в праведности, да будет совершен Божий человек, ко всякому доброму делу приготовлен (2 Тим. 3:16–17).

А. Введение

Слово «доктрина» означает «учение», и именно через учение, то есть доктрину, нам открываются важнейшие реалии Бога и нашего отношения к Нему: Христос, Дух, спасение, благодать, слава. Именно через доктрину (силой Духа) верующие укрепляются и получают назидание; а там, где доктриной пренебрегают, неизбежно прекращаются возрастание в благодати и действенное христианское свидетельство. Как же грустно, что сейчас доктрину называют «непрактичной», когда на самом деле она служит основанием всей нашей практики в повседневной жизни! Между доктриной и практикой существует неразрывная связь: «...каковы мысли в душе [человека], *таков* и он» (Прит. 23:7). Отношения между Божьей истиной и характером христианина — это причинно-следственная связь: «...И познаете истину, и истина сделает вас свободными» (Ин. 8:32), — свободными от невежества, свободными от предрассудков, свободными от заблуждений, свободными от ухищрений сатаны, свободными от силы зла. Те, кто не «познал» истину, не могут наслаждаться такой свободой. Обратите внимание на порядок слов в отрывке, с которого начинается эта глава. Все Писание полезно — прежде всего для «научения» (доктрины)! Такая же последовательность наблюдается везде в посланиях, особенно в великих доктринальных трактатах апостола Павла. Прочитайте Послание к римлянам, и вы увидите, что в первых пяти главах нет ни одного увещевания. В Послании к ефесянам первые практические наставления появляются только в четвертой главе. Порядок такой: сначала объясняется доктрина, а затем даются увещевания или наставления, регулирующие повседневную жизнь.

То, что доктринальное учение заменили так называемой «практичной» проповедью, стало главной причиной многих из тех бед, которые обрушиваются сейчас на Церковь Божью. Причина, по которой мы видим так мало глубины, понимания, осознания фундаментальных положений христианства, — в том, что христиане редко слышат наставление, в котором бы им объясняли доктрину, и сами так мало изучают доктрину благодати. Если душа не укоренилась в доктрине богодухновенности Писания — богодухновенности полной и вербальной, — значит, у веры нет твердого основания. Когда душа находится в неведении относительно доктрины оправдания, не может быть подлинного, разумного осознания того, что Бог принимает эту душу с любовью. Когда душа незнакома с библейским учением об освящении, она восприимчива к искажениям и заблуждениям перфекционистов и проповедников так называемой «святости». Когда душа не знает, что сказано в Писании о доктрине рождения свыше, не будет правильного понимания

12. Ценность этой доктрины

доктрины двух природ верующего[68], и такое непонимание неизбежно приводит к утрате мира и радости. Можно было бы пойти и дальше по списку христианских доктрин. Именно невежество в доктринальных вопросах делает тех, кто заявляет о своей принадлежности к церкви, беспомощными перед нашествием неверия.

Именно невежество в доктринальных вопросах стало основной причиной, по которой тысячи людей, называющих себя христианами, порабощены бесчисленными ложными «измами» современности. Наступает время, когда большинство наших церквей «здравого учения принимать не будут» (2 Тим. 4:3), поэтому они так охотно принимают ложные доктрины. Конечно, доктрину, как и все остальное, что есть в Писании, можно рассматривать через призму холодного интеллекта; при таком подходе доктрина не затронет сердце, и она неизбежно будет восприниматься как нечто «сухое» и бесполезное. Но когда доктрину принимают сердцем и изучают должным образом, она будет вести нас к более глубокому познанию Бога и неисследимого богатства Христа.

---

[68] Две природы — ветхая природа, которая ненавидит Бога и любит грех, и новая природа, исходящая из нового сердца, которое любит Бога и ненавидит грех. Существует несколько богословских взглядов относительно того, из чего состоит возрожденный верующий.

1) Согласно первому взгляду, «ветхий человек» мертв (Рим. 6:6–8), а наша борьба с грехом происходит из-за немощи (незрелости), живущей в этом теле.

2) Согласно второму взгляду, борьба с грехом объясняется тем, что в верующем сосуществуют две природы: плоть и дух (такой точки зрения придерживается автор).

3) Согласно третьей точке зрения, у верующего есть только одна новая природа. Ветхая природа мертва, но сформированные ею привычки остаются. Наша борьба с грехом вызвана тем, что плотские аппетиты еще не умерщвлены (Кол. 3:5; Гал. 5:17).

Итак, доктрина Божьего всевластия — не просто метафизическая догма, лишенная практической ценности, но учение, способное оказывать сильнейшее воздействие на характер христианина и его повседневную жизнь. Доктрина божьего всевластия лежит в основании христианского богословия и по важности своей уступает, пожалуй, лишь доктрине богодухновенности Писания. Она служит центром притяжения в системе христианской мысли, солнцем, вокруг которого по орбите вращаются меньшие тела. Доктрина Божьего всевластия — золотой верстовой столб, к которому ведут все дороги знания, и из которого все они исходят. Это нить, на которую все остальные доктрины нанизаны как жемчужины; доктрина Божьего всевластия удерживает их на месте и придает им единство. Она служит отвесом[69], по которому проверяются все формулировки вероисповедания, весами, на которые следует класть все человеческие догмы. Эта доктрина — надежный якорь для души во время жизненных бурь. Доктрина всевластия — назначенное Богом средство для укрепления наших душ.

Эта доктрина разработана и адаптирована для того, чтобы определять сердечные чувства и указывать правильное поведение. Она позволяет человеку быть благодарным в дни процветания и терпеливым в дни страдания. Она дает утешение в настоящем и чувство уверенности, которое распространяется даже на неизвестное будущее. Все это — и намного больше — содержится в доктрине Божьего всевластия, потому что она воздает Богу — Отцу, Сыну и Святому Духу — принадлежащую Ему славу, а творению указывает его подлинное место — в прахе!

---

[69] Отвес — нитка с грузом. Используется в строительстве для определения идеально вертикальной линии. Здесь это слово употребляется в метафорическом значении: подразумевается некое правило, стандарт, по которому измеряется и оценивается все остальное.

Рассмотрим теперь подробнее ценность этой доктрины.

Б. Превозношение качеств Бога

Доктрина всевластия способствует тому, что мы превозносим Его качества. Явленная в Писании, эта доктрина дает возвышенное представление о Божьем совершенстве. Она утверждает *права, присущие Ему как Творцу*. Утверждает, что «у нас один Бог Отец, *из которого все*, и мы для Него, и один Господь Иисус Христос, которым все, и мы Им» (1 Кор. 8:6). Объявляет, что Он, подобно «горшечнику» (Иер. 18:1–6; Рим. 9:21), лепит из глины любые сосуды, какие только пожелает. Эта доктрина свидетельствует: «Ты сотворил все, и все по Твоей воле существует и сотворено» (Откр. 4:11). Доктрина настаивает на том, что никто не имеет права «возражать» Богу, и что единственная правильная реакция сотворенного существа — благоговейная покорность Ему. Итак, понимание абсолютного Божьего всевластия имеет великую практическую ценность, потому что, если мы не признаём должным образом власть Всевышнего, Он никогда не будет прославляться в наших мыслях и не будет занимать надлежащее Ему место в нашем сердце и в нашей жизни.

Эта доктрина показывает, что *мудрость Его неисследима*. Показывает, что Бог, хотя и безупречен в Своей мудрости, позволил злу войти в Его благое творение. Хотя Он и обладает всей властью, Он позволяет дьяволу вести с Ним войну на протяжении шести тысяч лет, если не больше. Хотя Бог — совершенство любви, Он не пожалел Своего Сына. Хотя Он — Бог всякой благодати, множество людей будут вечно мучиться в огненном озере. Тайны эти велики. Писание не отрицает их, но признаёт их существование: «О, бездна богатства и премудрости и ведения Божия! Как непостижимы судьбы Его и неисследимы пути Его!» (Рим. 11:33).

Доктрина Божьего всевластия открывает нам, что *воля Его непреложна*. «Ведомы Богу от вечности все дела Его» (Деян. 15:18). От начала Бог решил прославить себя «в церкви во Христе Иисусе во все роды, от века до века» (Еф. 3:21). Для этого Он сотворил мир и создал человека. Его премудрый замысел не был расстроен, когда человек согрешил, потому что в Агнце, «закланно[м] от создания мира» (Откр. 13:8), грехопадение было уже предусмотрено.

Божий замысел не могут отменить греховность и развращенность человека, что явно следует из слов псалмопевца: «И гнев человеческий обратится во славу Тебе: остаток гнева Ты укротишь» (Пс. 75:11). Поскольку Бог всемогущ, Его воле невозможно противиться. Как объяснял Райс:

> Его замыслы появляются в вечности и без каких-либо изменений исполняются вечно. Они распространяются на все Его дела и контролируют все события. Он совершает «все по изволению воли Своей» (Еф. 1:11).

Не может успешно противиться Ему и человек, потому написано: «Господь царствует: да трепещут народы!» (Пс. 98:1).

Доктрина Божьего всевластия возвеличивает *Его благодать*. Благодать — это незаслуженная милость, и, поскольку благодать явлена людям, не заслуживающим ничего, кроме ада, людям, которые не вправе требовать от Бога ничего, благодать дается как дар и может быть явлена даже на худшем из грешников. Но, поскольку благодать явлена тем, кто лишен всякого достоинства или заслуг, она всевластна; иными словами, Бог дает благодать тем, кому пожелает. Божье всевластие определило, что некоторые будут брошены в огненное озеро, чтобы показать: все заслуживают такой участи. Но благодать, словно сеть, извлекает из погибающего человечества народ, названный именем Божьим, — чтобы этот народ вечно был свидетельством Его неисследимой милости. Всевластная благодать являет Бога, который преодолевает сопротивление человеческого сердца, подавляет враждебность плотского разума и делает нас способными любить Его, потому что Он прежде возлюбил нас (2 Ин. 4:19).

В. Основание истинной религии

Доктрина Божьего всевластия служит основанием всякой истинной религии. Этот вывод неизбежно следует из того, о чем шла речь в предыдущем разделе. Если место, принадлежащее Богу по праву, дает только доктрина всевластия, то лишь она может служить твердым основанием для практической религии. Невозможно возрастать в познании Бога, если нет личного признания того, что Бог — превыше всего, что Его следует бояться и почитать, что Ему следует подчиняться и служить как *Господу*. Напрасно читаем мы Писание, если открываем его без искреннего желания совершенствоваться в познании Божьей воли для нашей жизни; все другие причины, побуждающие людей к изучению Писания, — эгоистичные, бессмысленные и недостойные. Всякая молитва, с которой мы обращаемся к Богу, исходит лишь из наших плотских желаний, если только не приносится «по воле Его» (2 Ин. 5:14). Все остальное — прошения «не на добро», потому что мы желаем использовать просимое для наших собственных похотей (Иак. 4:3)! Все наше служение — это лишь «мертвые дела», если только мы не ищем Божьей славы (Евр. 9:14). Религия, имеющая практическую ценность, заключается преимущественно в распознавании и исполнении Божьей воли — исполнении активном и пассивном. Мы предопределены «быть подобными образу Сына» (Рим. 8:29), пища которого была «творить волю Пославшего» Его (Ин. 4:34). Мера, в которой каждый святой «уподобится» Ему в повседневной жизни, во многом определяется реакцией на слова Господа: «Возьмите иго Мое на себя и научитесь от Меня, ибо Я кроток и смирен сердцем, и найдете покой душам вашим» (Мф. 11:29).

Г. Отвергается спасение делами

Доктрина Божьего всевластия опровергает еретическое учение о спасении делами. «Есть пути, которые кажутся человеку прямыми; но конец их — путь к смерти» (Прит. 14:12). Путь, который кажется «прямым» и ведет к смерти, вечной смерти, — это спасение *человеческими усилиями* и заслугами. Вера в спасение делами свойственна человеческой природе. Возможно, не всегда эта вера приобретает такие грубые формы, как у папистов, проповедующих покаяние, или даже у протестантов, проповедующих «сокрушение» о грехах, — в Писании раскаяние никогда не понимается в таком значении, — но все, что дает человеку хоть какую-то роль, представляет собой разновидность того же зла.

К сожалению, многие проповедники говорят: «Бог готов сделать то, что зависит от Него, если ты готов сделать то, что зависит от тебя», — и таким образом отвергают одну из самых ценных истин, которым учит Библия, и только Библия. А истина эта такова: Бог помогает тем, кто не в состоянии помочь себе сам, — тем, кто пытался и терпел одну неудачу за другой. Те, кто утверждают, что спасение грешника зависит от действия его собственной воли, проповедуют еще одну разновидность богохульной догмы о спасении человеческими усилиями. В конце концов, всякое усилие воли есть дело; оно исходит *от меня, я сам* его совершаю. Но доктрина Божьего всевластия кладет секиру при корнях этого зла, утверждая: «Итак, помилование зависит не от желающего и не от подвизающегося, но от Бога милующего» (Рим. 9:16).

Возможно, кто-то скажет: «Такая доктрина повергает грешника в отчаяние». Ответ: пусть так и будет; автор желает, чтобы именно такое отчаяние распространилось повсюду. Лишь тогда, когда грешник утратит надежду на всякую помощь от себя самого, он сможет броситься в объятия всевластной милости. Но когда Святой Дух убедит грешника в том, что сам себе он не может помочь, тогда он осознает, что погибает, и тогда он возопит: «Боже! Будь милостив ко мне грешнику!» (Лк. 18:13), — и этот вопль будет услышан. Если автору позволено будет привести здесь собственное свидетельство, за долгие годы своего служения он заметил, что именно проповеди об испорченности человека — неспособности грешника сделать что-либо самостоятельно — и о спасении души, которое зависит от всевластной милости Бога, получили наибольшее признание и благословение при спасении погибающих. Поэтому повторим: *чувство полной беспомощности — первое условие, предшествующее любому здравому обращению.* Нет спасения ни для какой души, пока она не перестанет смотреть на себя и не начнет смотреть на нечто другое — на Кого-то Другого.

Д. Смирение для твари

Эта доктрина абсолютного Божьего всевластия глубоко унизительна для сотворенного существа. Она представляет собой огромный таран, разбивающий человеческую гордыню, и этим она полностью противоположна «учению человеческому» (Кол. 2:22). Дух нашего века прежде всего хвалится плотью. Достижения человека, его развитие и прогресс, его величие и самодостаточность стали капищем, в котором сегодня поклоняется мир. Но истина Божьего всевластия, со всеми вытекающими из нее последствиями, устраняет всякую причину для человеческого тщеславия и дает вместо него дух смирения. Эта доктрина объявляет: «У Господа спасение!» (Ион. 2:10), — от Господа и происхождение спасения, и осуществление, и завершение. Эта доктрина утверждает, что Бог должен не только дать спасение, но и применить его, не только начать спасительное дело в нашей душе, но и довести его до завершения. Ему нужно не только объявить нас Своими, но и сохранить и дать постоянство до конца. Эта доктрина учит, что спасение дается благодатью по вере, и что все наши дела (совершенные до обращения), как добрые, так и злые, не имеют никакого значения для спасения. Нам сказано, что мы «ни от хотения плоти, ни от хотения мужа, но от Бога родились» (Ин. 1:13). И это унизительно для сердца человека, который желает внести свой вклад в искупление и делать то, что даст повод для тщеславия и бахвальства.

Но если нас эта доктрина смиряет, то в результате мы прославляем Бога. В свете Божьего всевластия мы увидели собственное ничтожество и беспомощность, и мы действительно можем восклицать с псалмопевцем: «Все источники мои в тебе» (Пс. 86:7). Если мы «были по природе чадами гнева» (Еф. 2:3), а по делам своим — мятежниками, восставшими против Божьего правления и справедливо обреченными на проклятие закона (Гал. 3:13), а Бог вовсе не обязан был избавлять нас от пламенного гнева, но все же отдал Сына Своего возлюбленного за всех нас (Рим. 8:32), то как сильно эти любовь и благодать растопят наши сердца, и осознание их побудит нас сказать с благодарностью и восхищением: «Не нам,

Господи, не нам, но имени Твоему дай славу, ради милости Твоей, ради истины Твоей» (Пс. 113:9). С какой готовностью каждый из нас сможет признать: «...Благодатию Божиею есмь то, что есмь» (1 Кор. 15:10)!

> Мне не постигнуть, почему
> Я избран Им, когда
> Вокруг такие же во тьму
> Уходят навсегда.
> Любовь святая привлекла,
> Открыла двери в дом,
> Где приготовлен славный пир
> Нам любящим Отцом.

Е. Абсолютная уверенность

Доктрина Божьего всевластия дает чувство абсолютной уверенности. Сила Бога бесконечна, поэтому противиться Его воле или мешать действию Его определений невозможно. Это утверждение и рассчитано на то, чтобы вызвать тревогу у грешника, но у святого оно не вызовет ничего, кроме хвалы. Добавим всего одно слово и посмотрим, насколько все меняется: сила *моего* Бога бесконечна! Значит, «Господь за меня — не устрашусь: что сделает мне человек?» (Пс. 117:6). Сила моего Бога бесконечна, значит: «Когда я в страхе, на Тебя я уповаю» (Пс. 55:4). Сила моего Бога бесконечна, значит: «Спокойно ложусь я и сплю, ибо Ты, Господи, един даешь мне жить в безопасности» (Пс. 4:9). Эта истина столетиями была источником уверенности для святых. Не обладал ли такой уверенностью Моисей, когда обращался к Израилю с прощальной речью: «Нет подобного Богу Израилеву, который по небесам принесся на помощь тебе и во славе Своей на облаках; прибежище твое Бог древний, и ты под мышцами вечными» (Втор. 33:26–27)? Не это ли чувство уверенности побудило псалмопевца, движимого Святым Духом, написать такие слова?

Живущий под кровом Всевышнего под сенью Всемогущего покоится, говорит Господу: «прибежище мое и защита моя, Бог мой, на которого я уповаю!» Он избавит тебя от сети ловца, от гибельной язвы, перьями Своими осенит тебя, и под крыльями Его будешь безопасен; щит и ограждение — истина Его. Не убоишься ужасов в ночи, стрелы, летящей днем, язвы, ходящей во мраке, заразы, опустошающей в полдень. Падут подле тебя тысяча и десять тысяч одесную тебя; но к тебе не приблизится... Ибо ты сказал: «Господь — упование мое»; Всевышнего избрал ты прибежищем твоим; не приключится тебе зло [наоборот: все будет содействовать ко *благу*; Рим. 8:28], и язва не приблизится к жилищу твоему (Пс. 91:1–7, 9–10).

Смерть вокруг меня царит,
Но ничто не повредит
Мне, пока Отец благой
Не решит ввести в покой.

Как драгоценна эта истина! Я бедная, беспомощная, бестолковая «овца», но в руке Христа я в безопасности. И почему я в безопасности? Потому что никто не может похитить меня оттуда; рука, которая меня держит, принадлежит Сыну Божьему, и вся власть на небе и на земле — Его! Повторю: у меня нет своей силы; против меня — мир, плоть и дьявол, поэтому я поручаю себя Господу, который хранит меня и заботится обо мне. Говорю вместе с апостолом: «Я знаю, в Кого уверовал, и уверен, что *Он силен* сохранить залог мой на оный день» (2 Тим. 1:12). И на чем основана моя уверенность? Откуда я знаю, что Он силен сохранить вверенное Ему? Я знаю, потому что Бог *всемогущ*, Царь царей и Господь господствующих.

Ж. Утешение в скорби

Доктрина Божьего всевластия дает облегчение в скорби. Она полна утешения и несет христианам великое множество мира. Божье всевластие — это основание, которое ничем не может быть потрясено; оно тверже, чем небеса и земля. Великое благословение — знать, что нет во вселенной такого уголка, на который не простиралась бы Его власть! Как поется в псалме:

> Куда пойду от Духа Твоего, и от лица Твоего куда убегу? Взойду ли на небо — Ты там; сойду ли в преисподнюю — и там Ты. Возьму ли крылья зари и переселюсь на край моря, — и там рука Твоя поведет меня, и удержит меня десница Твоя. Скажу ли: «может быть, тьма скроет меня, и свет вокруг меня сделается ночью»; но и тьма не затмит от Тебя, и ночь светла, как день: как тьма, так и свет (Пс. 138:7–12).

Великое благословение — знать, что сильная рука Бога на всем и на всех! Великое благословение — знать, что даже воробей не упадет на землю без Его ведома (Мф. 10:29). Великое благословение — знать, что наши страдания вызваны не случайным стечением обстоятельств и исходят они не от дьявола, но определены и направлены Богом: «...чтобы никто не поколебался в скорбях сих: ибо вы сами знаете, что *так нам суждено*» (1 Фес. 3:3).

Но наш Бог бесконечен не только в силе. Он бесконечен также в мудрости и благости. И вот в чем ценность этой истины: Бог желает только того, что благо, а воля Его — непреложна и непреодолима! Бог слишком мудр, чтобы ошибаться, и любовь Его слишком сильна, чтобы заставить его детей пролить хотя бы одну лишнюю слезу. Поэтому, если Бог совершенен в мудрости и абсолютной благости, насколько велико это благословение — знать, что все в Его руке, и что все управляется Его волей в соответствии с Его вечным замыслом! «Возьмет, и кто возбранит Ему? Кто скажет Ему: что Ты делаешь?» (Иов. 9:12). Да, великое утешение для сердца — знать, что ОН, а не дьявол, забирает наших близких! Сколько мира дает нашим бедным, испорченным сердцам весть о том, что число наших дней определил Он (Иов. 7:1; 14:5), что болезнь и смерть — Его вестники, которые всегда подчиняются Его приказаниям, что Господь дает и забирает!

3. Дух сладостной покорности

Доктрина Божьего всевластия порождает дух сладостной покорности. Склониться перед всевластной волей Бога — в этом один из величайших секретов мира и счастья. Подлинная покорность, приносящая довольство, невозможна до тех пор, пока дух наш не будет сокрушен, — то есть до тех пор, пока мы не захотим, чтобы Бог поступил с нами по воле Своей, и пока это желание не будет вызывать у нас *радость*. Речь здесь не идет о той готовности принять что угодно, которая вызывается фатализмом; мы говорим совсем о другом. Святым дается такое увещевание: «...*познавать*, что есть воля Божия, благая, угодная и совершенная» (Рим. 12:2). Эту тему — покорность Божьей воле — мы затрагивали в главе, где объяснялось, каким должно быть наше отношение к Божьему всевластию. И там не только объяснялся общий принцип, но и приводились примеры Илия и Иова. Приведем теперь еще несколько таких примеров. В Левит 10:3 сказано: «Аарон молчал». Обратим внимание на то, при каких обстоятельствах он молчит:

> Надав и Авиуд, сыны Аароновы, взяли каждый свою кадильницу, и положили в них огня, и вложили в него курений, и принесли пред Господа огонь чуждый, которого Он не велел им; и вышел огонь от Господа и сжег их, и умерли они пред лицем Господним... Аарон молчал (Лев. 10:1–3).

Двое из сыновей Аарона убиты, убиты посетившим их Божьим судом; вероятно, они были еще и пьяны. Более того, испытание пришло к Аарону внезапно, не дав ему времени приготовиться. Но он «молчал». Какой прекрасный пример, показывающий силу и изобилие Божьей благодати!

Прочитаем теперь слова, которые прозвучали из уст Давида:

> И сказал царь Садоку: возврати ковчег Божий в город. Если я обрету милость пред очами Господа, то Он возвратит меня и даст мне видеть его и жилище его. А если Он скажет так: «нет Моего благоволения к тебе», то вот я; пусть творит со мною, что Ему благоугодно (2 Цар. 15:25–26).

Эти слова тоже сказаны при обстоятельствах, которые были крайне тяжелым испытанием для человеческого сердца. Давид был глубоко опечален. Его собственный сын пытался низвергнуть его с престола и убить его. Давид не знал, увидит ли снова Иерусалим и скинию. Но он настолько доверился Богу, что не сомневался: Его воля — лучшее, что может быть. И даже если воля Божья включала утрату престола и жизни, Давид был готов принять и такое решение Бога: «пусть творит со мною, что Ему благоугодно».

Нет смысла умножать примеры, но стоит добавить комментарий к последнему. Если Давид, живущий среди теней ветхозаветной диспенсации, был готов принять волю Бога такой, какая она есть, то теперь, когда сердце Бога открылось на кресте, насколько больше мы должны радоваться исполнению Его воли!

> Он зло во благо обратит, кривизны распрямит,
> И если рана — от Него, то пусть ещё болит.

И. Побуждение к прославлению

Доктрина Божьего всевластия побуждает нас петь Богу хвалу. Иначе и быть не может. Почему я, по природе ничем не отличаясь от равнодушных и безбожных людей, которых так много вокруг, был избран во Христе до основания мира, а теперь в Нем благословлен всяким духовным благословением в небесах (Еф. 1:3−4)? Почему мне, чужаку и мятежнику, было суждено принять такую милость? Этого мне не понять. Такая благодать, такая любовь превосходят разумение (Еф. 3:19). Но если мой разум и не может увидеть причину, мое сердце может выразить благодарность в хвале и поклонении.

Но мне следует прославлять Бога не только за благодать, которая была явлена мне в прошлом. То, как Он обращается со мной сейчас, тоже наполняет меня благодарностью. Каково значение слов «радуйтесь всегда в Господе» (Флп. 4:4)? Обратите внимание: здесь не сказано: «радуйтесь в Спасителе», но «радуйтесь в Господе», который обладает властью над любыми обстоятельствами. Наверное, не нужно напоминать читателю, что апостол написал эти слова, когда римские власти держали его под арестом. Он пережил долгий период страданий; опасности на суше, опасности на море, голод и жажду, бичевания и побитие камнями — все это ему довелось испытать. Его преследовали и в церкви, и за ее пределами, а те, кто должен был стоять с ним рядом, покинули его. И все равно он пишет: «Радуйтесь всегда в Господе» (Флп. 4:4). В чем же был секрет этого мира и счастья? Этот же апостол и написал: «Притом знаем, что любящим Бога, призванным по Его изволению, все содействует ко благу» (Рим. 8:28).

Но откуда он знал (и откуда мы знаем), что «все содействует ко благу»? Ответ такой: потому что все контролируется и направляется Всевышним. И, поскольку все Его мысли о нас вызваны только любовью к Его избранникам, то Он устраивает «все» таким образом, чтобы способствовать нашему окончательному благу. Именно по этой причине мы должны благодарить «всегда за все Бога и Отца, во имя Господа нашего Иисуса Христа» (Еф. 5:20). Да, благодарить следует за «все», потому что, как удачно кто-то сказал: «Наши разочарования Им определены». Тем, кто радуется Божьему всевластию, не нужно искать во всем «светлую сторону»: для них свет — везде, а тьма лишь служит фоном, который делает его ярче.

> Святые, не страшитесь туч,
> Что с ветром к вам идут:
> Обилие нежданных благ
> Они на вас прольют.

К. Гарантия окончательного триумфа

Доктрина Божьего всевластия гарантирует окончательную победу добра над злом. С того дня, когда Каин убил Авеля, конфликт между добром и злом на земле был тяжелейшей проблемой для святых. Во все века праведные подвергались гонениям, в то время как нечестивые бросали вызов Богу, и казалось, что они остаются безнаказанными. Народ Божий чаще всего был беден мирскими благами, в то время как нечестивые в своем временном процветании казались подобными лавровым деревьям. Если кто-то присмотрится и увидит угнетение верующих и земной успех неверующих, если обратит внимание на то, как мало первых и как много последних, если увидит кажущееся поражение правды и триумф силы и зла, если прислушается к грохоту битвы, крикам раненых и плачу осиротевших, если обнаружит, что почти здесь смятение, хаос и разрушение, то может показаться, что сатана побеждает в конфликте. Но если посмотреть *вверх*, а не по сторонам, то взору веры откроется престол — престол, недоступный для земных бурь, престол прочный и непоколебимый. А на престоле восседает Всемогущий, Совершающий «все по изволению воли Своей» (Еф. 1:11). Наша уверенность основывается именно на этом: Бог восседает на Своем *престоле*. Скипетр правления — в Его деснице. Всемогущий не может потерпеть поражение, потому что «Он тверд; и кто отклонит Его? Он делает, чего хочет душа Его» (Иов. 23:13). Хотя наши чувственные глаза не видят руки Бога-Вседержителя, она реальна для веры (2 Кор. 5:7), основанной на Его Слове. Такая вера убеждает нас, что Он не может потерпеть поражение.

Приведем теперь отрывок, вышедший из-под пера нашего брата Арно Гебеляйна[70].

Бог не может потерпеть поражение. «Бог не человек, чтоб Ему лгать, и не сын человеческий, чтоб Ему изменяться. Он ли скажет и не сделает? будет говорить и не исполнит?» (Чис. 23:19). Исполнится все. Обещание, сделанное Его возлюбленному народу, — прийти за ними и отсюда забрать их в славу — не может остаться неисполненным. «Приступите, народы, слушайте и внимайте, племена! да слышит земля и все, что наполняет ее, вселенная и все рождающееся в ней! Ибо гнев Господа на все народы, и ярость Его на все воинство их. Он предал их заклятию, отдал их на заклание» (Ис. 34:1–2). И не может не настать тот день, когда «поникнут гордые взгляды человека, и высокое людское унизится; и один Господь будет высок в тот день» (Ис. 2:11). День, когда Он явится, когда слава Его покроет небеса, а ноги Его снова будут стоять на земле, непременно придет. Его Царство не будет отменено, как не будут отменены и все обещанные события, связанные с окончанием века и завершением всего.

В эти темные и тяжелые времена так необходимо помнить, что Он на престоле, престоле непоколебимом, и Он не ошибется в исполнении всего, что говорил и обещал. «Отыщите в книге Господней и прочитайте; ни одно из сих не преминет

---

[70] Арно Клеменс Гебеляйн (1861–1945) — американский служитель-методист, известный учитель, выступавший на многих конференциях. Гебеляйн способствовал развитию диспенсационного движения в его ранний период.

прийти, и одно другим не заменится» (Ис. 34:16). Вера дает благословенную возможность предвкушать время славы, когда Его Слово и Его воля исполнятся, — когда с пришествием Князя мира наконец придут праведность и мир. И пока мы ожидаем величайшего и благословенного момента, когда исполнится Его обещание, данное нам, мы доверяем Ему, пребывая в Его общении. И каждый день мы снова обнаруживаем, что Он не забывает поддерживать и хранить нас на всех наших путях.

Л. Покой для сердца

Доктрина Божьего всевластия дает сердцу покой. Об этом уже много говорилось в предыдущих параграфах. Сидящий на престоле владычествует над народами; Он предопределил, а теперь направляет все события, Он бесконечен не только в силе, но также мудрости и благости. Господь всего творения «явился во плоти» (1 Тим. 3:16). Никто из людей своим пером не может описать эту тему так, как до́лжно. Божья слава заключается не только в том, что Он Всевышний, но и в том, что, будучи так высоко, Он сошел, чтобы взять на себя бремя грешников, Своего же творения, ибо написано: «Бог во Христе примирил с собою мир» (2 Кор. 5:19). «Он приобрел себе кровью Своей» церковь (Деян. 20:28). Именно на благодатном самоунижении самого Царя основано Его царство. Как удивителен крест! Тот, кто Его претерпел, стал не Господом нашей судьбы (Он был Им и раньше), но Господом наших *сердец*. Поэтому теперь мы склоняемся перед Всевышним не в диком ужасе, но в поклонении и прославлении, восклицая: «Достоин Агнец закланный принять силу и богатство, и премудрость и крепость, и честь и славу и благословение» (Откр. 5:12).

Итак, вот опровержение злобного обвинения, будто эта доктрина клевещет на Бога, и объяснять ее народу Его опасно. Может ли быть «ужасной» или «опасной» доктрина, которая отводит Богу Его подлинное место, настаивает на Его правах, возвеличивает Его благодать и всю славу воздает Ему, лишая творение всякого повода гордиться чем-либо? Может ли быть «ужасной» и «опасной» доктрина, которая дает святым дерзновение в опасностях, утешение в скорби, терпение в трудных обстоятельствах и побуждает их всегда прославлять Бога? Может ли быть «ужасной» и «опасной» доктрина, которая гарантирует нам победу добра над злом и дает покой нашим сердцам, и покой этот — в совершенстве Всевластного Бога? Нет, тысячу раз «нет»! Доктрина Божьего всевластия — не «ужасная» и не «опасная», а славная и полезная для наставления. Правильное понимание этой доктрины приведет к тому, что мы будем восклицать с Моисеем: «Кто, как Ты, Господи, между богами? Кто, как Ты, величествен святостью, досточтим хвалами, Творец чудес?» (Исх. 15:11).

Вопросы для индивидуального изучения и обсуждения в группе

Приведенные ниже вопросы предназначены для того, чтобы углубить понимание материала и помочь читателю применить его к собственной жизни.

1. Объясните доктрину Божьего всевластия, используя метафоры.

2. Что показывает наш святой Бог, допуская в этом мире зло?

3. Опишите дух нашего века. Каким образом доктрина Божьего всевластия противоположна тому, чему учит дух века?

4. Каким образом доктрина Божьего всевластия несет утешение?

13

Заключение

Аллилуия! Ибо воцарился Господь Бог Вседержитель (Откр. 19:6).

А. Обзор

1. Равновесие истины

В предисловии ко второму изданию мы признавали, что необходимо поддерживать равновесие истины. Два утверждения невозможно оспаривать: Бог всевластен, человек несет ответственность. В этой книге мы пытались развить первое; в других наших работах часто объясняется второе. Опасность чрезмерного акцентирования одной истины и игнорирования другой — реальна, и это мы с готовностью признаём. История содержит множество примеров перекоса и в ту, и в другую сторону. Когда подчеркивают Божье всевластие и забывают об ответственности человека, это приводит к фатализму. Когда ответственность человека утверждают за счет Божьего всевластия, это приводит к возвышению творения и бесславит Творца.

Почти все доктринальные ошибки возникают из-за того, что истину искажают, неправильно разделяют, непропорциональным образом принимают и преподают. Самое красивое лицо на земле, какими бы деликатными ни были его черты, быстро станет уродливым, если одна из них будет расти, а другие останутся неразвитыми. Красота — это прежде всего пропорции. Такое наблюдение применимо и к Божьему Слову: его благословенная красота лучше всего различима тогда, когда его многообразная мудрость явлена в своих подлинных пропорциях. Многие ошиблись именно в этом. Один из аспектов Божьей истины производит такое сильное впечатление на одного человека, что он уделяет ему все свое внимание, едва ли не забывая обо всем остальном. Некоторые отрывки в Божьем слове превращаются в «любимую доктрину», и часто эта практика становится отличительной особенностью какой-нибудь группы. Но долг каждого Божьего служителя — «возвещать... *всю* волю Божию» (Деян. 20:27).

Действительно, в это развращенное время, в которое нам довелось жить, когда повсюду превозносится человек, а слово «сверхчеловек» стало общеупотребительным, нужно акцентировать славную истину Божьего верховенства; и чем больше мы сталкиваемся с явным ее отрицанием, тем больше следует ее провозглашать. Но даже здесь требуется проявлять великую мудрость, чтобы не говорили о нас: «имеют ревность по Боге, но не по рассуждению» (Рим. 10:2). Божий служитель всегда должен помнить слова: «давать им пищу вовремя» (Мф. 24:45). То, что прежде всего нужно одной общине, для другой может не представлять особой важности.

Если кто-то призван трудиться там, где раньше были арминианские проповедники, то следует объяснять доктрину Божьего всевластия, которая находилась в пренебрежении, хотя здесь требуется осторожность: «младенцам» нельзя давать слишком много «твердой пищи». Важно помнить слова Христа из Иоанна 16:12: «Еще многое имею сказать вам; но вы *теперь* не можете вместить».

С другой стороны, если меня позовут занять кафедру, с которой четко проповедуется кальвинистское учение, то слушатели могут получить полезное назидание, если изложить истину человеческой ответственности (во многих ее измерениях). Проповедник должен говорить людям не то, что они *хотят*, а то, что им *нужно* услышать, — те аспекты истины, с которыми они меньше всего знакомы, или те, которые меньше всего проявляются в их жизни.

Проповедника, который начнет так делать, скорее всего, назовут непостоянным. Но что значит мнение людей, если есть одобрение Господа? Служитель призван следовать не самому себе или каким-то правилам, которые придумали люди, — но Священному Писанию. И в Писании каждая часть, каждый аспект истины уравновешены другим аспектом истины. У всего есть две стороны, даже у свойств Бога: Он «есть свет» (2 Ин. 1:5), и Он «есть любовь» (2 Ин. 4:8), а мы призваны видеть «благость *и* строгость Божию» (Рим. 11:22). Когда все время проповедуют об одном свойстве, забывая о другом, результатом становится карикатурное изображение Его атрибутов. Когда Божий Сын воплотился, Он принял «образ раба» (Флп. 2:7), но в яслях лежал «Христос Господь» (Лк. 2:11)! Богу «все возможно» (Мф. 19:26), но Он «неизменный в слове» (Тит. 1:2), то есть не может солгать. Писание учит: «Носите бремена друг друга» (Гал. 6:2), но в этой же главе сказано: «...Каждый понесет свое бремя» (Гал. 6:5). Нам дается повеление: «не заботьтесь о завтрашнем дне» (Мф. 6:34), но сказано также: «Если же кто о своих и особенно о домашних не печется, тот отрекся от веры и хуже неверного» (1 Тим. 5:8). Никто из Христовых овец не может погибнуть, но христианам повелевается: «...более и более старайтесь делать твердым ваше звание и избрание» (2 Пет. 1:10). Умножать такие примеры можно было бы еще долго. Эти высказывания не противоречат друг другу, но дополняют, уравновешивают друг друга. Таким образом, Писание утверждает *и* всевластие Бога, *и* ответственность человека. И всякому Божьему служителю тоже следует соблюдать правильную пропорцию этих двух истин. А теперь вернемся к заключительным наблюдениям, относящимся к нашей теме.

2. Заблуждение нашего века

И стал Иосафат в собрании иудеев и Иерусалимлян в доме Господнем, пред новым двором, и сказал: Господи Боже отцов наших! Не Ты ли Бог на небе? И Ты владычествуешь над всеми царствами народов, и в Твоей руке сила и крепость, и никто не устоит против Тебя! (2 Пар. 20:5–6)

Да, Господь есть Бог; Он царствует в непревзойденных величии и силе. Но в наши дни, дни хваленого просвещения и прогресса, эту истину отрицают везде. Материалистическая наука и атеистическая философия вытеснили Бога из Им же созданного мира; считается, что всем управляют (безличностные) законы природы. Такое же явление видим мы и в делах человеческих: Бога воспринимают как наблюдателя — в лучшем случае удаленного, а в худшем — беспомощного. [Люди говорят примерно так:] «Бог не мог остановить эту ужасную войну[71], и, хотя очень этого желал, был бессилен ей воспрепятствовать», — и это говорят несмотря на 1 Паралипоменон 5:22 и 2 Паралипоменон 24:24! Наделив человека «свободой действия», Бог вынужден допустить, чтобы человек делал собственный выбор и шел своими путями, и Бог не может вмешаться, иначе нравственная ответственность человека будет разрушена!

---

[71] Имеется в виду Первая мировая война.

Таково расхожее мнение в наши дни. Неудивительно, что такие идеи исходят от немецких богословов, но грустно, что им учат и во многих наших семинариях; подобные высказывания звучат на многих наших церковных кафедрах и принимаются многими из называющих себя христианами.

Один из самых вопиющих грехов нашего века — непочтительность: нежелание воздать славу Всевышнему Богу. Люди ограничивают силу и деятельность Бога, создавая уничижительные концепции Его сущности и свойств. Изначально человек был создан по образу и подобию Божьему, но сегодня нас просят поверить в бога, сделанного по образу и подобию человека. Творец сведен на уровень твари; Его всеведение подвергают сомнению. В Его всемогущество уже не верят, а Его абсолютное всевластие решительно отвергают.

Люди называют себя творцами собственной судьбы, утверждают, будто сами могут определять свою участь. Они не знают, что их жизнь — во власти Бога-Вседержителя. Они не знают, что бессильны отменить Его тайные определения — как червь бессилен перед слоном. Они не знают, что «Господь на небесах поставил престол Свой, и царство Его *всем обладает*» (Пс. 102:19).

На предыдущих страницах мы пытались опровергнуть подобные взгляды, близкие к языческим. Ссылаясь на Писание, мы стремились показать, что Бог царствует; недавняя война вовсе не означает, что скипетр выскользнул из Его руки. Наоборот, эта война служит верным доказательством того, что Он жив и владычествует, а теперь исполняет то, что давно предопределил и предсказал (Мф. 24:6–8 и т. д.). Мы, конечно, признаём, что плотские помыслы — вражда против Бога, что невозрожденный человек бунтует против Божьего правления, что грешник равнодушен к славе своего

Создателя и не проявляет почти никакого (или совсем никакого) уважения к Его воле. Тем не менее за кулисами Бог правит и утверждает Свою волю, исполняя Свой вечный замысел — не только вопреки Своим врагам, но и через них.

3. Что говорит Писание?

С каким рвением человек противопоставляет свои утверждения словам Бога! У человека нет ни силы, ни знания, но и что с того? Разве у Бога нет воли, или силы, или знания? Представьте, что воля человека вступает в конфликт с волей Бога, и что тогда? Обратимся к Писанию истины, чтобы найти ответ. У людей была воля: в земле Сеннаар они решили построить башню, верх которой будет в небесах, но удалось ли им достичь этой цели? У фараона была воля: он ожесточил свое сердце и не позволил народу Иеговы пойти и поклониться Богу в пустыне, но чем окончился мятеж фараона? У Валака была воля: он нанял Валаама, чтобы тот пришел и проклял евреев, но удалось ли осуществить этот замысел? У хананеев была воля: они решили, что не позволят израильтянам захватить Ханаан, но многого ли они добились? У Саула была воля: он метнул копье в Давида, но попал в стену! У Ионы была воля: он отказался проповедовать ниневитянам, и что было дальше? У Навуходоносора была воля: он решил убить трех еврейских отроков, но и у Бога была воля, поэтому огонь им не повредил. У Ирода была воля: он пытался убить Младенца Иисуса, и, если бы не было Бога, который живет и царствует, это злое желание исполнилось бы. Но, дерзнув противопоставить свою крошечную волю непреодолимой воле Всевышнего, Ирод ничего не достиг. Да, мой читатель, и у вас тоже была воля: вы придумывали Свои планы, не посоветовавшись с Богом; потому Он их и расстроил!

«Много замыслов в сердце человека, но состоится только определенное Господом» (Прит. 19:21).

а) Откровение 17:17

Непреодолимое Божье всевластие находит подтверждение и в удивительных словах Откровения 17:17: «...Потому что Бог положил им на сердце — исполнить волю Его, исполнить одну волю, и отдать царство их зверю, доколе не исполнятся слова Божии». Исполнение любого пророчества — не что иное, как действие Божьего всевластия. Подтверждение того, что у Него есть власть исполнить Свое определение. Доказательство того, что никто не может противиться исполнению Его замысла или предотвратить действие, совершаемое по Его благоволению. Свидетельство того, что Бог дает людям склонность исполнить то, что Он определил, и совершить то, что Он предопределил. Если бы Бог не был абсолютно всевластным, то Его пророчество не имело бы никакой ценности, потому что не было бы гарантии, что предсказанное Им непременно сбудется.

«...Потому что Бог положил им на сердце — исполнить волю Его, исполнить одну волю, и отдать царство их зверю, доколе не исполнятся слова Божии» (Откр. 17:17). Лучшее, что мы можем сделать, — процитировать слова нашего уважаемого коллеги и друга, Уолтера Скотта[72], который комментировал этот стих.

---

[72] Уолтер Скотт (1796–1861) — автор цитируемой здесь книги «Объяснение откровения Иисуса Христа». Американец шотландского происхождения, учитель и евангелист. Родился в Моффате (Шотландия), учился в Эдинбургском университете, переехал в Нью-Йорк, а затем в Питсбург, где присоединился к небольшой баптистской общине. Сильное влияние на его взгляды оказали Джеймс и Роберт Халдейны.

Бог действует невидимым, но не менее реальным образом в сегодняшних политических событиях. Проницательный государственный деятель, ловкий дипломат — просто инструмент в руках Господа, и сам об этом не знает. Самоволие и политические соображения могут побуждать его к действию, но Бог постоянно ведет все к Своей цели — явить небесную и земную славу Своего Сына. Поэтому короли и государственные деятели не предотвращают исполнение Божьего замысла, а неосознанным образом способствуют ему. Бог не равнодушен, но Он за кулисами сцены, на которой действуют люди. То, как будущие десять царей поступят с Вавилоном и зверем — церковной и светской властями — не только находится под непосредственным контролем Бога, но и происходит во исполнение Его слов.

б) Михея 4:11–13

С Откровением 17:17 тесно связан и другой текст, который мы сейчас рассмотрим, — Михея 4:11–12: «А теперь собрались против тебя многие народы и говорят: „Да будет она осквернена, и да наглядится око наше на Сион!“ Но они не знают мыслей Господних и не разумеют совета Его, что Он собрал их как снопы на гумно». В этом удивительном богодухновенном высказывании есть три момента, заслуживающих особого внимания. Во-первых, грядет день, когда «многие народы» соберутся против Израиля с конкретной целью — унизить его. Во-вторых, они, сами того не понимая («...и не разумеют совета Его»), будут собраны Богом («Он собрал их»). В-третьих, Бог собирает это множество народов против Израиля для того, чтобы дочь Сиона их сокрушила (ст. 13). Перед нами еще один пример, который показывает: а) абсолютный контроль Бога над народами, б) Его силу, позволяющую исполнить Его тайный совет через эти народы, в) людей, которых Он побудил исполнить Его волю, хотя они исполняют ее слепо, не осознавая значения происходящего.

в) Иоанна 19:9–11

И еще один пример. Какие слова произнес Иисус, стоя перед Пилатом! Кто может описать эту сцену? Вот римский правитель, а вот стоящий перед ним Раб Иеговы. Пилат «сказал Иисусу: откуда Ты? Но Иисус не дал ему ответа. Пилат говорит Ему: мне ли не отвечаешь? Не знаешь ли, что *я имею власть* распять Тебя и власть имею отпустить Тебя?» (Ин. 19:9–10). Так думал Пилат. Так думали многие другие. Здесь высказаны лишь обычные помышления человеческого сердца — сердца, которое не сообразуется с Богом. Но послушайте, как Иисус исправляет ошибку Пилата, а также отвергает хвастовство всех людей: «Ты не имел бы надо Мною никакой власти, если бы не было *дано тебе свыше*» (Ин. 19:11). Далеко идущее утверждение! Человек, даже занимающий высокое положение в самой мощной империи тех времен, не имеет власти, кроме той, что дана ему свыше, — не имеет власти даже делать зло, то есть исполнять собственные злые желания, если только Бог не наделит его силой для достижения этой цели. Бог дал Пилату власть, чтобы приговорить к смерти Сына возлюбленного!

Какой сильный здесь содержится упрек для софистов и прочих людей, утверждающих, что Бог лишь допускает зло! Но стоит вернуться к самым первым словам, которые Господь Бог сказал человеку после грехопадения: «И *вражду положу* между тобою и между женою, и между семенем твоим и между семенем ее» (Быт. 3:15). Простое допущение греха — недостаточное объяснение для всех фактов, которые открываются в Писании в связи с этой тайной. Как верно заметил Кальвин: «Но что, помимо воли Его, можно назвать причиной, по которой Он допускает [зло]?»[73]

В конце одиннадцатой главы мы обещали уделить внимание одной или двум трудностям, которые там не рассматривались. Обратимся к ним теперь. 1) Если Бог не только предопределил спасение Своих избранников, но и предназначил для них добрые дела (Еф. 2:10), то какое остается побуждение для стремления к благочестию в повседневной жизни? 2) Если Бог определил число тех, кто будет спасен, а другие — сосуды гнева, приготовленные к гибели, то что побуждает нас проповедовать Евангелие погибающим? Рассмотрим эти вопросы в том порядке, в котором они приводятся.

Б. Божье всевластие и возрастание верующего в благодати

Если Бог предназначил все, что должно произойти, то зачем упражняться «в благочестии» (1 Тим. 4:7)? Если Бог заранее определил добрые дела, которые нам надлежит совершать (Еф. 2:10), то почему мы должны «быть прилежными к добрым делам» (Тит. 3:8)? Эти вопросы заставляют нас вернуться к проблеме ответственности человека. На самом деле достаточно было бы ответить: Бог *повелел* так поступать. Писание нигде не учит фатализму и не поощряет вызванное фатализмом равнодушие. И нам строго запрещено довольствоваться нашими

---

[73] В британском издании 1961 года текст главы 13 в этом месте частично отсутствовал. Это издание включало «некоторые небольшие исправления», сделанные с разрешения миссис Пинк для того, чтобы «сделать книгу более ценной для современного читателя». В настоящем издании используется оригинальный текст третьего издания (1929) без этих изменений.

нынешними достижениями. Каждый верующий должен помнить такие слова: «...*Стремлюсь* к цели, к почести вышнего звания Божия во Христе Иисусе» (Флп. 3:14). Такой была цель апостола, такой должна быть и наша цель. Правильное понимание Божьего всевластия не мешает формированию христианского характера, а наоборот, будет ему способствовать. Когда грешник теряет надежду на какую-либо помощь в себе самом, выполняется первое условие для подлинного обращения; и точно так же утрата всякой уверенности в себе — первый из неотъемлемых элементов возрастания в благодати. Грешник, отчаявшись в самом себе, предает себя на милость всевластного Бога; так и христианин, осознающий собственную немощь, будет обращаться к Господу, дающему силу. Когда мы слабы, мы сильны (2 Кор. 12:10). Иными словами, мы должны сначала осознать свою слабость, и только тогда сможем обратиться к Господу за помощью. Если христианин допускает мысль о самодостаточности, если воображает, будто одним лишь усилием воли сможет победить искушение, если у него есть хоть какое-то упование на плоть, то, подобно Петру, который хвастался, что, даже если все оставят Господа, он будет Ему верен, мы непременно придем к падению и поражению. Без Христа мы не можем ничего (Ин. 15:5). Божье обещание такое: «Он дает утомленному силу, и изнемогшему [не имеющему собственной силы] дарует крепость» (Ис. 40:29).

Вопрос, на который нам предстоит ответить, имеет огромную практическую важность, поэтому мы будем стараться использовать самые ясные и четкие формулировки. Секрет формирования христианского характера в том, чтобы осознать наше собственное *бессилие*, признать его и обратиться к Богу за помощью. Факт остается фактом: сами по себе мы не можем этого сделать, не можем себя заставить. «Не заботьтесь ни о чем» (Флп. 4:6), но кто может быть беззаботным и избежать тревоги, когда в жизни что-то пошло не так? «Отрезвитесь, как должно, и не грешите» (1 Кор. 15:34), — но кто может не грешить? Это лишь отдельные примеры, наугад выбранные среди десятков им подобных. Неужели Бог издевается над нами, повелевая нам делать то, на что мы неспособны, — о чем Он и сам знает? Ответ Августина (354–430) на этот вопрос — лучшее, что нам встречалось: «Бог дает заповеди, исполнить которые мы не в силах, дабы мы знали, о чем Его просить». Осознание нашего бессилия должно повергнуть нас на милость Того, кто всесилен. В этом нам помогает видение и созерцание Божьего всевластия, поскольку оно показывает: Его силы достаточно, а нашей — нет.

B. Божье всевластие и христианское служение

Если Бог еще до основания мира определил точное число тех, кто будет спасен, то почему нам должна быть небезразлична вечная участь тех, с кем мы вступаем в контакт? Остается ли место для рвения в христианском служении? Разве доктрина Божьего всевластия и вытекающая из нее доктрина предопределения не охлаждают пыл Божьих служителей, которые хотят быть верными в проповеди Евангелия? Нет, признание Божьего всевластия не удручает, а, напротив, ободряет их. Возьмем для примера человека, который призван к проповеди Евангелия и при этом верит в свободную волю и способность грешника самостоятельно прийти ко Христу. Этот служитель проповедует благую весть настолько ревностно и верно, насколько может, но он обнаруживает, что подавляющее большинство его слушателей равнодушны ко Христу. Он обнаруживает, что люди в большинстве своем увлечены этим миром, а о будущем мире даже не думают. Он просит людей примириться с Богом и уговаривает их принять спасение. Но все это бесполезно. Наступает полное разочарование, и проповедник спрашивает себя: какой вообще смысл во всем этом? Может, стоит бросить эту затею, или изменить суть миссии и содержание проповеди? Если люди не хотят принимать Евангелие, то лучше, видимо, заняться чем-то более популярным и приемлемым в глазах мира? Почему бы не заняться гуманитарной помощью, социальными проектами, борьбой за чистоту нравов? К сожалению, многие из тех, кто раньше проповедовал Евангелие, сейчас сосредоточены именно на такой деятельности.

Но какие наставления от Бога есть для унывающего служителя? Во-первых, ему нужно узнать из Писания, что Бог не стремится к обращению всего мира; в этом веке Его цель — «составить из [язычников] народ во имя Свое» (Деян. 15:14). Итак, в чем именно заключается наставление для такого служителя? В *том*, чтобы правильно понять Божий замысел для этой диспенсации. И какое средство дает Бог для преодоления уныния? Такое: уверенность в том, что цель Бога нельзя отменить, Его замысел не может потерпеть неудачу, Его воля должна исполниться. Наш труд — не для исполнения того, чего Бог не повелевал. Повторим: каким образом Бог ободряет того, кто опустил руки, видя, что на его проповедь не реагируют, а труд не принес плода? Ободрение *такое*: мы не несем ответственности за результаты; ими занимается только Бог. Павел «насадил, Аполлос поливал, но возрастил Бог» (1 Кор. 3:6). Наше дело — повиноваться Христу и проповедовать Евангелие всей твари, акцентировать весть, заключающуюся в словах «всякий верующий...», а затем — оставлять все на всевластное усмотрение Святого Духа, который применяет Слово в животворящей силе к кому хочет, и покоиться в непоколебимом обещании Иеговы:

Как дождь и снег нисходит с неба и туда не возвращается, но напо仕ет землю и делает ее способною рождать и произращать, чтобы она давала семя тому, кто сеет, и хлеб тому, кто ест, — так и слово Мое, которое исходит из уст Моих, — оно не возвращается ко Мне тщетным, *но исполняет то, что Мне угодно* [а не то, что *нам* угодно], и совершает то, для чего Я послал его (Ис. 55:10–11).

Не эта ли уверенность поддерживала возлюбленного апостола, когда он объявил: «Посему я все [см. контекст] терплю ради избранных» (2 Тим. 2:10)? И не этому ли уроку можно научиться на благословенном примере самого Господа Иисуса? Говоря народу: «Вы и видели Меня, и не веруете», Он опирался на всевластное благоволение Пославшего Его: «Все, что дает Мне Отец, *ко Мне придет*; и приходящего ко Мне не изгоню вон» (Ин. 6:37). Он знал, что Его труд не был напрасным. Он знал, что Божье Слово «не возвращается... тщетным». Он знал, что избранные Богом придут к Нему и поверят в Него. И эта же уверенность наполняет душу всякого служителя, который разумом принимает благословенную истину Божьего всевластия и покоится в ней.

Да, служитель, Бог послал нас не для того, чтобы кто-то из нас «случайно натянул лук» (3 Цар. 22:34). Успех доверенного нам служения не зависит от переменчивой воли слушателей. Какое славное ободрение для души и какое утешение содержится в словах Господа, если мы принимаем их в простой вере: «Есть у Меня [обратите внимание: Он говорит «есть», а не «будут»; они «есть», потому что Отец дал их Ему еще до основания мира] и другие овцы, которые не сего двора [имеется в виду существующий тогда иудейский «двор»], и тех надлежит Мне привести: и они *услышат* голос Мой, и будет одно стадо и один Пастырь» (Ин. 10:16). Не просто: «им нужно услышать мой голос», не просто: «они, может быть, услышат Мой голос»; и не сказано: «они услышат, если захотят». Здесь нет никакого «если», никакой неопределенности. «Они услышат голос Мой» — это Его собственное обещание, не зависящее ни от каких условий; оно абсолютно.

На это обещание может опереться вера! Продолжайте, дорогой друг, искать «других овец» Христовых. И не расстраивайтесь, если «козлы» (Мф. 25:32–33) не слушают Его голос, когда вы проповедуете Евангелие. Будьте верными, следуйте Писанию, проявляйте постоянство, и Христос, возможно, еще будет говорить через вас, чтобы призвать кого-то из Своих заблудших овец. «Итак, братия мои возлюбленные, будьте тверды, непоколебимы, всегда преуспевайте в деле Господнем, зная, что труд ваш не тщетен пред Господом» (1 Кор. 15:58).

Г. Заключительные размышления

Остается теперь предложить несколько обобщений, и дело, за которое мы с такой радостью взялись, будет завершено.

1. Явленная милость

Избрав некоторых людей для спасения, всевластный Бог явил милость. На все обвинения, что доктрина предопределения якобы жестокая, ужасная и несправедливая, достаточно дать такой ответ: если бы Бог не избрал некоторых людей для спасения, *никто* не смог бы спастись, потому что «никто не ищет Бога» (Рим. 3:11). Это не просто наше умозаключение, но ясное учение Священного Писания. Прислушайтесь внимательно к словам апостола в Римлянам 9, где эта тема объясняется подробно: «Хотя бы сыны Израилевы были числом, как песок морской, только остаток спасется... И, как предсказал Исаия: если бы Господь Саваоф не оставил нам семени, то мы сделались бы, как Содом, и были бы подобны Гоморре» (Рим. 9:27, 29). Учение, содержащееся в этом отрывке, таково, что ошибиться невозможно: если бы не Божье вмешательство, Израиль стал бы таким, как Содом и Гоморра. Если бы Бог позволил Израилю идти своим путем, человеческая испорченность достигла бы своего трагического завершения. Но Бог сохранил в Израиле «остаток» или «семя». В древности города, стоявшие на равнине, были полностью уничтожены из-за своего греха; такая же участь ожидала бы и Израиль, если бы Бог не пощадил «остаток». Такой же принцип применим и ко всему роду человеческому: если бы не всевластная Божья благодать, пощадившая остаток, *все* потомки Адама погибли бы во грехах своих. Поэтому мы говорим, что Бог, избрав некоторых людей для спасения, явил милость.

И следует отметить: избирая одних, Бог вовсе не поступил несправедливо по отношению к другим — тем, кто не был предопределен, — потому что ни у кого нет права на спасение. Спасение дается по благодати, а излияние благодати — дело исключительно всевластного Бога: Он мог бы спасти всех или никого, или многих, или немногих, или одного, или десять тысяч — выбрал тот порядок, который счел лучшим. Возможно, кто-то возразит: но не «лучше» ли было бы спасти всех? Ответ будет таким: мы не в состоянии судить об этом. Нам могло бы казаться, что «лучше» было бы никогда не создавать сатану, никогда не позволять греху войти в мир или не допускать, чтобы конфликт между добром и злом был таким долгим. Божьи пути — не наши; Божьи пути «неисследимы» (Рим. 11:33).

Бог предназначает все, что должно произойти. Его всевластие распространяется на всю вселенную и на каждое из сотворенных существ. «Ибо все из Него, Им и к Нему. Ему слава во веки, аминь» (Рим. 11:36). Все инициируется Богом, все им направляется, и все ведет к Его вечной славе. «...У нас один Бог Отец, из которого все, и мы для Него, и один Господь Иисус Христос, которым все, и мы Им» (1 Кор. 8:6). И в другом отрывке сказано, что Он совершает «все по изволению воли Своей» (Еф. 1:11). Конечно, если что-то и можно приписать случайности, то это будет метание жребия. Тем не менее Божье слово четко объясняет: «В полу бросается жребий, но все решение его — от Господа» (Прит. 16:33)![74]

2. Явление Божьей мудрости

Мудрость, с которой Бог управляет нашим миром, будет во всей полноте явлена всем разумным существам. Бог — не пассивный наблюдатель, который из какого-то далекого мира созерцает происходящее на нашей земле; Он сам направляет все события для окончательного явления Своей собственной славы. Даже сейчас Он действует, исполняя Свой вечный замысел, — не только, несмотря на противодействие людей и сатаны, но и *через* это противодействие. То, насколько злобны и бессмысленны все попытки противиться Его воле, однажды станет так же очевидно, как в древности, когда Он поверг мятежного фараона и его войско в Красное море.

---

[74] Автор не пропагандирует жребий как способ познания Божьей воли. Речь идет лишь о том, что Бог контролирует все. Подробнее эта тема объясняется в книгах: B. A. Ramsbottom, *Divine Guidance*; John Newton и John Piper, *How to Know the Will of God*.

Хорошо сказал Ф. Грант:

Цель и назначение всего — Божья слава. «Бог предопределил для Своей славы все, что происходит», — это совершенная, Божественная истина. Чтобы оградить ее от всякой возможной ошибки, достаточно помнить, кто есть Бог и что есть слава, которой Он ищет. Он Бог и Отец Господа нашего Иисуса Христа, в котором Божья любовь пришла взыскать Своих, и Он был среди нас как служащий (Лк. 22:27). Будучи самодостаточным, Он не может получить какого-либо прибавления Своей славы от сотворенных существ, но от Него нисходит всякое даяние доброе и всякий дар совершенный, и у Него нет изменения и ни тени перемены (Иак. 1:17). Сотворенные существа могут дать Ему только от Него самого.

Слава Его есть проявление Его собственной благости, праведности, святости, истины; являя себя в Христе, Он явил себя навеки. Слава Божья такова, что *Ему неизбежно служит все* — в том числе враги, зло и все остальное. *Так Он определил;* Его сила гарантирует, что все так произойдет. И когда будут удалены все видимые облака и препятствия, Он будет вечно покоиться в любви Своей (Соф. 3:17), хотя для того, чтобы понять это откровение, потребуется целая вечность. «Да будет Бог все во всем», — эти шесть слов передают невыразимый результат[75].

---

[75] Ф. Грант (1834–1902) — британский, американский богослов и писатель. Родился в Лондоне, учился в Королевском колледже. Иммигрировал в Канаду, когда ему был 21 год. Служил в разных англиканских приходах. Затем иммигрировал в США, жил

3. Увещевание

С грустью мы вынуждены признать: то, что здесь написано, — лишь неполное и несовершенное изложение важнейшей темы. Тем не менее если эта книга приведет кого-то к более ясному осознанию Божьего величия и Его всевластной милости, наш труд будет сполна вознагражден. Если читатель при знакомстве с этими страницами получил благословение, пусть он не замедлит возблагодарить Бога, от которого нисходит всякое даяние доброе и всякий дар совершенный. Пусть вся хвала будет воздаваться Его всевластной, ни с чем не сравнимой благодати.

> Господь наш силой облечён,
> Ему покорны все ветра,
> Его уставу служат звёзды
> И солнце с раннего утра.
>
> Ревут, как звери, моря волны
> Бранятся с пеною у рта.
> Господь им отвечает: «Полно!» —
> И усмиряется вода.
>
> Мощь всех стихий в их единенье,
> Грозя разрушить, сделать зло,
> Без высочайшего решенья
> Не тронет ласточки гнездо.
>
> Он в громе властно говорит,
> Тот голос слышен до небес.
> Он в вихре снежном пролетит —

в Бруклине (Нью-Йорк) и Плейнфилде (штат Нью-Джерси). Цитата приводится из его книги «Искупление», курсив добавлен.

И застывает в белом лес.
О, Боже! Как же ты Велик!
А мы — ничтожны и слабы,
Не отврати от нас Свой лик!
Услышь смиренные мольбы!

Тысячелетья для Тебя
Как дни календаря — для нас.
Свой круг проделала земля,
А у Тебя лишь пробил час.

Мы дни проводим суетливо,
Волнует нас событий ход.
Невозмутимо провиденье:
История Твоя идёт вперёд.

Аллилуия! Ибо воцарился Господь Бог Вседержитель (Откр. 19:6).

Вопросы для индивидуального изучения и обсуждения в группе

Приведенные ниже вопросы предназначены для того, чтобы углубить понимание материала и помочь читателю применить его к собственной жизни.

1. Что происходит, когда воля человека вступает в конфликт с волей Бога?

2. Чему можем мы научиться из Мих. 4:11—13?

3. Если Бог предопределил все, в том числе и добрые дела, то почему нам нужно прилагать усилия для их совершения?

4. Если Бог решает не спасать кого-то из людей, почему это решение нельзя назвать несправедливым?

5. Почему доктрину Божьего всевластия называют *славной*?

Правообладатель издания на русском языке:
Covenant Baptist Church
3535 Delree Street
West Columbia, SC
29170, USA
info@covenantbaptistsc.org

Религиозное издание
Артур ПИНК
Божье всевластие

Формат 60х90/16
Печать офсетная. Бумага офсетная
Усл. печ. л. 21. Тираж 2000 экз.

Издано по заказу Местной религиозной организации
«Церковь Евангельских Христиан-баптистов
«Благая Весть» г. Самары

The Master's Academy International
www.tmai.org
publishing@tmai.org

www.ingramcontent.com/pod-product-compliance
Lightning Source LLC
Chambersburg PA
CBHW061555120626
46550CB00004B/1497